HEYNE
BÜCHER

W0180921

FRANZ KUROWSKI

DAS AFRIKAKORPS

Der Kampf der Wüstenfüchse

Originalausgabe

WILHELM HEYNE VERLAG

MÜNCHEN

HEYNE-BUCH Nr. 5477
im Wilhelm Heyne Verlag, München

ISBN 3-453-00869-3

INHALT

Warum deutsche Truppen in Afrika?

Als Italien am 10. Juni 1940 in den Krieg eintrat, wurden auf seiten der Alliierten Vereinbarungen in Kraft gesetzt, die bereits im März 1939 unter den Westmächten abgesprochen worden waren. Drei Punkte dieser Vereinbarungen befaßten sich mit Afrika:

1. Als Ziel eines gemeinsamen Kriegsplanes wurde die Unterbrechung der Verbindung Italiens nach Libyen vorgesehen.

2. Eine französische Offensive aus Tunesien gegen Tripolitanien wurde ins Auge gefaßt.

3. Die Verteidigung Ägyptens sollte durch britische Truppen erfolgen, die möglichst starke italienische Truppenkontingente an der Ostgrenze Libyens binden würden.

Mussolinis Pläne, sich aus der winkenden Kriegsbeute in Frankreich einen guten Teil anzueignen, schlugen fehl, weil die französische Kapitulation zu rasch erfolgte. Hitler lehnte die Forderungen des Duce nach ganz Tunesien und nach einem Teil Algeriens kategorisch ab, von den europäischen Ansprüchen der Italiener nicht zu reden.

Am 30. Juli 1940 legte Generalfeldmarschall von Brauchitsch Hitler einen Fünfpunkteplan vor, der sich mit der Fortsetzung der Kriegshandlungen im Mittelmeer befaßte, auch eine »Panzerunterstützung für Italien in Afrika« vorsah und unter Punkt 4 sogar einen direkten Angriff gegen den Suezkanal nicht ausschloß.

Einen Tag später schlug von Brauchitsch im Rahmen einer allgemeinen Lagebesprechung vor, eine deutsche Expeditionstruppe nach Afrika zu entsenden.

Hitler, der am Vortag einen Bericht von Oberst Walter Warlimont mit der Empfehlung erhalten hatte, dem Duce für den Einsatz in Nordafrika ein deutsches Panzerkorps zur Verfügung zu stellen, hatte bereits von sich aus Weisung erteilt, die benötigten Streitkräfte festzustellen und zu erkunden, wie diese und alles Material nach Nordafrika geschafft werden könnten. So fiel denn von Brauchitschs Vorschlag auf fruchtbaren Boden.

Italien, das sich einen Weg nach dem blockierten Ostafrika

freikämpfen wollte und dies *nur* durch eine Offensive aus Libyen gegen Ägypten erreichen konnte, weil es galt, den Suezkanal in die Hand zu bekommen, verfügte in Libyen über zwei Armeen mit 14 Infanterie-Divisionen, insgesamt etwa 220 000 Mann. Zur Verfügung standen 339 leichte Panzer, 8000 Kraftfahrzeuge und 1400 größtenteils veraltete Geschütze.

Mussolini hatte dem italienischen Comando Supremo Ende Juni die Weisung erteilt, eine Offensive gegen Ägypten — mit dem Ziel, den Suezkanal zu erreichen — vorzubereiten. Das italienische Oberkommando bedrängte daraufhin den italienischen Oberbefehlshaber in Nordafrika, Marschall Rodolfo Graziani, mit diesem Angriff zu beginnen. Marschall Graziani wiederum wies auf die bestehenden Mängel in den Stärken der Divisionen und in ihrer Ausrüstung hin.

Gleichzeitig mit Marschall Graziani erhielt auch der Oberbefehlshaber der italienischen Truppen in Italienisch-Ostafrika, der Herzog von Aosta, Weisung zur Vorbereitung einer Offensive durch den Sudan nach Norden bis nach Ägypten hinein, um sich dort mit Grazianis Truppen zu vereinigen.

Die Briten ihrerseits, die diese Absichten durchschaut und durch die Funkaufklärung ziemlich genau erfaßt hatten, begannen mit der schnellstmöglichen Verstärkung ihrer Truppen im Mittleren Osten, vor allem mit Panzern und Flugzeugen. In mehreren Geleitzugoperationen wurden Versorgungsgüter und Waffen durch das Mittelmeer nach Malta und Alexandria geschafft. Die Mittelmeerflotte wurde verstärkt. Die Royal Air Force begann mit der Einrichtung einer 6000 Kilometer langen Luftversorgungslinie für Ägypten, die von Takoradi in Ghana über Fort Lamy in der französischen Kolonie Tschad bis nach Kairo führte. Auf dieser Route wurden — dies sei vorausgeschickt — im Verlauf des Afrika-Feldzugs 5000 Flugzeuge nach Nordafrika übergeführt.

Hitler, der an jenem entscheidenden 31. Juli 1940 seine Oberbefehlshaber von Heer, Luftwaffe und Kriegsmarine von der Absicht eines Überraschungsschlages gegen die Sowjetunion im Frühjahr 1941 unterrichtete, hielt die Entsendung deutscher Truppen nach Afrika auch als Ablenkungsmanöver für erwägenswert. Aber noch war nichts entschieden.

Einen weiteren Schritt zum Einsatz gegen Nordafrika bedeutete das gleichlautende Memorandum, das Oberst Warlimont am 9. August 1940 an General Jodl und Generalfeldmarschall Keitel richtete. In diesem Schreiben waren neue Fakten enthalten, die dafür sprachen, Panzerkräfte nach Nordafrika zu entsenden.

Einen Tag später unterbreitete Oberst Warlimont einen zweiten Vorschlag. Darin setzte er sich für die Unterstützung einer italienischen Offensive gegen Ägypten ein.

Hitler schwankte mit seiner Entscheidung. Ab Anfang September aber plante das Oberkommando des Heeres (OKH), eine gemischte Panzer-Brigade für Afrika vorzubereiten. Sie sollte aus Teilen der 3. Panzer-Division zusammengestellt werden. Am 5. September 1940 unterrichtete General Jodl, Chef des Wehrmachtsführungsstabes, den italienischen Militärattaché in Berlin von den Absichten des Führers, Mussolini deutsche Panzerverbände für Libyen anzubieten. dieses Anerbieten wurde nicht beantwortet. Mussolini wollte, darüber waren sich die Experten einig, den Krieg gegen die Briten in Afrika allein führen und gewinnen.

Dennoch schien Mussolini durch dieses Anerbieten dazu gedrängt worden zu sein, am 7. September 1940 Marschall Graziani den Befehl zum Angriff zu geben. Und zwar »binnen zwei Tagen«!

Am 13. September 1940 begann die italienische Offensive in Libyen. Sechs italienische Divisionen überrannten die schwachen britischen Grenzsicherungen, wobei sie von acht Panzer-Bataillonen unterstützt wurden. Aus dem Raum südlich Bardia wurde binnen drei Tagen das 90 Kilometer ostwärts gelegene Sidi Barrani erreicht und in Besitz genommen. Ostwärts dieser Stadt richteten sich die italienischen Trupen in einem weiten flachen Bogen auf einer Breite von 80 Kilometer zur Verteidigung ein. Marschall Graziani wollte den Vorstoß nicht vor Mitte Dezember fortsetzen. Bis zu diesem Zeitpunkt sollte aus Bardia eine Wasserleitung nach vorn geführt und die Küstenstraße von der Grenze her ausgebaut werden.

Generalleutnant Richard O'Connor, der seine Panzerkräfte der »Western Desert Force« Ende Juli zur Auffrischung in den Raum Marsa Matruk zurückverlegt hatte, war von dem Schlag der Italiener nicht überrascht worden und hatte seine schwachen Grenzsicherungskräfte Zug um Zug zurückgenommen.

Mitte September befahl der britische Oberbefehlshaber Mittelost, General Archibald Wavell, dem Befehlshaber der britischen Truppen in Ägypten, Generalleutnant Wilson, die 10. italienische Armee mit einem vernichtenden Schlag zu empfangen, falls diese ihren Vorstoß in Richtung Marsa Matruk fortsetzen sollte.

General Wavell bereitete eine Offensive vor, die das Ziel hatte, Marschall Grazianis Truppen in Richtung zur libyschen Grenze zurückzuwerfen. Eine zweite Offensive war in Italienisch-Ostafrika geplant, wo der Herzog von Aosta mit 255 000 Mann seit Mitte August Britisch-Somaliland besetzt hielt.

Auf deutscher Seite war Anfang September der Kommandeur der 3. Panzer-Division, Generalmajor Ritter von Thoma, nach Afrika entsandt worden. Er hatte den Auftrag erhalten, die Überführungsmöglichkeiten deutscher Truppen nach Afrika und deren bestmöglichen Einsatz zu erkunden.

In der Zwischenzeit hatte aber bereits der deutsche Militärattaché, General Enno von Rintelen, aus Rom am 10. September einen Bericht über die Stärke der italienischen Kräfte in Libyen nach Berlin gesandt, der aufzeigte, daß die italienischen Divisionen in Afrika für ihren Einsatz ungenügend ausgerüstet seien und daß sich ihre Panzer- und motorisierten Einheiten noch in Italien befänden.

Hitler schien am 14. September entschlossen zu sein, ein deutsches Panzerkorps nach Nordafrika zu entsenden. In dieser Haltung wurde er durch den Vortrag von Oberst Liss aus dem Nachrichtenstab Franz Halders bestärkt, der ihm am 19. September 1940 über die Erfolge der Italiener bei ihrem Vorstoß nach Sidi Barrani berichtete.

Nach dem italienischen Sieg teilte Marschall Pietro Badoglio seinen Verbündeten mit, daß Italien außer Sturzkampfflugzeugen zur Zerschlagung britischer Schwerpunkte nichts brauche, auch keine Panzertruppen.

Hitler bat Mussolini um eine Unterredung. Die beiden »Führer« trafen sich am 3. Oktober 1940 am Brenner-Paß. Während der Aussprache eröffnete Mussolini, daß er bis zum 15. Oktober die Offensive in Nordafrika wieder aufnehmen lassen würde. Hitler sicherte dem Duce die Zuführung von 100 Panzern und einer Masse von Fahrzeugen zu.

Nun schien alles beschlossene Sache zu sein, und nach einigem Hin und Her und weiteren Konferenzen und Besprechungen waren am 14. Oktober 1940 die Pläne zum Verlegungsmarsch der 3. Panzer-Division nach Afrika fertig. Drei Tage später erhielt Generaloberst Halder den Bericht von Generalmajor von Thoma aus Afrika. In diesem Bericht schlug der erfahrene Offizier vor, jede nach Afrika in Marsch gesetzte Einheit mit einer Aufklärungs-Abteilung motorisiert (mot.) und zwei Panzerspäh-Kompanien auszustatten. In seinem mündlichen Bericht vor Generaloberst Halder betonte von Thoma, daß eine Panzertruppe von mindestens vier Divisionen nach Afrika entsandt werden müsse, wenn man Erfolg haben wolle. Er sagte dazu: »Weniger sind sinnlos, weil kleinere Kontingente keinen Erfolg haben werden. Mehr wiederum sind ebenso verfehlt, weil mehr als vier Divisionen bei einer Fahrt quer durch die Wüste hinein ins Nildelta nicht versorgt werden können.«

Auch gegenüber Hitler vertrat Ritter von Thoma wenige Tage später diesen Standpunkt, und Major Meyer-Ricks von der Heeresnachrichten-Abteilung des OKH, der am 25. Oktober von seiner Afrikareise zurückkehrte, unterstützte die Ausführungen des Kommandeurs der 3. Panzer-Division.

Noch während die Besprechungen hin und her gingen, hatte Mussolini ein weiteres Abenteuer eröffnet, indem er am 28. Oktober 1940 von Albanien aus nach Griechenland einmarschieren ließ.

Die Italiener hofften hier auf einen schnellen Erfolg, wurden aber bald durch die harte Wirklichkeit eines Besseren belehrt. Die griechischen Truppen warfen die Angreifer nach Albanien zurück. Hitlers Zorn auf Mussolini ging so weit, daß er geneigt schien, das »libysche Abenteuer« ganz aufzugeben. Nun sollten die Italiener ihren Kram allein machen. Sie hätten diese Situation ja auch allein herbeigeführt.

Am Nachmittag des 4. November 1940 bat Hitler die Führungsstellen zu einer Führerbesprechung. An dieser Besprechung nahmen Keitel, Jodl, Halder, von Brauchitsch und Großadmiral Raeder teil. Hinzugezogen wurden Jodls Adjutant Oberstleutnant Deyhle und Major Gerhard Engel, einer der Adjutanten Hitlers.

Hitlers Monolog mündete in den Worten, daß er dagegen sei, deutsche Truppen über das Mittelmeer nach Afrika zu schicken, über ein Meer also, das von England beherrscht würde und um welches die Italiener noch nicht mit aller Kraft gekämpft hätten. Er vermute, daß die Italiener deutsche Truppen haben wollten, um das Blut ihrer eigenen Soldaten zu sparen.

Hitler lehnte auch den Plan ab, über Bulgarien und die Türkei und Syrien zum Suezkanal durchzustoßen. Lediglich die Notwendigkeit der Entsendung von Fliegerkräften nach Afrika sah er als gegeben an.

Erst in der Führerweisung Nr. 18 vom 12. November 1940 (»Bereit sein für alle Fälle!«) ging Hitler von dieser starren Haltung ab. Diese Weisung sah für Libyen folgende Planung vor:

Der Einsatz deutscher Kräfte in Nordafrika kommt erst dann in Frage, wenn die Italiener Marsa Matruk erreicht haben... Das Heer hat eine Panzer-Division für den Einsatz in Nordafrika in Bereitschaft zu halten. Die Kriegsmarine ist gehalten, in italienischen Häfen liegende deutsche Schiffe als Transportdampfer auszurüsten und bereitzustellen, mit denen möglichst starke Truppen und Nachschubgüter nach Libyen oder nach Nordwestafrika geschafft werden könnten... Die Luftwaffe trifft ihre Vorbereitungen zum Einsatz gegen Alexandria und den Suezkanal.

Alles war noch in der Schwebe, als am 6. Dezember 1940 die britische Offensive losbrach. Für diese Offensive standen General O'Connor die 7. Panzer-Division, die 4. Indische Division, ein Bataillon mit schweren Infanterie-Panzern Mark II und eine Kampfgruppe, die sich aus der Festungsbesatzung von Marsa Matruk zusammensetzte, zur Verfügung.

Als Reserven standen ihm die aus Australien herangeführte 6. Division, eine Brigade der 2. Neuseeländischen Division und eine polnische Brigade zur Verfügung, die teilweise in der Ausbildung begriffen waren oder Sicherheitsaufgaben im Nildelta erfüllten.

Die »Western Desert Force« erreichte mit der 4. Indischen Division, die von schweren Infanterie-Panzern begleitet wurde, binnen 48 Stunden den Raum südostwärts Nibeiwa, wobei Nebel und Dunst diese Bewegungen nahezu vollständig verschleierten.

Durch die bei Nibeiwa von der Unterstützungsgruppe der 7. Panzer-Division offen gehaltene Lücke stieß eine indische Brigade mit den letzten einsatzbereiten 28 Panzern vor. Zur gleichen Zeit beschossen Verbände der britischen Mittelmeer-Flotte die Küstenbefestigungen der Italiener, und Maschinen der RAF flogen im Tiefflug über die italienischen Stellungen hinweg. Nibeiwa wurde genommen. General Maletti fiel bei diesem Kampf. 2000 Italiener ergaben sich. Die Vorratslager Tummar-West und Tummar-Ost fielen am nächsten Tag; die 2. Libysche Division der Italiener war vernichtet.

Nun ging es Schlag auf Schlag. Die 7. Panzer-Division stürmte vor. Am 10. Dezember fiel Sidi Barrani im gemeinsamen Angriff der Indischen und der 7. Panzer-Division. Nach drei Tagen der Schlacht hatten die Italiener 38 000 Mann an Gefangenen verloren. Unter ihnen befanden sich vier Generale. General O'Connor entschloß sich zur harten Verfolgung. General Wavell und der britische Kriegspremier, Sir Winston Churchill, billigten diesen Entschluß.

Am 12. Dezember rollten die leichten Kreuzer-Panzereinheiten in den Raum südlich Sollum. Die 11. Husaren stießen am 13. Dezember — durch Panzer und Artillerie verstärkt — über die Grenze westlich Fort Capuzzo und an Sidi Azeiz vorbei nach Norden zur Küstenstraße vor und sperrten sie am folgenden Tag. Damit war die Festung Bardia an der Grenze von ihrer Zufuhr abgeschnitten. Capuzzo und Sollum wurden von den Italienern aufgegeben, Bardia wurde eingeschlossen. In dieser Festung steckten nunmehr vier italienische Divisionen. In Tobruk hielt sich eine weitere Division.

Am frühen Morgen des 3. Januar 1941 traten die Soldaten der australischen Division zum Sturm auf Bardia an. Die Kämpfe dauerten bis zum 5. Januar. 40 000 Gefangene ergaben sich.

El Adem, nur 24 Kilometer südlich Tobruk gelegen, wurde von einer Panzer-Brigade der 7. Panzer-Division erobert. Am 20. Januar wurde Tobruk angegriffen und bis zum 22. Januar in britischen Besitz gebracht. Hier gingen 27 000 Italiener in die Gefangenschaft. In schnellen Raids stürmten die britischen Panzerverbände nach Westen. Derna fiel am 30. Januar 1941. Am 3. Februar war Cyrene an der Reihe. Marschall Graziani funkte nach Rom, daß er die Cyrenaika zur Gänze räumen und bis in Höhe Sirte zurückgehen werde. Dazu erteilte er am 2. Februar seine Befehle und verlegte am 3. Februar sein eigenes Hauptquartier von Bengasi nach Tripolis.

Als General O'Conner am 2. Februar 1941 die Nachricht vom Rückzug der Italiener aus der Cyrenaika erhielt, stieß er mit der 7. Panzer-Division über Msus auf Soluch vor. Im Verlauf dieses Vorstoßes setzte O'Connor eine gemischte Kampfgruppe von Msus aus über Antelat gegen die Küstenstraße westlich Antelat an. Gegen zwölf Uhr am 5. Februar erreichte diese Kampfgruppe die Straße, sperrte sie und stoppte damit den Rückzug der 10. Italienischen Armee. Über 20 000 Mann stellten hier den Kampf ein. Der Oberbefehlshaber der 10. Armee, General Tellera, erlag hier seinen Verwundungen.

Die 11. Husaren befanden sich am 8. Februar bereits in El Agheila und erkundeten mit Aufklärungspanzern das gesamte Gelände westlich davon bis hin zum Arco dei Fileni.

Hier endete der Vorstoß des Verbandes, der »Western Desert Force«, die im Dezember in 13. Britisches Korps umbenannt worden war. Dieses Korps hatte in acht Wochen rund 1000 Kilometer zurückgelegt und zehn italienische Divisionen vernichtet. Dabei machte es 130 000 Gefangene, vernichtete 180 mittlere und 220 leichte Panzer und erbeutete 845 Geschütze.

Die Lage war für Italien tödlich geworden. Wie hatte inzwischen die oberste deutsche Führung, Hitler an der Spitze, auf diese Ereignisse reagiert?

Die plötzliche Wende der Kriegslage in Nordafrika war noch am 5. Dezember 1940 für Hitler nicht durchschaubar. An diesem Tag hatte er in einer Führerbesprechung alle mit dem geplanten Angriff auf Gibraltar befaßten Stellen antreten und sich Bericht darüber erstatten lassen. Noch glaubte Hitler nicht an ein rasches deutsches Eingreifen in Nordafrika. Er hielt die Situation auf dem Balkan für zu undurchsichtig und wollte auch seine russischen Operationspläne nicht dadurch beeinträchtigen lassen.

Ein Luftangriff auf die britische Mittelmeerflotte *und* die Wegnahme von Gibraltar würde — so äußerte sich Hitler an diesem Tag — den Italienern helfen, die Krisenlage zu meistern.

Am 15. Dezember werde die Luftwaffe, so Hitler, die englische Flotte angreifen, und nach diesen sich mehrfach wiederholenden Angriffen werde das dafür ausersehene 49. Armee-Korps im Februar 1941 Gibraltar erobern. Ab März könnten dann deutsche Truppen den Italienern auch in Griechenland helfen.

Hitler merkte auch nach einem Sieg in Gibraltar die Möglichkeit des Einsatzes von einer Panzer-Division und einer motorisierten Division in Nordafrika vor.

Als aber bereits am 8. Dezember der italienische Gesandte in Deutschland, Dino Alfieri, sich beim Führer melden ließ und die in Albanien bedenklich gewordene Lage vortrug, ließ Hitler ihn abblitzen.

Am 9. Dezember meldete der Generalstabschef des Heeres, Halder, Hitler die bedrohliche Lage, die in Afrika entstanden war. Aber von nun an kamen gute Ratschläge zu spät. Die Truppen des 13. Britischen Korps diktierten das Geschehen in der Wüste.

Der 19. Dezember sah eine völlige Umkehr der italienischen Haltung in bezug auf Afrika. Nun wurde um Hilfe gerufen. Das Comando Supremo ließ unmittelbar darauf über General von Rintelen die Bitte übermitteln, sofort eine Panzer-Division zum Einsatz nach Tripolis zu entsenden. Ferner wurde um Kriegsmaterial für zehn italienische Divisionen gebeten, drittens wurden Rohstoffe für die italienische Kriegsindustrie angefordert. Graf Ugo Cavallero, der Chef des Generalstabes der italienischen Wehrmacht, hatte diesen Hilferuf im Auftrag Mussolinis erlassen.

General Efusio Marras, der italienische Militärattaché in Deutschland, berichtete am 28. Dezember 1940 bei Keitel, daß die italienische Lage in Afrika verzweifelt und daß ganz Nordafrika ohne Deutschlands Hilfe verloren sei.

Zu dieser Zeit waren bereits die ersten deutschen Verbände nach Süditalien unterwegs. Es waren 100 Bomber der Typen Ju 88 und He 111, 60 Ju 87, »Stukas«, 20 Bf-109-Jäger und einige Nachtjäger. Diese Fliegerkräfte gehörten zum 10. Flieger-Korps unter Generalleutnant Hans Geißler. Auf den Horsten Siziliens nisteten sich diese Flieger ein, und während der nächsten Zeit kamen 300 Maschinen hinzu. Die dem 10. Flieger-Korps gestellte Aufgabe lautete: »Bekämpfung der englischen Geleitzüge im Mittelmeer. Bekämpfung der britischen Zuführungsgeleitzüge durch den Suezkanal und Behinderung des Vormarsches der britischen Truppen in Libyen.«

Später kam noch hinzu: »Schutz der Seetransporte für das Deutsche Afrika-Korps von Italien nach Tripolis.«

Am 4. Januar 1941 sandte General von Rintelen einen Bericht über Libyen nach Deutschland, in dem General Alfredo Guzzoni der festen Überzeugung war, Barida halten zu können. Als der Bericht übergeben wurde, hatten die Truppen O'Connors bereits Barida erobert.

Nachdem von Rintelen am 8. Januar ein weiteres Schreiben von General Guzzoni überreichen ließ, berief Hitler zum 9. Januar sämtliche mit dem Afrika-Plan befaßten Stabsoffiziere in die Reichskanzlei. Während dieser Besprechung führte Hitler aus: »Es ist wichtig, daß die Italiener Libyen nicht verlieren. Wenn dies geschieht, werden die britischen Truppen dort für andere Verwendung frei. Außerdem sind die psychologischen Auswirkungen dieses Verlustes viel schwerwiegender als der Verlust selbst ...

Italien muß geholfen werden. Es ist wichtig, einen deutschen Panzer-Sperrverband nach Libyen zu entsenden. Dieser Sperrverband muß den britischen Vorstoß stoppen und örtliche Gegenstöße gegen die schwachen Stellen des Gegners vornehmen.«

Am 11. Januar 1941 gab die Operationsabteilung des OKH die Anweisung zur Zusammenstellung der deutschen Kräfte zum Einsatz in Libyen heraus. Sämtliche kleineren Einheiten sollten aus der 3. Panzer-Division rekrutiert werden.

Ein Erkundungsstab des OKH reiste am 15. Januar nach Nordafrika. Generalleutnant von Funck, der diesen neu aufgestellten Sperrverband führen sollte, traf an diesem Tag in Tripolis ein, um die Lage zu erkunden und sich ein Bild von den örtlichen Verhältnissen zu machen.

Für den Sperrverband stellte die 3. Panzer-Division das Panzer-Regiment 5 zur Verfügung. Hinzu kam die I./AR 75, die Panzerjäger-Abteilung 39 und die Aufklärungs-Abteilung 3. Daraus stellte Oberstleutnant Graf Schwerin die 5. Leichte Afrika-Division auf. Erster Chef des Generalstabes dieser Division wurde Oberstleutnant i. G. von dem Borne.

Am 19. Januar 1941 trafen Hitler und Mussolini in Berchtesgaden zusammen. Am selben Ort besprachen sich auch Keitel und General Guzzoni. Guzzoni nahm das deutsche Angebot, die 5. Leichte Division nach Afrika zu entsenden, dankbar an. Er erklärte, daß um den 15. Februar herum der Transport dieser deutschen Division über das Mittelmeer erfolgen würde.

Am 3. Februar 1941 schrieb Generaloberst Halder in sein Tagebuch: *Rommel (mit neuem Chef) Befehlshaber der deutschen Heerestruppen in Libyen*. Wer genau den Kommandeur der 7. Deutschen Panzer-Division — der »Gespenster-Division« aus dem Frankreich-Feldzug — namhaft gemacht hat, ist nicht zu eruieren. Sicher ist aber, Hitler fällte die letztendliche Entscheidung, die Erwin Rommel auf den afrikanischen Kriegsschauplatz brachte.

Am 6. Februar 1941 gab Keitel die letzte Weisung für das Unternehmen »Sonnenblume« — wie das deutsche Eingreifen in Nordafrika genannt wurde — bekannt. Darin hieß es, daß der deutsche Verband auch einem deutschen Generalkommando unterstellt werden würde.

Links oben: Eine 8,8-cm-Flak für Afrika wird verladen.

Rechts oben: Rommel schaut interessiert zu.

Rechts: Der Arco dei Fileni – Wahrzeichen in der Wüste.

Links oben:
Neue Panzer
auf dem
Weg zur Front.

Links unten:
»Weit ist der Weg
zurück
ins Heimatland.«

Oben:
Die 8,8-cm-Flak –
Wunderwaffe
in der Wüste.

Rechts:
Achtacht im Einsatz.

Panzerbereitstellung

Am selben Tag traf Generalmajor Rommel — aus dem Urlaub zurückgerufen — in Berchtesgaden ein. Er meldete sich beim Oberbefehlshaber des Heeres, und Feldmarschall von Brauchitsch erteilte ihm den Auftrag, als Kommandierender General ein Armee-Korps zu übernehmen, das vorerst aus einem Sperrverband und einer Panzer-Division bestehe und in Nordafrika zum Einsatz kommen solle.

Am Nachmittag dieses Tages meldete sich Rommel bei Hitler. Hier wurde ihm zur Geländeerkundung der Chefadjutant Hitlers, Oberstleutnant Schmundt, als Begleiter beigegeben.

Der folgende Tag sah das Zusammentreffen Rommels mit seinem neuen Chef des Stabes, Oberstleutnant von dem Borne und einigen Offizieren seines Stabes. Drei Tage später flog er mit diesem Stab nach München, und von dort flog der Stab allein weiter nach Rom. Rommel, Schmundt und von dem Borne folgten am 11. Februar nach. Am selben Tag hatten sie eine Unterredung mit General Guzzoni und dem Duce, und am Nachmittag setzten sie in Begleitung von General Roatta den Flug nach Catania fort. Dort führte Rommel eine Besprechung mit Generalleutnant Geißler. Rommel bat den Kommandierenden General des 10. Flieger-Korps, noch in der Nacht den Hafen von Bengasi — die Stadt war inzwischen den Engländern zugefallen — mit starken Verbänden anzugreifen und mit dem ersten Frühlicht des 12. Februar 1941 auch die britischen Truppenkolonnen zur Front anzugreifen und zu vernichten.

Am nächsten Tag flogen Rommel und seine Begleitung nach Tripolis. Eine Stunde später stand der Kommandierende General, inzwischen durch Hitler zum Generalleutnant befördert, vor General Gariboldi, der soeben von General Guzzoni den Oberbefehl in Afrika übernommen hatte.

Er setzte Gariboldi auseinander, daß er sich die Verteidigung Tripolitaniens am Rand der Sirte gedacht habe.

In einer He 111 flog Rommel wenig später mit Oberstleutnant Schmundt über das Kampfgebiet hinweg. Als sie gegen Abend nach Tripolis zurückkehrten, war soeben General Roatta mit den neuen Befehlen Mussolinis eingetroffen.

General Gariboldis in Aussicht gestellte Überführung des 10. Italienischen Armee-Korps in den Raum Sirte-Buerat genügte Rommel nicht. Er setzte durch, daß Gariboldi noch am 14. Februar die erste italienische Division in Richtung Sirte in Marsch setzte.

Nach den ersten deutschen Vorhuten, die bereits am 11. Februar in Tripolis gelandet waren (es waren die Versorgungseinheiten mit dem ersten Nachschub- und Transportmaterial) trafen am 14. Februar 1941 auch die ersten deutschen Truppen in Nordafrika ein. Der Krieg in der Wüste, den die Luftwaffe bereits eröffnet hatte, konnte auch zu Lande beginnen.

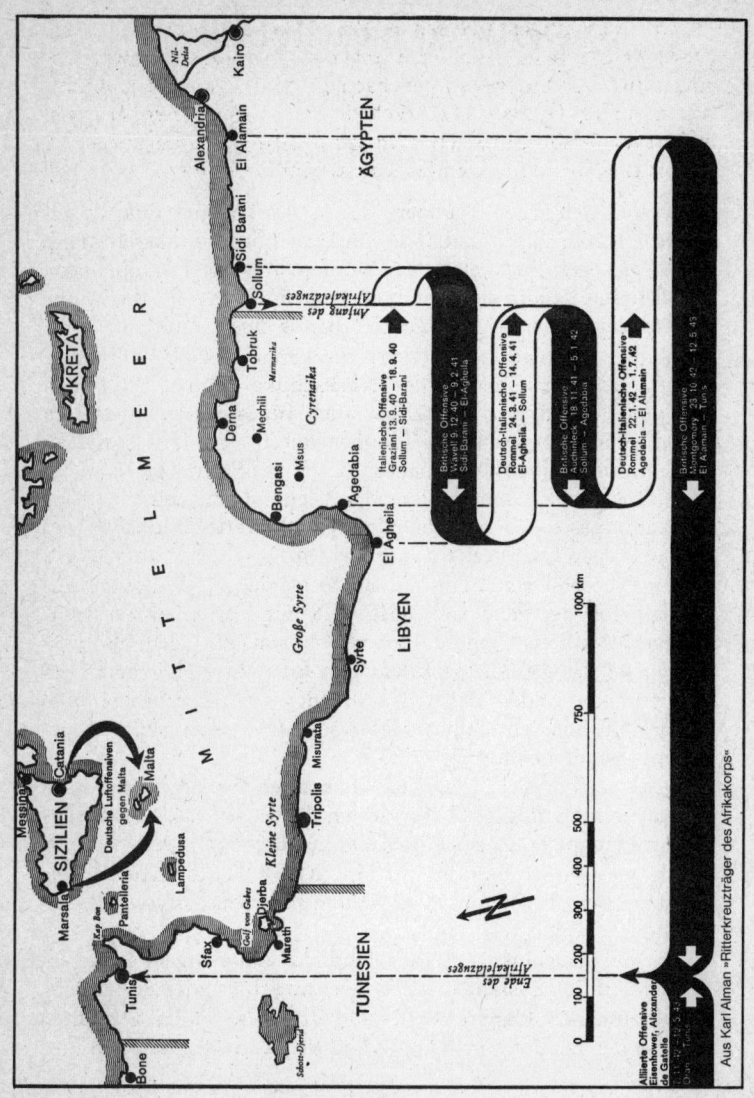

Übersichtskarte über die Feldzüge in Nordafrika und Tunesien

Der Weg nach Tobruk

Die ersten deutschen Truppen, die in Afrika zum Einsatz gelangten, waren Fliegerverbände. Im Dezember war das 10. Flieger-Korps nach Sizilien verlegt worden. Im Hotel »Domenico« in Taormina befand sich das Stabsquartier. Von hier aus setzte General der Flieger Geißler seine Verbände ein.

Da die Angriffe gegen den Suezkanal besonders wichtig waren, weil der Großteil des Nachschubs für die britischen Truppen in Afrika und letztlich auch für die zum Einsatz in Griechenland vorgesehenen Truppen durch diese Wasserstraße kam, schlug Major Harlinghausen, Chef des Stabes des 10. Flieger-Korps, dem Kommandierenden General vor, eine Gruppe des Kampfgeschwaders 26 nach Bengasi zu verlegen und sie von dort aus gegen den Suezkanal anzusetzen.

General Geißler stimmte diesem Vorschlag zu. Der erste Zusammenstoß der deutschen Luftwaffe mit britischen Seestreitkräften hatte bereits am 10. Januar 1941 stattgefunden, als Ju 87 und Ju 88 des 10. Flieger-Korps den britischen Flugzeugträger »Illustrious« hundert Seemeilen westlich Malta mit sechs 500-Kilogramm-Bomben lahmschlugen, so daß er nach Malta eingeschleppt werden mußte.

Nun aber bot sich eine neue Chance, und wenige Tage nach diesem Ereignis flogen 14 Maschinen der II./KG 26 vom sizilianischen Flugplatz Comiso in Richtung Bengasi. Diese Gruppe wurde von Major Bertram geführt. Major Harlinghausen flog mit nach Bengasi, um die Verbindung mit dem Korps aufrechterhalten zu können.

Als die Maschinen auf dem Flugfeld von Bengasi landeten, herrschte dort »Zustand«. Die Einweisung durch das italienische Platzkommando klappte nicht, und drei Maschinen verkeilten sich bei der Landung ineinander und fielen für die weiteren Einsätze aus.

Bereits am 14. Januar 1941 flogen die ersten drei He 111 als Kampfaufklärer in Richtung Suezkanal. Sie kamen unbehelligt durch und erreichten wohlbehalten Bengasi.

Als die Aufklärer am Mittag des 17. Januar 1941 zurückkehrten, brachten sie die Meldung mit, daß ein größerer Geleitzug südlich des Kanals mit Nordkurs gesichtet worden war. Major Harlinghausen sah nun die Chance für die acht bereitstehenden Maschinen gekommen.

»Meine Herren«, instruierte er die versammelten Kommandanten, »wir gehen die Sache so an, daß die ersten vier Maschinen den Kanal von Norden anfliegen und nach Süden hinunter suchen. Die zweite Gruppe versucht das gleiche von Süden, nach Norden fliegend. Dies gibt uns die Gewähr, daß wir den Geleitzug auch finden.«

»Es sind eintausendeinhundert Kilometer bis zum Suezkanal, Herr Major«, warf einer der Kommandanten ein.

»Das heißt«, antwortete Harlinghausen, »daß der Kanal noch immer außerhalb unserer normalen Reichweite liegt, wenn wir nicht ganz sparsam fliegen. Die beste Motorendrehzahl, die günstigste Propellereinstellung und die richtig gewählte Höhe allein setzen uns in die Lage, diesen Auftrag zu erfüllen. Ich werde die Führung übernehmen. Was meinen Sie, Doktor?« wandte sich der hochgewachsene Harlinghausen an den Meteorologen der Gruppe. Dr. Hermann blickte auf seine Unterlagen.

»Der Hinflug ist klar«, sagte er dann. »Auf dem Rückflug werden Sie schätzungsweise sechzig Stundenkilometer Gegenwind haben. Dieses Hindernis gleichen Sie am besten durch einen Rückflug in günstiger Volldruckhöhe von viertausend Meter aus.«

Wenig später stiegen die ersten vier He 111 auf. Hinter dem Knüppel der Führermaschine saß, wie auf fast allen Flügen Harlinghausens vorher, Hauptmann Robert Kowalewski.

»Alles klar, Robert?« fragte Harlinghausen.

»Alles in Ordnung«, erwiderte Kowalewski.

»Dann los!«

Sie erhielten das Zeichen zum Start, und wenig später waren sie in der Luft. Sie formierten sich und flogen vier Stunden nach Osten, ehe sie einige Grade auf Süd drehten und Suez, den südlichen Endpunkt des Kanals, erreichten. Hier legte Kowalewski die Maschine auf Nordkurs, und nun flogen sie genau über dem Suezkanal dahin.

»Dort der Große Bittersee!« machte Harlinghausen die Kameraden aufmerksam. »Wir umkurven ihn und gehen dann weiter nach Norden.«

Sie drehten um den Großen Bittersee herum und fanden nicht ein einziges Schiff. Wie leergefegt lag die blinkende Nabelschnur des Kanals unter ihnen.

»Wir greifen die Ausweichziele an!« gab Harlinghausen den drei anderen Maschinen bekannt. »Wir selbst fliegen bis Port Said hinauf«, wandte er sich wenig später an den Flugzeugführer.

Aber auch in Port Said war kein einziges Ziel zu entdecken.

»Wir müssen langsam an den Rückflug denken«, mahnte Kowalewski nach einem Blick auf den Bezinstandanzeiger.

»Vorerst noch einmal nach Süden«, entschied Harlinghausen. Aber auch diesmal entdeckten sie kein Schiff — bis auf die Fähre von Ismailijja, die gebombt wurde.

Schräg unter ihnen tauchte ein zweitesmal der Große Bittersee auf. Und diesmal entdeckten sie den Konvoi, der am Ufer angelegt hatte, weil er den Kanal nicht bei Dunkelheit durchlaufen durfte.

»Wir greifen den großen Dampfer in der Mitte an«, entschied der Major. Sie flogen direkt auf das Schiff zu, die Bomben verließen die Maschine und heulten dem Wasser entgegen. Aber sie detonierten etwa 30 Meter seitab.

»Rückflug!« befahl Harlinghausen, enttäuscht darüber, daß sie es nicht doch noch in letzter Sekunde geschafft hatten.

Der Rückflug wurde zu einer Zerreißprobe für die Besatzung dieser He 111 und aller anderen sieben Maschinen. In 4000 Meter Höhe angekommen, wurde die Maschine von einem derartigen Sturm durchgeschüttelt, daß sie viel zu langsam wurde. Dieser Sturm erreichte nach den Berechnungen der Bodenstelle in Bengasi 120 Stundenkilometer. Durch diesen starken Gegenwind war der Rückflug gefährdet. Viereinhalb Stunden hatte Major Harlinghausen ausgerechnet. Aber als bereits fünf Stunden vergangen waren und noch immer nicht die Lichter der Flugplatzbefeuerung von Bengasi auftauchten, die ihnen die Landung ermöglichen würden, wurde die Lage kritisch. Nach fünfeinhalb Stunden war noch kein Ziel zu erkennen.

»Wir müssen runter«, warnte Kowalewski, »sonst schmeißen wir sie dort in den Sand, wo es nicht gut tut.« Harlinghausen nickte zustimmend.

»Bauchlandung, Robert. Wir wissen nicht, wie holprig die Landepiste ist, also lassen wir die Beine lieber drinnen.«

Hauptmann Robert Kowalewski, eines der alten Asse der

Luftwaffe, setzte die He 111 sicher auf der brettebenen Wüste auf. Sie schlitterte durch den Sand, riß Kameldornbüsche fort und lag dann still.

Kowalewski hatte alle Geräte ausgeschaltet. Der Befehl zum Aussteigen kam, und blitzschnell waren sie draußen.

»Wir müssen die Maschine vernichten und versuchen, den Horst zu erreichen. Nach Bengasi kann es nicht mehr weit sein. Also los!«

Sie setzten den Heinkel-Bomber in Brand und machten sich sofort auf den Weg. Was sie nicht wußten, war die Tatsache, daß es bis Bengasi noch 280 Kilometer nach Nordwesten waren.

Während sie die ganze Nacht marschierten und vor Panzergeräuschen aus östlicher Richtung durch einen Schwenk nach Westen auswichen, starteten am frühen Morgen des nächsten Tages drei Suchmaschinen. Das Wrack der He 111 wurde wenige Stunden später gefunden. Weitere Suchflugzeuge stiegen auf.

Inzwischen marschierten die vier Flieger durch die Wüste. Sie rasteten tagsüber hinter Kalksteinplatten und deckten den Raum mit einer Zeltplane ab. Die Verpflegung wurde genau eingeteilt. Bei Einfall der Dunkelheit brachen sie wieder auf und — froren in der nächtlichen Wüste.

In der vierten Nacht wurden sie durch Oberleutnant Werner Kaupisch gefunden. Er setzte mit Sonnenaufgang zur Landung an und kam sicher herunter.

»Sie haben sich aber viel Zeit gelassen, Kaupisch«, meinte Harlinghausen lakonisch, als der junge Oberleutnant melden wollte. »Danke, das war die Stecknadel im Heuhaufen, die Sie gefunden haben. Wie ist es Ihnen übrigens ergangen? Was machen die anderen?«

»Ich bin bis Bengasi zurückgekommen, weil ich die Vorschläge des Wetterfroschs ignoriert habe. Ich habe höchstens hundertfünfzig Meter Höhe gehabt, und dort unten war bedeutend weniger Wind.«

»Und die anderen? Alle notgelandet?«

»Sie sind heil heruntergekommen. Aber drei Besatzungen sind offenbar von den Tommys geschnappt worden.

Sie kletterten zu Kaupisch in die Maschine und landeten eine gute halbe Stunde später in Bengasi. So endete der erste Angriff auf den Suezkanal mit dem Verlust von sieben Flugzeugen.

Nachdem die Wasserkolonnen 800 und 804 und die Kraftfahr-zeug-Abteilung (Werkstatt) sowie das Feldlazarett 4/572 am 11. Februar 1941 in Afrika angekommen waren, wurden sie bereits am nächsten Tag von Generalleutnant Rommel in ihren Quartieren außerhalb von Tripolis besucht. Rommel flog anschließend nach Homs, um dort eine italienische Brigade zu besuchen, und kam am Mittag des 14. Februar 1941 nach Tripolis zurück, wo man an diesem Abend noch die ersten Kampftruppen des Sperrverbandes Afrika erwartete.

Um diese Zeit näherte sich der deutsche Dampfer »Saarfeld« dem Hafen von Tripolis. Zwei Tage und Nächte war der Dampfer, aus Neapel kommend, bereits unterwegs. Als das Schiff an der Pier festmachte, sah Major Irnfried Freiherr von Wechmar auf der Pier eine Gruppe deutscher Offiziere in der neuen Tropenuniform. Nur einer von ihnen trug den feldgrauen Rock. Im Kragenausschnitt sah man das Ritterkreuz und rechts darunter den Pour le mérite.

»Das ist Rommel, Herr Major«, bemerkte Oberleutnant Thiele, Chef der 1. Kompanie der »Stahnsdorfer«, wie die Aufklärungsabteilung 3 (AA 3) genannt wurde, weil sie in Berlin-Stahnsdorf in Quartier lag.

»Wo kommt denn Rommel her?« fragte von Wechmar seinen Kompaniechef, der Rommel von früher kannte.

»Keine Ahnung, Herr Major, aber eines ist sicher: Hier wird es mächtig stauben. Wo Rommel ist, dort ist auch etwas los«, erwiderte der Oberleutnant.

Major Jansa, der Kommandeur der Panzerjäger-Abteilung 39, der ebenfalls an Bord der »Saarfeld« war, rief sie wieder in die Wirklichkeit zurück.

»Dann wollen wir uns mal fertigmachen zur Meldung, Wechmar«, meinte er gemütlich. »Ich denke, wir sollten bei Rommel einen guten Eindruck machen.«

Als die »Saarfeld« angelegt hatte und die Offiziere von Bord gingen und auf die Pier traten, kam ihnen Rommel ein Stück entgegen. Von Wechmar meldete zuerst. Rommel dankte und sagte: »Wechmar, Sie müssen in fünf Stunden ausgeladen haben und marschbereit sein. Mit Sonnenaufgang Meldung zum Abmarsch.«

Das gleiche sagte Rommel auch dem Kommandeur der Panzerjäger-Abteilung.

Eine wüste Schinderei begann. Quietschend und rollend, holpernd und dröhnend hievten die Winden die Spähwagen und Funkstellen, die Pak und andere Geschütze, Kräder und Lastwagen aus den Bäuchen der Schiffe, die angelegt hatten. Munitionskisten, Benzinfässer und Tropenverpflegung folgten nach. Die Entladeprahme, die zu den auf Reede liegenden Schiffen fuhren, waren bis an die Halskrause vollgeladen, wenn sie zurückkamen.

Als die Sonne aufging, war es geschafft. Es hatte zwar sechs Stunden gedauert, aber nun waren die ersten Kampftruppen einsatzbereit. Vom Kai aus marschierten die Soldaten zum großen Platz und formierten sich hier zu einem offenen Viereck.

Vor dem offenen Viereck erschien Rommel in Begleitung einiger hoher Offiziere der Italiener. Er begrüßte die Soldaten und verabschiedete sie mit einem schwäbischen: »Macht als vorwärts, Jungs!«

Dann ging es an die Fahrzeuge. Ein italienischer Kradmelder setzte sich an die Spitze und führte die Blechkarawane durch das Araberviertel der Stadt Tripolis, vorbei an Palmengruppen und Ziehbrunnen zur Ausfallstraße.

Mit seinem Adjudanten, Oberleutnant von Fallois, rollte Major von Wechmar seinem Verband voraus. Ziel der Kolonne war Sirte.

Die Sonne stieg höher und brannte bald darauf kräftig vom Himmel. Es wurde Mittag, ehe die Gruppe vor dem Wüstenhotel in Sirte anhielt. Als von Wechmar aus dem Wagen sprang, um sich bei dem Kommandeur der hier führenden Division »Pavia« zu melden, trat ihm bereits Rommel aus der Kühle der Halle entgegen.

»Willkommen in der Wüste, Wechmar. Ich habe für Sie folgenden Auftrag:

1. Sicherung der rechten Flanke der dort auf den Höhen weiter ostwärts eingesetzten Division ›Pavia‹.

2. Aufklärung in Richtung En Nofilia — El Agheila.

3. Zusammenarbeit mit der italienischen Aufklärungabteilung Santamaria, deren Kommandeur gleich hier sein wird.« Rommel räusperte sich, um dann fortzufahren: »Ihre Abteilung ist gut marschiert, Wechmar. Wann werden alle hier sein?«

»In einer Stunde, Herr General«, antwortete der Kommandeur der AA 3.

Als die AA 3 eintraf, zückte Rommel seine Leica und fotografierte die eintreffenden Soldaten. Der Chef des Generalstabs aber setzte den ersten Funkspruch an das Führerhauptquartier ab.

»Die ersten deutschen Truppen sind soeben an der vordersten Front in Afrika eingetroffen.«

»Ihr Deckname ist vorläufig ›Tiger‹«, sagte Rommel, bevor er sich von dem Kommandeur der AA 3 verabschiedete. »Zeigen Sie sich dieses Namens würdig und werden Sie in kürzester Zeit *das*, was Sie hier in Afrika sein sollen: die Herren des Vorfeldes, Wechmar!«

Als wenig später Major Marchese Santamaria eintraf, hatten sich die Kompaniechefs und der Stab in dem großen Befehls-Omnibus versammelt. Der italienische Major erklärte ihnen hier alles, was in der Wüste wichtig war.

Am nächsten Morgen startete der erste Spähtrupp. Er wurde von Oberleutnant von Fallois geführt. Von Wechmar verabschiedete ihn mit den Worten: »Keine Dummheiten! Unser Prinzip bleibt: geringster Verlust bei größtmöglichem Erkundungsergebnis. Ein Schafskopf, wer mehr einsetzt, als es zur Erreichung des Zieles notwendig ist. Ich will nur heile Knochen wiedersehen!«

Ziel dieses Spähtrupps war En Nofilia. Die Distanz dorthin betrug 150 Kilometer. Von Süden wehte der kleinen Gruppe in den Achtradspähwagen der heiße Ghibli entgegen. Als er aufhörte, setzte wenig später der Garbi ein, im Vergleich zum Ghibli ein eiskalter Wind aus Norden. Sie fuhren durch die dicken Sandschleier, spürten, wie ihnen der Sand in die Ohren und in die Nase drang. Sie sichteten »Menschen«, die sich dann als Kameldornsträucher erwiesen.

Als sie En Nofilia erreichten, stellten sie fest, daß diese Ortschaft feindfrei war. Sie kehrten nach Sirte zurück.

Am nächsten Morgen trat die gesamte AA 3 mit den Panzerjägern und der Abteilung Santamaria zum Marsch nach En Nofilia an. Als die Gruppe ein großes »Straßenkreuz« erreichte, von dem zwei Pisten in die Wüste abbogen, wurde Fliegeralarm durchgegeben. Schon hatte Fahrer Großmann die Leuchtpistole in der Faust, um das Erkennungssignal zu schießen, als die »Stukas« bereits wackelnd über ihnen dahinflogen.

»Eigene!« riefen die Luftspäher.

In diesem Moment ging die Leuchtpistole los. Die Leuchtpatrone knallte nach vorn, schlug zischend gegen die Rückenpolsterung, blieb an den Gasmasken hängen und wurde mit raschem Zugriff vom Fahrer nach draußen befördert, wobei sich Großmann die Hand verbrannte.

»Wenn du mich nicht leiden kannst, dann sage es gleich, Orje«, wies von Wechmar den Fahrer zurecht.

Die Spähtrupps kamen zurück. En Nofilia war immer noch feindfrei, und auch entlang der anderen Pisten war nichts zu erkennen gewesen, was auf einen Gegner hingedeutet hätte.

En Nofilia, das alte italienische Wüstenfort, wurde in Besitz genommen. Damit hatte die AA 3 150 Kilometer Gelände nach Osten kampflos gewonnen.

Der nächste Spähtrupp, den von Wechmar ansetzte, erreichte den Arco dei Fileni, der die Via Balbia überspannte. Abermals tauchte Rommel bei der AA 3 auf. Er gab den nächsten Befehl.

»Gewaltsame Aufklärung auf El Agheila!« lautete er.

Die Oberleutnante Everth und Behr führten die beiden verstärkten Spähtrupps. Sie stießen auf englische Spähwagen. Die ersten scharfen Schüsse wurden gewechselt. Mit den 2-cm-Kanonen der eigenen Spähpanzer wurden nacheinander drei gegnerische Spähwagen abgeschossen. Der Gegner zog sich zurück. Dieser 24. Februar 1941 hatte die ersten Leichtverwundeten gekostet und die ersten Gefangenen gebracht. Es waren Soldaten der 6. Australischen Division und einige Soldaten der englischen Kings Dragons Guards. Ein Panzerspähwagen wurde erbeutet.

Am 21. Februar war ein Befehl des OKW eingegangen, in dem angeordnet wurde, daß die deutschen Kräfte des Sperrverbandes mit der noch zu überführenden 15. Panzer-Division die Bezeichnung »Deutsches Afrika-Korps« (DAK) erhalten habe. Die Überführung der Panzer-Division und des noch fehlenden Panzer-Regiments der 5. Leichten Afrika-Division (AD) werde schnellstmöglich erfolgen.

Generalmajor Johannes Streich, der die 5. Leichte AD führen sollte, war am Abend es 18. Februar in einem Salonwagen von Berlin nach Rom gefahren. Von dort flog er nach Tripolis weiter. An Bord dieser Maschine befanden sich Teile seines Stabes und die Restgruppen des Korpsstabes von Generalleutnant Rommel. Am 21. Februar traf er in Tripolis ein. Im Gespräch mit Rommel erfuhr Streich, daß er nach Eintreffen des MG-Bataillons 8 das Kommando an der Front ostwärts Sirte übernehmen sollte.

Es gelang Rommel, beim italienischen Oberkommando in Nordafrika, General Gariboldi, durchzusetzen, daß alle bisher eingetroffenen Teile der 5. Leichten AD nach En Nofilia vorgeschoben wurden und daß sie von dort aus Fühlung mit dem Gegner aufnehmen durften. Daß dies bereits zwei Tage vorher geschehen war, verschwiegen beide.

Das MG-Bataillon 8 war am 24. Februar 1941 in Neapel verladen worden. Oberstleutnant Ponath führte es. Der Konvoi mit den Frachtern »Arcturus«, »Alicante«, »Leverkusen« und »Wachtfels« ging am 25. Februar um elf Uhr ankerauf. Er wurde von vier italienischen Torpedoboot-Zerstörern geleitet und erreichte nach genau 48 Stunden Tripolis. Vor dem Hafen erblickten die Soldaten dieses Bataillons ein torpediertes Lazarettschiff. Im Hafen selbst ragten die Aufbauten gebombter und gesunkener Schiffe aus dem flachen Wasser. Mit Hilfe kleiner Hafenboote wurde ausgeschifft.

Generalmajor Johannes Streich und der italienische Armeegeneral Gariboldi begrüßten am Morgen des 28. Februar die ausgeschifften und angetretenen Soldaten. Über die breite Uferstraße führte anschließend der Vorbeimarsch der Kompanien, und am frühen Morgen des 1. März rollte das MG-Bataillon mit jeweils zehn Minuten Abstand von Kompanie zu Kompanie nach Osten, einem dramatischen Einsatz entgegen.

Über Sirte und En Nofilia erreichte der Verband den Arco dei Fileni, der die Grenze zwischen der Cyrenaika und Tripolitanien bildete. Drei Kilometer ostwärts bezog die Truppe beiderseits der Straße ihre Stellungen. In El Mugtaa baute die 6. Kompanie (die Pionier-Kompanie) für die Panzerjäger-Abteilung 39 eine vorgeschobene Stellung.

Die übrigen Kompanien richteten sich hier ein. Die Kraftfahrzeuge wurden bis zu den Motoren eingegraben. Hier im »Fliegenwadi« kam es zu den ersten Besuchen von Sandvipern und Skorpionen. Der Ghibli hielt seinen Einstand.

Die Front verstärkte sich. Neben den Panzer-Attrappen, die auf Befehl von General Rommel umherkurvten, kamen weitere

Verbände zur Front, und am 11. März 1941 wurde das Panzer-Regiment 5 in Tripolis ausgeladen.

Am 15. März stieß eine verstärkte Kompanie unter Führung von Oberstleutnant Graf Schwerin zu einer gewaltsamen Erkundung über Geddahia und von dort nach Süden über eine alte Piste in den Fezzan hinein. Das Ziel dieser Gruppe war es, neben der gewaltsamen Aufklärung auch Erfahrungen auf größeren Märschen zu sammeln und die eigene Ausrüstung im Hinblick auf ihre Zweckmäßigkeit zu testen, wie General Rommel dem Führer der Gruppe erklärte.

»Über die Wellblechpiste« ging es nach Hun, das von einer italienischen Gruppe besetzt war. Sebcha und Murzuk waren die letzten Ziele. Von Murzuk aus ging es dann 300 Kilometer weiter nach Süden bis in den Raum El Gatrun. Dieser Wüstenraid wurde für alle Beteiligten ein unvergeßliches Erlebnis.

Inzwischen aber war die Front in Bewegung geraten.

El Agheila wird genommen

Bereits am 7. März hatte General Rommel zu Generalmajor Streich seine Absicht geäußert, El Agheila auszuheben und auch Marada zu besetzen.

Am 18. März flog Rommel nach Berlin. Vorher hatte er mit General Gariboldi in Tripolis die beabsichtigten Angriffsoperationen besprochen und dessen Einverständnis erreicht.

Am 20. und 21. März trug Rommel im Führerhauptquartier vor: Der Gegner ziehe Kräfte aus der Cyrenaika ab und richte sich in der Linie Agedaiba—Marsa el Brega zur Verteidigung ein; es sei Zeit, zum Angriff überzugehen. Rommel erbat weitere Verstärkungen, doch Hitler lehnte diese ab. Er wollte keine weiträumigen Operationen in Richtung Libyen. Dies schlug sich auch in der Weisung des 21. März 1941 nieder, die das OKH erließ. Darin hieß es, daß Rommel die Verteidigung von Tripolitanien zu gewährleisten habe und daß darüber hinaus Vorbereitungen zur Zurückgewinnung der Cyrenaika getroffen werden sollten.

Erst wenn die 15. Panzer-Division vollzählig in Afrika eingetroffen sei, könne er das Gebiet um Agedaiba als Ausgangspunkt zu weiteren Operationen in Besitz nehmen.

Stimmte es eigentlich, daß der Gegner Truppen aus der Front herausgelöst hatte? Welche Truppen lagen Rommels kleinem Kampfverband gegenüber?

Nachdem das 13. Britische Korps wieder aufgelöst worden war, führte das Cyrenaika Command unter Generalleutnant Philip Neame an der »Westfront« in Nordafrika. Zu diesem Command zählten die 2. Panzer-Division und die 6. Australische Division. Da letztere für den Einsatz in Griechenland vorgesehen war, erfolgte Anfang März deren Herauslösung und Ablösung zunächst durch den Stab und einer Brigade der 9. Australischen Division. Die beiden übrigen Brigaden dieser unerfahrenen Division befanden sich noch im Anmarsch aus Palästina, um im Raum Tobruk—Derna die Verbandsausbildung abzuschließen.

General Morshead, der Kommandeur der 9. Division, erkannte, daß seine Stellungen bei Marsa el Brega jederzeit von schnellen deutschen Verbänden umfaßt werden konnten, wenn jene, südlich der Salzsümpfe durch das Wadi el Fargeh fahrend, die Sümpfe umgingen.

Am 17. März entschloß sich die britische Führung, die bei Marsa el Brega in ungünstiger Stellung liegende Brigade der 9. Division herauszuziehen und sie mit der zweiten herankommenden Brigade ostwärts Bengasi einzusetzen.

Die 2. Panzer-Division rückte am 20. März in die Front bei Marsa el Brega ein. Zwischen Straße und Meer besetzten die beiden Schützen-Bataillone den sechs Kilometer breiten Sandstreifen. Südlich der Straße und noch ostwärts der dortigen acht Kilometer breiten Salzsümpfe gingen die Panzer in Stellung.

Die 3. Brigade der 9. Division mußte in Tobruk zurückbleiben. Für sie stand im Augenblick kein Transportraum zur Verfügung, um sie beweglich zu machen, denn aller Transportraum wurde für die Auffüllung der Lager der 2. Panzer-Division in Msus und Mechili benötigt.

General Wavell entsandte schließlich noch die 3. Indische Brigade (mot.) zur Verfügung, die am 29. März 1941 im Raum El Adem eintraf — zu einer Zeit also, als Rommels Vorstoß bereits angelaufen war.

Wie hatte sich dieser Vorstoß entwickelt?

Es war am Nachmittag, dem 23. März, als der Befehl der Wegnahme von El Agheila bei der AA 3 eintraf.

Oberstleutnant von Wechmar (inzwischen zu diesem Rang befördert) ließ die Kompaniechefs zum Befehlsomnibus kommen.

»Behr, Sie gehen mit der Kradschützen-Kompanie nur so weit auf der Via Balbia vor, daß der Tommy-Posten auf dem Holzturm der Wüstenfestung Sie nicht sieht. Dann biegen Sie nach Norden ein und verbringen die Nacht in den Dünen am Meer. Mit Morgengrauen treten Sie so auf El Agheila an, daß Sie es gegen sechs Uhr erreichen. Alles andere greift frontal an.«

In der Nacht fuhren die Kradschützen los. Sie saßen ab, als Gefahr bestand, daß der Motorenlärm gehört werden konnte, und arbeiteten sich zu Fuß durch die kalte Nacht auf den Nordrand von El Agheila vor. Dort blieben sie liegen. Ein Spähtrupp ging bis zum Stadtrand vor und meldete, daß die Ortschaft nur schwach besetzt sein könne.

Oberleutnant Behr meldete das Ergebnis zurück, und wenig später konnte auch der vor dem Gros herrollende Panzerspähtrupp unter Leutnant von Seybel melden, daß er den Ortsrand erreicht hatte.

»Angriff, Behr, wir kommen auch!« befahl von Wechmar über Sprechfunk.

Die Kradschützen rollten überraschend von Norden in die Stadt hinein. Ein paar Gegner zeigten sich. MG-Salven hämmerten durch den Morgen, und schon waren die Kradschützen bis zum Beobachtungsturm vorgestoßen und hatten die Flagge der Abteilung dort gehißt.

Das Gros der AA 3 stürmte, die vier unterstellten Ponzer voraus, von Westen nach El Agheila hinein. Einer der Panzer fuhr auf eine Mine und blieb liegen. Aber die Abteilung brauchte nicht mehr einzugreifen.

Eine knappe Stunde später näherte sich von Westen eine Kraftwagenkolonne dem Wüstenfort. Es war Rommel, der zusammen mit Oberstleutnant von Wechmar und dem Ia der 5. Leichten auf den Beobachtungsturm kletterte. Rommel deutete nach Osten.

»Unser nächstes Ziel liegt dort. Es heißt Marsa el Brega.«

Für den 30. März hatte General Rommel den Angriff auf Marsa el Brega, 30 Kilometer nordostwärts El Agheila, angesetzt. Hier wurde starker Widerstand der Engländer erwartet, denn diese Stellung in einer Enge zwischen dem Meer und einem einge- trockneten Salzsee, der nicht befahren werden konnte, war eine ideale Verteidigungsmöglichkeit.

Generalmajor Streich rollte mit dem Panzer-Regiment 5 unter Oberst Olbrich nach vorn und richtete dicht vor der englischen Sperrstellung einen Gefechtsstand ein. Hier erschien bald darauf Rommel, um sich vom Fortgang des Angriffs zu überzeugen.

Der erste Angriff am Morgen des 30. März drang nicht durch. Massiertes Artilleriefeuer schlug den Angreifern entgegen. Der Gefechtsstand von Generalmajor Streich wurde getroffen. Der Angriff blieb liegen.

Am Abend ließ Johannes Streich den Kommandeur des MG-Bataillons 2 rufen. Er befahl ihm, nach Einfall der Dunkel- heit mit seinem Bataillon links herausgestaffelt, direkt nördlich der Straße vom Strand her, anzugreifen und den Gegner aus der Flanke zu packen.

In der Nacht stieß das Batallion vor. Es wich einem feind- lichen Grabensystem nach links aus und stand dann in der Flanke des Gegners. Schlagartig brachen die Soldaten in die Stellungen des Gegners ein, an der Spitze der drahtige Major.

Handgranaten krachten auseinander, MG-Salven peitschten in Richtung des aufflackernden Mündungsfeuers.

Hier zeigte sich die Flankenempfindlichkeit der Engländer, die sich schließlich fluchtartig zurückzogen und 50 Schützenpanzer und 30 Lastwagen zurückließen.

Noch in der Nacht ließ Generalmajor Streich die gesamte Division aufschließen und bereitete alles zum Angriff auf Age- dabia vor. Wieder trat das MG-Bataillon 8 in Aktion. Oberst- leutnant Ponath sollte die Spitzengruppe des Angriffskeils füh- ren.

Am Nachmittag des 1. April griff das MG-Bataillon 8 beider- seits der Straße an. Zunächst hielt der Gegner stand. Dann aber zog er sich, schneller und schneller werdend, zurück. Als die Dunkelheit einfiel, standen die Kompanien des MG 8 bereits 35 Kilometer ostwärts Marsa el Brega bei Gtafia. Hier wurden sie von zwei Batterien englischer Artillerie gestoppt. Als am frühen

Morgen britische Spähwagen und Karretten diese Stellung angriffen, wurden sie abgeschlagen.

Die inzwischen nachgeführte Artillerie eröffnete den Angriff des 2. April mit einem kurzen Feuerschlag. Dann rollten die Kompanien aufgesessen weiter vor und — gerieten in ein vor den britischen Stellungen von Agedabia liegendes Minenfeld, das sie aufhielt.

Generalleutnant Streich hatte inzwischen das Panzer-Regiment 5 südlich der Straße umholend angesetzt, weil dort von der Luftaufklärung hinter den Sanddünen getarnt in Stellung gegangene Feindpanzer gemeldet worden waren, die mit ihren Kanonen genau über die Dünen hinwegschießen konnten.

Gegen diese Feindansammlung wurde eine Abteilung angesetzt.

Gegen 15.30 Uhr traten die Panzer ins Gefecht mit englischen Mark-IV-Panzern. Im Duell Panzer gegen Panzer wurden sieben Feindpanzer abgeschossen. Der Rest zog sich zurück. Es waren solche der 2. Britischen Panzer-Division. Drei eigene Panzer wurden getroffen.

Damit war die Flankenbedrohung ausgeschaltet.

Bis zum Mittag des 2. April hatte sich das MG-Bataillon 8 bis auf fünf Kilometer Agedabia genähert. Ein britischer Flanken-Angriff wurde rechtzeitig erkannt und aufgefangen. Es war die 5. Kompanie, die im Zusammenwirken mit der 2. Panzerjäger-Abteilung 39 diesen Erfolg erzielte. Oberstleutnant Ponath schickte eine Kompanie zur Verfolgung hinterher. Diese erbeutete 17 Spähwagen und sechs Lastwagen, die sich auf der Flucht festgefahren hatten. 30 Tommys wurden gefangen genommen.

Der Angriff wurde fortgesetzt, und nach zweistündigem Duell war Agedabia dem MG-Bataillon 8 zugefallen. Im raschen Nachstoßen wurden auch die vier Kilometer nördlich der Stadt gelegenen Höhen in Besitz genommen.

General Rommel erschien beim Bataillon und beglückwünschte Oberstleutnant Ponath zum Erfolg.

Zur gleichen Zeit, als der Sturm auf Agedabia begann, war die AA 3 nördlich der Straße in schneller Fahrt vorgestoßen. Sie sollte an Agedabia vorbeirollen und Richtung Bengasi weiter vorfühlen.

Leutnant Wolf fuhr mit einem Zug der schweren Achtrad-Spähwagen Spitze. Als sie gerade die vordersten Sicherungen des MG-Bataillons 8 passiert hatten, stießen sie auf Zweimann-Tanks der Engländer, die aus ihren schweren MG das Feuer eröffneten. Die 2-cm-Kanonen der deutschen Spähwagen erwiderten dieses Feuer. Plötzlich aber jaulten Artilleriegeschosse heran und schmetterten vorn am Hang in den Boden. Hinter dem Hang stand Oberstleutnant von Wechmar am Scherenfernrohr. Er erkannte einen Feindpanzer, der offenbar als Artilleriebeobachter vorgerollt war.

»Spähtrupp Pletschner fährt vor!« befahl er. Als der Spähtrupp sich im Vorbeirollen abmelden wollte, rannte der Oberstleutnant, den Knotenstock in der Faust, auf den Spitzenwagen zu.

»Aufpassen, Pletschner!« warnte er den Feldwebel. »Wenn Sie über die Höhe vor uns hinwegrollen, senkt sich die Straße in ein Wadi. Dort steht eine Brücke. Danach steigt die Via Balbia wieder an, und hinter der nächstfolgenden Hügelkette liegt der Tommy.«

Die drei Spähwagen rollten los und erreichten kurz darauf die Höhe. Feldwebel Pletschner sah den ersten Gegner.

»Feuer!« befahl er. Die 2-cm-Granaten zogen sich zum Gegner hinüber. Sie schienen wirkungslos im Innern der Stahlkiste zu verschwinden. Doch dann schlugen Flammen aus seiner zurückgewuchteten Luke heraus.

Das Feuer der Feindartillerie schwenkte nun auf den deutschen Spähtrupp ein.

»Feindliche Spähwagen von rechts!« meldete der Kanonenschütze. Pletschner blickte in die angegebene Richtung und erkannte den charakteristischen hohen Antennenbügel und die acht Räder. Es war der Spähtrupp von Leutnant Wolf, der dem Wagen von Pletschner gefolgt war.

Wolf nahm nun den feindlichen Artilleriebeobachter unter Feuer. Drei Schüsse genügten, um auch diesen Wagen in Brand zu setzen. Beide deutsche Spähwagen kehrten nunmehr zur Abteilung zurück.

»Angriff auf die Küstenstraße nördlich Agedabia!« befahl von Wechmar eine Viertelstunde später. »Wir müssen die Flanke des MG-Bataillons 8 freihalten und sichern.«

Sie rollten vorwärts und schossen sich mit den weichenden Gegnern herum. Gegen Abend war die Küstenstraße nördlich Agedabia erreicht. Sie war feindfrei, aber der weiter auf der Straße nach Osten vorfühlende Leutnant Wolf meldete bei seiner Rückkehr, daß er nach 15 Kilometern auf feindliche Panzerkräfte gestoßen war.

Als Oberleutnant von Fallois dem Kommandeur diese Meldung brachte, rasierte sich von Wechmar gerade. Er ließ einen FT-Spruch an das DAK durchtasten und schickte einen Kradmelder zum MG-Bataillon 8 nach Agedabia.

Zwanzig Minuten später tauchte Oberst Olbrich beim Befehlsomnibus der AA3 auf. Von hier aus fuhr er mit dem Kommandeur nach vorn, um sich diese feindliche Panzeransammlung anzusehen.

Nach einigem Rätselraten stellte sich heraus, daß hier die Wracks aus der Panzerschlacht der Engländer gegen die Italiener im vergangenen Winter standen.

Zu allem Übel war auch Rommel aufgetaucht, denn er wollte den Angriff gegen diesen Panzerfeind selbst führen. Er meinte gelassen: »Das nächstemal will ich aber intakte Panzer sehen!«

Agedabia war zwar gefallen, als General Rommel am Mittag des 3. April bei der 5. Leichten AD erschien. Aber das Fort selber hielt sich noch.

»Was tun Sie eigentlich hier, Streich?« fuhr er den Divisionskommandeur an.

»Ich war der Auffassung«, erwiderte Streich, »daß man einem Gegner, der sich auf dem Rückzug befindet, keine Gelegenheit geben sollte, sich wieder zu setzen. Darum habe ich die ganze Division nachgeführt und nehme im Augenblick Agedabia.«

»Gut, einverstanden. Das habe ich zwar nicht befohlen, aber es ist richtig.«

Noch im Laufe dieses Nachmittags fiel das Fort, und die 5. Leichte stieß 20 Kilometer über Agedabia hinaus und bildete in der offenen Wüste einen Igel. Nun gingen aber die Spritvorräte zu Ende.

Als Rommel am anderen Morgen hier wieder eintraf, befahl er, daß sämtliche Lastwagen des Gefechtstrosses entladen und mit doppelter Fahrerbesatzung nach hinten geschickt wurden, um Benzin, Munition und Verpflegung nach vorn zu karren. Der Inhalt der Wagen wurde auf Planen in der offenen Wüste gelagert.

Bis zur Rückkehr dieser Lkw-Kolonne war die gesamte Division zur Bewegungslosigkeit verurteilt. Die Wagen hatten bis Tripolis 1000 Kilometer zurückzulegen.

Am nächsten Morgen erschien General Rommel abermals bei Streich, der in seinem Kübelwagen übernachtet hatte.

»Lassen Sie die Brennstofftanks aller Fahrzeuge entleeren und versorgen Sie die Panzer mit Sprit. Mit dem auf diese Weise flottgemachten Verband stoßen Sie noch heute über Giof el Mater in Richtung Mechili vor. Das Gros der Division folgt Ihnen nach Rückkehr der am Vortag losgeschickten Lkw-Kolonne.«

General Zamboon, der mit einer italienischen Division aufgeschlossen hatte, riet dringend von diesem Wagnis ab.

»Die Todespiste nach Giof el Mater ist von uns bei unserem Rückzug im Winter mit Tausenden von Thermosflaschenminen verseucht worden«, sagte er.

Rommel aber drängte auf die Durchführung seines Befehls. Generalmajor Streich befahl das Umfüllen des Benzins. Als gegen Abend das Umtanken beendet war, trat der Verband ohne Licht den Vorstoß an.

In der Finsternis war von der Piste nichts zu erkennen. Jeder Wagen mußte dem vorausfahrenden folgen. Streich fuhr mit seinem Kübelwagen mitten im Pulk mit.

Mit donnerartigem Getöse gingen die ersten Minen hoch. Dann krachte es auch dicht vor ihnen ohrenbetäubend.

»Das war einer unserer Munitionswagen, Herr General«, meldete der Ordonnanzoffizier, Leutnant Seidel.

»Dort vorn«, rief der Fahrer des Generals-Kübels und deutete auf den mächtig emporzüngelnden Flammendom über dem Muni-Wagen.

»Etwas rechts einschlagen und vorbeifahren!«

Der Fahrer befolgte den Befehl, und sie passierten den brennenden Wagen.

»In der Spur des Vordermannes fahren, Kerl!« giftete Streich, als sein Fahrer weiter nach links ausscheren wollte. Der Fahrer grinste in sich hinein. Schiß hatte der Alte offenbar.

In diesem Augenblick stockte die Kolonne, und ein Kübelwagen hinter Streichs Fahrzeug versuchte, nach links ausscherend, links an der Kolonne vorbeizukommen. Er war kaum drei Fahrzeuglängen weitergekommen, als es einen harten Detonationsschlag tat. Der Wagen wurde zerfetzt, die Besatzung tot aus den Trümmern geborgen.

»Nun, Schultze?« fragte Generalmajor Streich seinen Fahrer, der an der Stelle der toten Besatzung gewesen wäre, wenn nicht sein Kommandeur dies verhindert hätte. »Sie wissen jetzt Bescheid?«

»Jawohl, Herr General!« antwortete Unteroffizier Schultze beklommen.

Bald hatten sich die Spitzenfahrzeuge im hohen Flugsand festgefahren. Die Räderfahrzeuge blieben allesamt stecken. Bei den Versuchen der nachfolgenden Wagen, den liegengebliebenen auszuweichen, fuhren auch sie sich fest.

»Zugmaschine vor! Alles 'rangehen und die Wagen flottmachen!« befahl Streich. »Alles nach vorn und zur Mitte sammeln!«

Damit wollte Streich den Verband wenigstens geschlossen beisammen haben, falls — was ja jeden Augenblick möglich war — der Gegner angreifen sollte.

»Alle Scheinwerfer einschalten!« lautete sein nächster Befehl, als er erkannte, daß der vorige Befehl im Finstern undurchführbar war.

Im Morgengrauen ließ Generalmajor Streich den Vormarsch fortsetzen. Aber nur ein Teil des Verbandes konnte weiterfahren. Die Panzer blieben hier erneut wegen Spritmangels liegen.

Später mußten Flugzeuge des DAK die zurückgelegte Strecke abfliegen, um die Wagenbesatzungen einzuweisen, die während dieser Irrfahrt bei Nacht vom Generalkurs abgekommen waren. Einige konnten nur aus der Luft mit Wasser versorgt und so vor dem Verdursten gerettet werden.

In seinem Kübel an der Spitze des Verbandes fahrend, erreichte Johannes Streich gegen Mittag des folgenden Tages einen ausgetrockneten Salzsee, etwas 20 Kilometer südlich Mechili. Hier wurde Halt gemacht. Einige der unterwegs liegengebliebenen Fahrzeuge mußten aus der Luft auch mit Sprit versorgt werden.

Sechs Radfahrzeuge und zwei Fahrzeuge mit jeweils einer Zwillings-Zwozentimeter hatten dieses Ziel gemeinsam mit dem Divisionskommandeur erreicht.

Als endlich die avisierten beiden Ju 52 mit Sprit am Salzsee ankamen und landeten, wurden sie noch während der Entladung von englischen Kampfflugzeugen im Tiefflug angegriffen und mit MG und Bordkanonen in Brand geschossen.

Alles lag nunmehr am Salzsee fest. Und während man untätig wartete, kam der zur Erkundung vorgeschickte Oberstleutnant Graf Schwerin von seinem Posten südwestlich Mechili zurück.

Er meldete — General Rommel, der soeben bei Streich eingetroffen war.

Als am Nachmittag General Rommel zum zweitenmal am Salzsee eintraf, sagte er zu Streich: »Es ist jetzt 17.00 Uhr. Gegen 18.00 Uhr gehen Sie mit der Gruppe Schwerin auf Mechili vor und nehmen es. Ich werde der italienischen Artillerie Weisung geben, Ihren Angriff zu unterstützen.«

Generalmajor Streich fuhr nun nach vorn, um die Gruppe Schwerin zu finden. Bei der Suche nach ihr stieß er auf einen italienischen Stab, der ihm sagte, wo er diese Gruppe finden würde. Am genannten Punkt angelangt, stellte sich heraus, daß Oberstleutnant von Schwerin schon weitergezogen war. Als es bereits dunkel geworden war, kehrte Streich um und ließ über Funk Lichtsignale anfordern, nach denen sich sein Fahrer orientieren konnte.

General Rommel, der die italienische Artillerie suchte, fand diese ebenfalls nicht. Als Streich ihm über die vergebliche Suche nach Schwerin Meldung machte, sagte Rommel kein Wort. Die Bewegungen kamen vor Mechili zum Erliegen.

Rommel aber hatte in der Zwischenzeit starke Teile des DAK unter Oberstleutnant Ponath nördlich an Mechili vorbei gegen Derna angesetzt. Was geschah bei dieser Gruppe?

Vorstoß auf Derna

Da der Gewinn von Derna für den weiteren Verlauf der Operationen des DAK von entscheidender Bedeutung war, hatte Rommel diesen Vorstoß in Gang gesetzt. Hier war die einzige Stelle, an welcher die Serpentinenstraße aus dem Hochland der Cyrenaika hinunter in die Küstenebene und nach Derna führte und dann wieder in Serpentinen den Djebel hinauf und nach Osten weiterführte. Hier war alles auf den schmalen Streifen angewiesen, der zwischen dem Meer im Norden und dem Wadi von Derna im Süden lag. Hart ostwärts der Serpentinenstraße von Derna lag der Flugplatz, der für die britischen Truppen in der Westlichen Wüste von entscheidender Bedeutung war.

Am 4. April rollte das »Unternehmen Ponath« an. Die MG-Kompanie, eine Panzerjäger-Kompanie und ein Zug der Pionier-Kompanie Hundt stießen als Kampfgruppe von Agedabia ckuer durch die Wüste in Richtung Giof el Mater—Bir ben Gania—El Mechili in Richtung Derna vor. Oberstleutnant Ponath führte diese Gruppe, während die Masse des Bataillons unter Führung von Hauptmann Frank im Verband der 5. Leichten folgen würde.

Die Kampfgruppe Ponath hatte eine Distanz von über 450 Kilometer durch unbekanntes Wüstengelände zurückzulegen. Je weiter sie nach Süden kam, desto heißer wurde es, bis das Thermometer 50 Grad anzeigte. Oberstleutnant Ponath marschierte genau nach dem Marschkompaß. Immer wieder saßen die Wagen im Sand fest, und die Soldaten atmeten auf, wenn eine Geröllstrecke, eine Kieswüste auftauchte.

Was alle Männer immer wieder mit Zuversicht erfüllte, das waren die Überraschungen, die Rommel ihnen bereitete. Als sie beispielsweise den »Flugplatz« Bir ben Gania erreichten, waren sie nicht die ersten. Zwei Ju 52 standen auf der Sandlandebahn, und aus dem Schatten der einen trat Rommel auf sie zu.

»Ich habe einen neuen Auftrag für Sie, Ponath. Ein Teil Ihrer Kampfgruppe wird im Lufttransport nach El Mechili geschafft. Mit ihm werde ich den wichtigen Stützpunkt besetzen.«

Dieser Wunsch Rommels sollte sich jedoch bald als Traum erweisen. Ein deutscher Aufklärer, der aus Mechili zurückkam, meldete, daß mindestens 3000 Engländer dort säßen.

Es wurde wieder entladen und der Marsch fortgesetzt. Nach etwa 30 Kilometer des Marsches in nordöstlicher Richtung gerieten die Spitzenfahrzeuge in ein Minenfeld. Mehrere Soldaten wurden getötet, einige weitere verwundet.

Am Morgen des 6. April, als alles erschöpft rastete, tauchte ein Fieseler Storch über ihnen auf und setzte zur Landung an. Rommel entstieg ihm.

»Ponath, sofortige Weiterfahrt mit größtmöglicher Beschleunigung! Ziel ist Mechili!«

Die wilde Jagd ging weiter, und gegen 06.00 Uhr erreichten sechs Kraftfahrzeuge mit dem Kommandeur den Raum 30 Kilometer südlich Mechili. Alle anderen waren abgehängt worden. Hier traf ein neuer Funkbefehl ein: »Mechili umgehen und nach Derna durchstoßen!«

»Prahl, Sie bleiben hier und sammeln die Nachzügler. Sie folgen, wenn Sie alle haben, mit schneller Fahrt nach«, entschied Ponath. Oberleutnant Prahl salutierte. Er wußte, wie schwierig dieses Unterfangen war. Aber — dies sei vorausgeschickt — es gelang ihm, die Kampfgruppe zu sammeln.

Über Funk erhielten die Männer unter Oberstleutnant Ponath neue Nachrichten. Ein kleiner Kampftrupp unter Leutnant Bukow mit zwei MG-Bedienungen und einer Pak wurde auf Befehl Rommels hin an der Abzweigung nach Tmimi in Stellung gebracht. Sie sollten die Piste sperren. Die von Oberleutnant Prahl gesammelten Nachzügler stießen auf diesen Trupp und fuhren in die Richtung weiter, die der Kommandeur genommen hatte.

Als sie gegen 16.00 Uhr auf eine dünne Sicherungslinie des Gegners stießen, rollten sie mit »voller Pulle« einfach hindurch und erreichten mit dem letzten Sprit den Raum El Ezzeiat. Hier war für sie der Vorstoß zu Ende. Die Fahrzeuge wurden in einem Wadi getarnt. Die schweren MG wurden ausgeladen, die Granatwerfer folgten, und dann kam die Pak an die Reihe, die abgekoppelt wurde, um im Mannschaftszug weitergeschafft zu werden.

In diesem Augenblick dröhnten Motorengeräusche aus Osten zu ihnen herüber, die lauter und lauter wurden.

»MG in Stellung, Pak feuerbereit machen!« befahl Oberleutnant Prahl.

Es war eine britische Kolonne, die ihnen in dieser entscheidenden Sekunde genau vor die Läufe rollte. Als die Spitzenwagen nur noch fünfzehn Meter vor ihnen waren, sprangen die Männer auf und richteten ihre Waffen auf die völlig überraschten Engländer.

»Hands up, Gentlemen!« befahl Prahl. »Keine Bewegung, oder unsere Gewehre gehen los!«

Die Briten ergaben sich, und eine Filzung der Lastwagen ergab, daß die Kampfgruppe nun Sprit, Wasser und Verpflegung in Hülle und Fülle hatte, auch für die gefangenen vier Offiziere und die 240 Soldaten, die auf die 40 erbeuteten Lastwagen verteilt wurden.

»Aufsitzen!« befahl Oberstleutnant Prahl. »Auf jeden zweiten Wagen einer von uns!«

In einer abenteuerlichen Nachtfahrt, immer die Gefahr im Nacken, daß die Engländer den Spieß umdrehen konnten, erreichte diese Gruppe die Piste nach Derna. Am späten Vormittag, noch neun Kilometer vor Derna, wurde wieder eine große Lastwagenkolonne gesichtet. Es waren an die 100 Lastwagen.

Der Gefangenentroß blieb mit einer MG-Bedienung zurück. In breiter Front fuhr Oberleutnant Prahl auf die Kolonne zu. Kein Schuß fiel; glaubte man dort noch immer, eigene Leute vor sich zu haben?

Als sie die ersten Wagen erreichten, sahen sie, daß die Tommys schliefen. Sie waren sehr entrüstet, daß sie unsanft geweckt wurden. Wieder hatte die kleine Kampfgruppe Prahl über 200 Gefangene gemacht.

»Verdammt, irgendwo müssen wir die Burschen lassen«, meinte Oberleutnant Prahl.

»Wir lassen sie einfach laufen, dann sind sie uns auch nicht im Weg«, antwortete einer der Leutnants, und so geschah es auch. Der Gesichtsausdruck der Tommys war unbeschreiblich, als ihnen bedeutet wurde, daß sie verduften sollten.

Allein fuhr der Kampfgruppenkern weiter und stieß drei Kilometer vor Derna auf Oberstleutnant Ponath mit seiner kleinen Gruppe, die sich in ein Wadi zurückgezogen hatte und damit beschäftigt war, ihre Gefangenen zu bewachen, unter denen sich zwei Generale befanden. Was war da passiert?

Nachdem Oberstleutnant Ponath seinen Adjutanten zurückgelassen hatte, damit er die verlorengegangene Kampfgruppe sammle, war die kleine Vorausgruppe in Richtung Derna weitergefahren. Am Abend dieses 6. April 1941 war General O'Connor, der Nachfolger von General Neame, mit diesem in Maraua gewesen. Sie wollten nach Martuba weiterfahren, verpaßten aber am Pistenkreuz die richtige Weiterfahrt und waren auf Derna abgebogen. Hier wurden sie am Stadtrand von den Sicherungen des MG-Bataillons 8 abgefangen. Mit den beiden Generalen geriet noch der Fahrer und Brigadier Combe, der während des Winterfeldzuges gegen die Italiener die 11. Husaren geführt hatte, in Gefangenschaft. Es war Feldwebel Borchardt von der 1. Kompanie, der mit seiner Kradbesatzung diesen wichtigen Wagen stellte. Am anderen Morgen erkannte General O'Connor den Feldwebel wieder und schenkte ihm seine Kamera mit der anerkennenden Bemerkung: »Brave Soldier!«

Kurz vor Derna vereinnahmte diese kleine Gruppe dann noch eine britische Gruppe von etwa 200 Soldaten. Der Versuch, im Morgengrauen mit den wenigen Leuten Derna handstreichartig in Besitz zu nehmen, scheiterte. Von Panzern und Spähwagen beschossen, mußten sich die wenigen Männer, die Ponath zur Verfügung standen, absetzen.

Das war die Situation, die Oberleutnant Prahl am Morgen um 09.30 Uhr vorfand, als er auf die Kommandeursgruppe stieß.

»Meine Herren, wir greifen jetzt Derna an und erobern es!« sagte Oberstleutnant Ponath eine Stunde später.

Es war 11.00 Uhr, als die Kampfgruppe in schneller Fahrt das Wadi verließ und in den Nordteil von Derna hineinpreschte. Sie feuerten im Fahren von den Wagen und Krädern und zerschossen sechs Transportmaschinen der Engländer, die eben starten wollten.

Der Stoß ging weiter, mitten durch die Stadt in Richtung Jägerflughafen im Südteil Dernas. Als die Kampfgruppe das brettebene Gelände erreichte, eröffnete der Gegner das Feuer. Die Kräder jagten an die Karretten heran. Handgranaten flogen hinein und setzten sie außer Gefecht. Aber der Sturmangriff wurde aufgehalten, und die dort noch stehenden britischen Jäger hoben im Alarmstart ab und verschwanden nach Osten.

Am Ostrand des Platzes nisteten sich die Männer der Kampfgruppe Ponath ein. Als hier britische Kolonnen den Durchbruch nach Osten wagten, wurden sie durch das zusammengefaßte Feuer der Deutschen gestoppt und zurückgeschlagen. Eine Reihe britischer Wagenbesatzungen gaben den Kampf auf und wurden in der »Gefangenenschlucht« deponiert.

Ein britisches Feldlazarett und eine motorisierte Feldwerkstatt waren begehrte Beuten. Deutsche und Engländer gingen nun gemeinsam an die Arbeit, die Verwundeten zu versorgen. Hier gab es keine heimtückischen Heckenschützen. Wer sich ergab, dem wurde Pardon gegeben. Es war für die deutschen Soldaten faszinierend, zu sehen, mit welch stoischem Gleichmut der Gegner die Gefangennahme hinnahm. Der Krieg war für sie zu Ende.

Der Angriff wurde am Nachmittag weitergeführt. Der Westrand des Flugplatzes wurde erreicht. Im Gegenstoß rollten die schweren Mark-II-Panzer heran. Dreißig Panzer zogen gruppenweise vor, machten Schießhalt, hämmerten ihre Granaten hinaus und rollten wieder an. Die Kampfgruppe Ponath wurde wieder auf die Ausgangsstellung zu diesem Angirff zurückgedrückt. Dann versuchten die Panzer, eine Bresche für die Infanterie nach Osten freizupauken. Sie kamen, ununterbrochen feuernd, durch. Aber die Infanterie wurde von den Männern des MG-Bataillons 8 abgewiesen.

Als gegen Mitternacht ein einzelner schneller Flitzer auf die Stellungen der Kampfgruppe zugerollt kam, wurde dieser gestoppt. Es saßen zwei weitere englische Generale darin.

Im Morgengrauen des 8. April trat die Kampfgruppe unter Führung von Oberstleutnant Ponath abermals an. Bis 09.00 Uhr wurde noch sporadisch in Derna gekämpft. Dann war die Stadt fest in der Hand der Kampfgruppe Ponath. Eines der abenteuerlichsten Husarenstücke des Afrika-Feldzugs war zu Ende gegangen. Die Kampfgruppe hatte vier Generale, 174 Offiziere und 793 Mann gefangen genommen. Mit buchstäblich der letzten Munition war dieser Auftrag erfüllt worden.

Die über Funk herbeigerufene Hilfe in Gestalt dreier 2-cm-FlaMW und 60 Mann traf, mit drei Ju 52 transportiert, am Nachmittag ein. Sie brauchten nicht mehr in den Kampf einzugreifen.

Weitere Ju-52-Transporter brachten am Nachmittag Munition, Wasser und Verpflegung. Wenig später schwebte eine Stukastaffel ein und nahm von dem Platz Besitz, um das weitere Vordringen des DAK zu unterstützen.

Gegen 18.35 Uhr traf aus El Mechili General Rommel ein. Er führte das Gros des Bataillons Ponath nach und gab dem wieder vereinten Bataillon den Befehl, als Vorausabteilung der Division auf der Küstenstraße nach Tmimi vorzustoßen.

Was aber war in der Zwischenzeit in Mechili passiert?

Mechili wird erobert

Als am 7. April der Rest der Division mit den Panzern des PR 5 unter Oberst Olbrich noch nicht vor Mechili eingetroffen war, suchte Rommel diesen Verband aus der Luft im Fieseler Storch. Er fand die Gruppe und landete.

»Was ist mit Ihnen los, Olbrich? Warum sind Sie nicht rechtzeitig nachgekommen?« herrschte er den Regimentskommandeur an.

»Wir sind in die Steinwüste geraten. Unsere Panzer kamen nicht weiter, Herr General!« lautete die Antwort Olbrichs. »Wir mußten streckenweise zurückgehen und weiter nach Süden ausholen.«

Die Wüste stellte sich als sehr ernstzunehmendes Hindernis dar.

Sekunden später erschien Generalmajor von Prittwitz, der Kommandeur der 15. Panzer-Division, der seiner Division in Begleitung seines Ia vorausgeflogen war, um sich »in Afrika umzusehen«.

Rommel begrüßte den Divisionskommandeur und bat ihn, seine Truppe so rasch wie möglich nach vorn zu bringen.

Im Laufe dieses Tages traf auch die italienische Gruppe Fabris — ein verstärktes Bersaglieri-Bataillon — vor Mechili ein und bezog im südostwärtigen Abschnitt Stellung.

Auf dem eingetrockneten Salzsee gingen abermals Ju 52 nieder, um die Versorgung der Angreifer sicherzustellen. Britische Jäger versuchten einen Tiefangriff. Sie wurden von den wenigen vorhandenen 2-cm-FlaMW beschossen, die einen der Angreifer herunterholten.

Am selben Abend trafen die ersten acht Panzer der I. Abteilung des Panzer-Regiments 5 ein. Sie wurden von Major Bolbrinker geführt. Damit hatte Generalmajor Streich die ersten schweren Waffen für den geplanten Angriff zur Verfügung, und im Gespräch mit General Rommel erfuhr er auch, wann dieser Angriff stattfinden sollte.

»Morgen werden wir angreifen, Streich«, sagte der Kommandierende General.

Zum Glück für die 5. Leichte war am 5. April der Oberquartiermeister Afrika, Oberstleutnant Graf von Klinkowström, mit drei Abteilungen der Nachschubkolonnen in Agedabia eingetroffen und hatte für die 5. Leichte 330 Tonnen Otto-Treibstoff und 200 Tonnen Verpflegung mitgebracht.

Die Übergabeforderung des Deutschen Afrika-Korps am 6. April wurde von den Verteidigern von Mechili ignoriert. In der Nacht zum 7. April unternahm Rommel mit kleinen Gruppen einen Angriff auf die Stadt und das reiche englische Verpflegungslager. Doch dieser Handstreich à la Rommel mißlang.

Den ganzen 7. April über wehte dann der Ghibli so stark, daß keine Vorwärtsbewegungen möglich waren. Aber auch an diesem Tag wurden zweimal Parlamentäre zu General Gambier-Parry geschickt, der dort saß. Am Abend des 7. April erhielt Gambier-Parry vom Cyrenaika Command den Befehl zum Ausbruch. Dies schuf eine verwirrende Situation am Morgen des 8. April 1941.

Am frühen Morgen des 8. April fuhr Generalmajor Streich mit den Führern seiner Einheiten auf El Mechili vor, um eine günstige Einbruchsstelle zu suchen. Plötzlich tauchte aus dem Wüstenfort eine lange Kolonne von Fahrzeugen auf, mit der die Teile der 2. Panzer-Division ihren Ausbruch wagen wollten.

Major Bolbrinker, der mit seinen acht Panzern rechtzeitig vorgefahren war, hatte die Staubwolken der riesigen Kolonne ebenfalls gesichtet.

»Alles mir nach auf El Mechili!« rief er die Kommandanten über Sprechfunk. Die acht Panzer rollten los, und Bolbrinker sah wenig später, daß eine Gruppe englischer Fahrzeuge direkt auf den Gefechtsstand von Generalmajor Streich zurollte und daß mehrere MG das Feuer eröffneten.

Im Gefechtsstand selbst erwiderten die Soldaten das Feuer. Als die Masse dieser Fahrzeuggruppe plötzlich nach rechts abschwenkte, befahl Generalmajor Streich seinem Adjutanten, mit den beiden zur Verfügung stehenden 2-cm-FlaMW zur parallelen Überholung hinterherzufahren und die Kolonne zu stoppen.

Leutnant Rickert rollte in schneller Fahrt los, und Streich fuhr im Kübel den weiter auf Mechili vorrollenden acht Panzern Bolbrinkers nach.

Dicht vor Mechili, bei den Schützengräben und Einmannlöchern der Engländer angelangt, eröffnete englische Pak das Feuer auf die Panzer.

»Schießhalt. Feuer frei!« rief Bolbrinker.

Die Panzer III blieben stehen. Feuer peitschte aus ihren Kanonen, und die erste Feindpak fiel aus. Der erste eigene Panzer wurde von einer Pak getroffen. Als er zu kokeln begann, bootete die Besatzung aus. Dann waren die vier hier stehenden Feindpak ausgeschaltet. Aber sie hatten noch zwei deutsche Panzer kampfunfähig geschossen.

Als dieser Gürtel überwunden war, kam plötzlich aus Westen eine große Lkw-Kolonne auf El Mechili zu. Es waren die Laster, die Leutnant Rickert mit seinen beiden 2-cm-Waffen verfolgt hatte und die — als sie überholt worden waren — gedreht hatten und nun El Mechili wieder zu erreichen versuchten.

»Schicken Sie der Kolonne ein paar Schüsse entgegen«, rief Generalmajor Streich dem zunächst haltenden eigenen Panzer zu. Der ruckte auf den Ketten herum, und schon blitzte der erste Abschuß aus der kurzen Panzerkanone. Die Granate schmetterte in einen Lkw hinein und ließ ihn aufbrennen. Die nächsten

Schüsse trafen ebenfalls. Die lange Wagenkolonne hielt an. Ihr Ausbruch aus El Mechili war mißlungen. Mit erhobenen Armen kamen die Engländer von den Fahrzeugen herunter. Es waren insgesamt 2000 Mann. Unter ihnen zwei Generale, von denen einer Gambier-Parry war. Es waren zwei Bataillone der 2. Indischen Brigade und rückwärtige Dienste der 2. Panzer-Division, die hier in die Gefangenschaft gingen.

Noch während der letzten Phase der Inbesitznahme von El Mechili kam ein neuer Ghibli auf, der alle Truppen für vier Stunden aufhielt. Durch die dichten Sandschleier waren die dicken schwarzen Rauchwolken zu sehen, die von den angezündeten Vorräten der Engländer herrührten. Sie hatten das Treibstofflager in Brand gesetzt, damit es den Deutschen nicht in die Hände falle.

Diese Rauchzeichen führten im Verlauf des Tages auch die Gruppe Olbrich und die AA 3 heran.

Als britische Offiziere Generalmajor Streich darum baten, auf dem Gefechtsfeld nach Bekleidung und Brennmaterial suchen zu dürfen, um die Nacht gut zu überstehen, und als sie um Lebensmittel zur Versorgung der vielen Gefangenen baten, stellte Johannes Streich ihnen Lastwagen zur Verfügung, mit denen sie ihre eigenen Lebensmittel aus den in deutscher Hand befindlichen Lagern herausholen konnten. Er überließ den beiden Generalen ihre eigenen Befehlswagen zum Übernachten.

Rommel aber handelte sofort. Er sah hier die große Chance, über Tmimi auf Tobruk vorzustoßen. Tobruk war ein großer Hafen, den das Afrika-Korps dringend benötigte. Tobruk war, das durfte man getrost sagen, der Schlüsselpunkt des gesamten Kriegsschauplatzes Nordafrika. Der Kommandierende General schickte Generalmajor von Prittwitz mit einer Kampfgruppe in Richtung Tobruk. Dieser Kampfgruppe gehörten das MG-Bataillon 8 und die AA 3 an. Der Divisionsgefechtsstand der 5. Leichten wurde in El Mechili aufgebaut.

Die Panzer der Gruppe Olbrich stießen nunmehr nach mehrstündiger Wartung in Richtung Tmimi weiter vor. Sie trafen am nächsten Vormittag dort ein. Generalmajor Streich wies Oberst Olbrich an, auf der Via Balbia weiterzufahren. Er selbst fuhr in seinem Befehlswagen nach Acroma zum Weißen Haus vor. Dort hielt sich auch Rommel bereits auf, und bei ihm wollte Streich die nächsten Weisungen für den Einsatz der 5. Leichten, insbesondere für die Panzer, einholen. Rommel befand sich jedoch nicht dort. Streich erfuhr, daß der Kommandierende General an der Spitze der Kampfgruppe Ponath bis zu den ersten Befestigungen von Tobruk vorgefahren war. Rommel wollte diese Festung im Handstreich nehmen, doch er war — wie sich später herausstellen sollte — um einige Tage zu spät gekommen.

Die Festung Tobruk wurde im Jahre 1935 in ihrer nunmehr bestehenden Form gebaut. Und zwar entstanden zuerst jene 128 Stützpunkte, die die Stadt und den Hafen in einem weiten Bogen von 54 Kilometer Ausdehnung schützen sollten. Dieser Ring war etwa 15 Kilometer im Halbkreis um die Stadt herum eingerichtet worden. Die Stützpunkte waren in zwei Linien hintereinander mit 500 Meter Abstand zueinander so errichtet, daß die Stützpunkte der hinteren Linie durch die etwa 600 Meter breiten Abstände der Stützpunkte der vorderen Linie hindurch wirken konnten. Auf den beiden Flügeln dieser Festungslinie gab es allerdings nur eine Verteidigungs- und Stützpunktlinie, weil dort natürliche Hindernisse — das tiefe Trockenflußbett des Wadi es Sahal im Westteil nördlich der Küstenstraße bis zum Meer und das Wadi es Zeitun im Osten, nördlich der Küstenstraße — den Durchbruch erschweren würden.

In zwei Steilstufen stieg das Gelände innerhalb der Festung vom Meer aus an, erreichte eine Höhe von 140 bis 160 Meter und lief nach Süden und Südosten in das Vorfeld hinunter, flacher und flacher werdend, aus. Im Westen ragte der Ras el Madauar mit 209 Meter am höchsten empor. Von dort aus zog sich ein breiter Höhenrücken nach Westen bis nach Acroma hin, der nur wenige Meter niedriger war.

Jeder der genannten Stützpunkte in der Festung Tobruk bestand aus drei mit Beton verkleideten, oben offenen Waffenständen, in denen jeweils eine Pak oder ein Granatwerfer, ein schweres oder leichtes MG und 40 Mann Besatzung Platz fanden.

Die Stützpunkte der vorderen Linie waren von einem Panzergraben umzogen, der 1,2 bis 1,5 Meter tief und 3,5 Meter breit war. An zwei Stellen war dieser Graben durch einen Kriechtunnel mit dem Laufgraben eines jeden Werkes verbunden. Alle diese Gräben einschließlich des Panzergrabens waren mit losen Brettern abgedeckt, auf die Sand zur Tarnung geschüttet wurde.

Alle Stützpunkte aber umschloß ein Drahthindernis, das 1,5 Meter hoch und sechs Meter breit war. Ein zusätzliches großes

Flächendrahthindernis umgab den gesamten Festungsgürtel. Die Panzergräben, das Gelände zwischen den Drahthindernissen und die Gräben selbst waren vermint. Das Schußfeld und die Flankierungsmöglichkeiten waren in jedem der Stützpunkte gut.

Der Flugplatz El Adem, 25 Kilometer südlich Tobruk, war mit der Festung durch eine Betonpiste verbunden. Auch im Festungsbereich gab es, vier Kilometer südlich des Hafens, einen kleinen Jägerflugplatz.

Alles dies hätte jedoch nichts genützt, wenn der Verteidiger nicht rasch genug verstärkt worden wäre.

General Wavell, der Anfang April in der Cyrenaika weilte, um sich an Ort und Stelle zu informieren, erkannte die Gefahr, die seiner Westflanke drohte. Noch am 3. April, dem Tag seiner Rückkehr nach Kairo, bat er das Oberkommando, daß die für Griechenland vorgesehene australische Division nicht in Marsch gesetzt, sondern in Ägypten belassen werde.

Er bat ferner darum, daß die 6. Britische Division, die für einen Angriff gegen den italienischen Dodekanes vorgesehen war, im Nildelta, wo sie sich derzeit befand, zurückgehalten werde. Darüber hinaus ließ er die 4. Indische Division aus dem Sudan nach Ägypten verlegen. Dies war nach der Niederlage der Italiener dort möglich geworden. Die Stabschefs in London stimmten zu.

Am 5. April wurde die 18. Infanterie-Brigade der 7. Australischen Division mit dem Gros über See und mit Teilen auf dem Landweg nach Tobruk in Marsch gesetzt und traf am 7. April dort ein. Wavell, ein gewiegter Taktiker, setzte darüber hinaus die 22. Gardebrigade, durch Artillerie und Pak verstärkt, von Kairo aus in Marsch zur ägyptisch-libyschen Grenze. Am 7. April erhielt er aus London ein Telegramm. Absender war der britische Kriegspremier Churchill. Der Inhalt lautete: »Das von den Italienern so gut ausgebaute Tobruk ist bis auf den letzten Mann zu halten.«

Am Morgen des 8. April war Wavell selbst nach Tobruk geflogen und gab an Ort und Stelle seine Befehle zur Verteidigung der Festung.

Nach London telegrafierte er, daß er nach Zerschlagung seiner 2. PD über keine Panzerkräfte mehr verfügte, die imstande sein könnten, dem DAK in der Wüste entgegenzutreten.

Der Kommandeur der 9. Australischen Division, Generalmajor Morshead, hatte am Morgen des 8. April 1941 die beiden aus

Hauptmann Johannes Kümmel, der »Löwe von Capuzzo«.

Ein Mark II wurde abgeschossen.

Oben: Abgeschossener Crusader.
Unten: Sein Fahrer kommt unversehrt ins Freie.

Oben: Die 2-cm-FlaMW: Sechs Abschußringe zeigen ihre Wirksamkeit. Unten: In den Felsenhöhlen vor Tobruk.

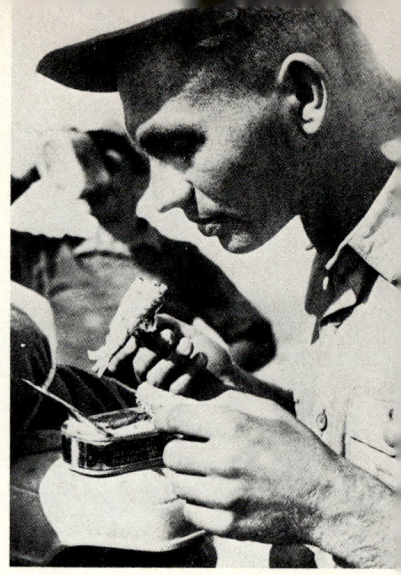

Links oben: Die OASE, Feldzeitung des Deutschen Afrika-Korps, die auch heute noch besteht. Rechts oben: Ölsardinen gab es oft. Unten: Durst hatte man immer.

der Cyrenaika zurückgeführten Brigaden mit jeweils einem Artillerie-Regiment nördlich Acroma — also noch gut 25 Kilometer westlich von Tobruk — beiderseits der Küstenstraße in Stellung gebracht. Als er in die Festung fuhr, fand er hier auch seine 18. Brigade vor, die inzwischen nach vorn gezogen worden war und beiderseits der Straße nach Bardia in Stellung lag.

Generalmajor Morshead traf hier auch mit General Wavell zusammen, der den australischen Generalmajor Lavarack mitgebracht hatte, den vorläufigen Befehlshaber des Cyrenaika Command. Alle drei Generale besichtigten die Festungsanlagen, die Morshead noch aus der Winterschlacht kannte. Am 9. April kamen sie überein, daß die Verteidigung der Festung mit drei Brigaden im äußeren Festungsgürtel und einer vierten mit einer Panzer-Kampfgruppe als Festungsreserve dahinter durchgeführt werden müsse. Generalmajor Morshead wurde zum Festungskommandanten ernannt.

Während dieser Tage kamen weitere Verstärkungen nach Tobruk hinein. Es erschienen nacheinander: ein Panzer-Bataillon mit elf Kreuzer-Tanks und 15 leichten Panzern sowie vier schweren Infanterie-Panzern Mark II. Außerdem ein Artillerie-Regiment und zusätzlich Pak und Flak.

Die deutsche Luftwaffe hatte durch Aufklärer die volle Belegung des Hafens von Tobruk gemeldet.

Zur gleichen Zeit wurde die »Mobile Force« aus Teilen der 7. Panzer-Division gesammelt. Brigadier Gott war ihr Kommandeur. Zu diesem Verband stießen die 11. Husaren, allerdings nur mit fünfzig Prozent ihrer Einheiten. Reste der 3. Indischen Brigade (mot.) und eine Unterstützungsgruppe der 2. PD kamen hinzu. Bei letzterer befand sich noch ein Artillerie-Regiment und eine Panzerjäger-Abteilung. Der Auftrag der »Mobilen Force« lautete: »Fesselung des Gegners südlich der Küstenstraße«.

Das waren Kräfte, die in einer solchen Festung wie Tobruk selbst einem ganzen Korps standgehalten hätten. Das DAK war hingegen noch nicht einmal voll aufgefüllt.

Rommel trug sich mit der Absicht, am 9. April den Feind durch die inzwischen nachgezogenen italienischen Verbände längs der Küstenstraße frontal zu binden. Mit den Einheiten der 5. Leichten wollte er sodann rechts umfassend aus der Wüste heraus angreifen, wie aus dem Kriegstagebuch des Deutschen Afrika-Korps Nr. 1 vom 9. April 1941 hervorgeht.

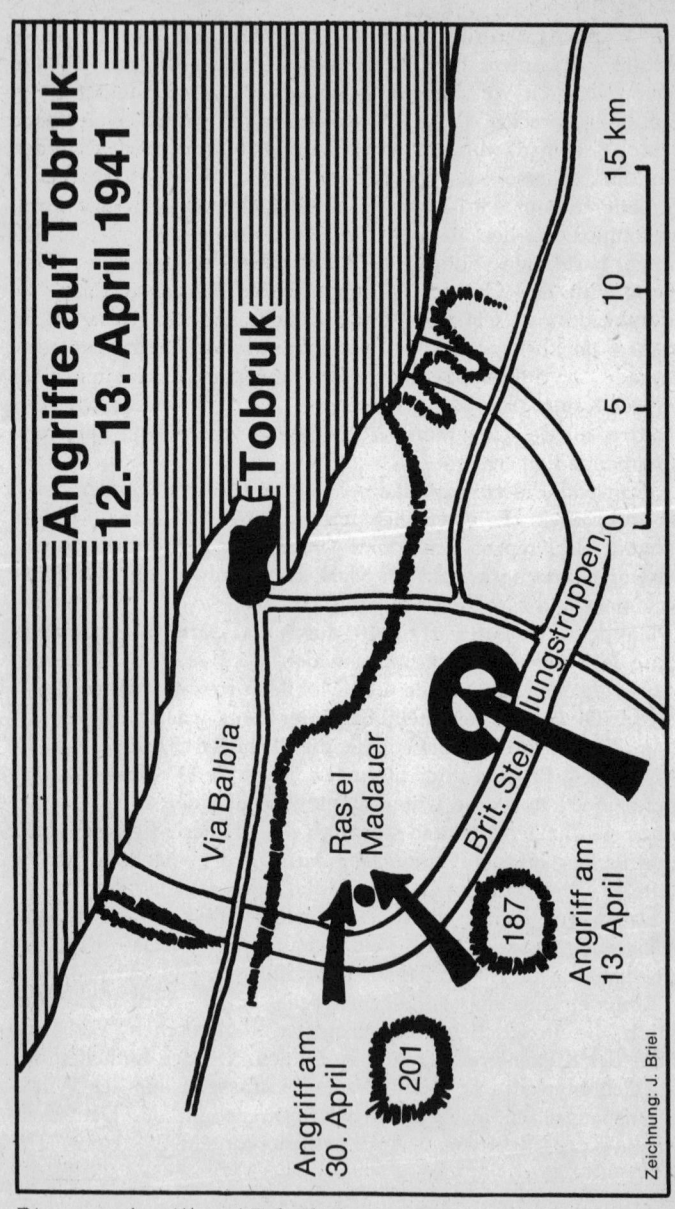

Die ersten Angriffe auf Tobruk

Die Einheiten des MG-Bataillons 8 erreichten am Morgen des 9. April Tmimi und sicherten hier in einem Halbkreis nach Osten und Südosten. Mot-Spähtrupps fuhren in Richtung Gazala zur Aufklärung vor. Als sie den Rand Gazalas erreichten, wurden sie von schwerem MG-Feuer eingedeckt und zum Rückzug gezwungen.

Als hier gegen Mittag die AA 3 eintraf und beinahe ohne Aufenthalt nach Osten weitermarschierte, folgte das MG 8 zwei Stunden später nach. Es überholte die Panzerhusaren von Wechmars und rollte direkt auf Tobruk weiter. Etwa 30 Kilometer vor der Stadt wurden sie von den beiderseitigen Höhenzügen aus beschossen, und dann zwang Artilleriefeuer das Bataillon zum Absitzen. Die Männer gruben sich fluchend ein. Durch das Fernglas erkannte Oberstleutnant Ponath drei Batterien des Gegners, die in offener Feuerstellung lagen. Als die ersten Kfz getroffen wurden, schickte Ponath alle Fahrzeuge in sichere Entfernung zurück. Auf dem Kilometerstein der Via Balbia, den sie erreicht hatten, konnte man lesen: Tobruk 26 Kilometer. Die Vorhuten hatten bereits den Kilometerstein 19 erreicht. Das nachfolgende Gros mit der Division »Brescia« erreichte bis zum Abend des 9. April den Kilometerstein 31 vor Tobruk. Hier gab am frühen Morgen des 10. April General Rommel den Tagesbefehl bekannt, nach welchem die Divisionen »Brescia« und »Trento« Tobruk von Westen her angreifen und den Feind binden sollten. Zur gleichen Zeit würde die 5. Leichte, nach Süden ausholend, Stadt und Festung umgehen und von Südosten her angreifen. Rommel wandte sich an Generalmajor von Prittwitz und sagte zu ihm: »Sie, Prittwitz, fahren sofort im Kübelwagen vor und erkunden eine Artilleriestellung, aus welcher wir auch den Hafen von Tobruk beschießen können.«

Dann kam die AA 3 an die Reihe: »Wechmar, Sie rollen mit Ihrer Abteilung über Acroma auf E 1 Adem vor. Das MG-Bataillon 8, das mit seinen vordersten Teilen bei Kilometer 16 seit dem frühen Morgen in heftigen Angriffskämpfen steht, kämpft sich weiter durch.«

Generalmajor von Prittwitz fuhr sofort los. Außer dem Fahrer war noch sein Ordonnanzoffizier bei ihm. Als der Kübelwagen soeben fortgefahren war, erreichte auch die Division »Brescia«, von Generalmajor Kirchheim nach vorn geführt, den Kampfplatz.

»Kirchheim, Sie schickt der Himmel!« rief Rommel, als sich der Pour-le-mérite-Träger des Ersten Weltkrieges bei ihm meldete. »Sie fahren sofort auf der Via Balbia vor und erkunden die Bereitstellung der beiden italienischen Divisionen zum Angriff auf Tobruk. Bis zum Kilometerstein 13 können Sie jetzt unbesorgt fahren. Dort sollen nach den letzten Meldungen schon italienische Sicherungen stehen.«

Generalmajor Kirchheim, der nicht zum DAK, sondern zum Sonderstab Libyen gehörte, fuhr sofort in seiner Mercedes-Limousine vor. Zwei seiner Stabsoffiziere begleiteten ihn.

Als sich sein Wagen dem am Kilometerstein 18 stehenden Streckenhaus näherte, das später unter der Bezeichnung Weißes Haus bekannt werden sollte, sah Kirchheim plötzlich voraus auf der Via Balbia die einhauenden MG-Salven britischer Jäger.

»Achtung, Flieger!« brüllte der Fahrer, und schon hämmerten MG-Salven der drei im Tiefflug heranrasenden Hurricane-Jäger in den Wagen hinein. Gleichzeitig spürte Kirchheim einen harten Schlag an der Schulter und dann noch einen am Arm. Ein glühender Schmerz traf sein Auge.

Der Fahrer hatte gestoppt. Der Mercedes schlingerte quer über die Straße und stand. Schon waren die Hurricanes irgendwo im Westen verschwunden.

»Zerschellergeschosse!« rief der Stabsoffizier und dann heftiger werdend: »Sie sind ja verwundet, Herr General!«

Heinrich Kirchheim ließ sich die Schulterwunde und die beiden Oberarmtreffer verbinden. Auch unter dem Auge saß ein kleiner Splitter. Weit hinter ihnen hämmerten die Bordwaffen der Hurricanes abermals los. Dieses Feuer galt der vorziehenden Division »Brescia«.

Aus der Wüste kommend, bog plötzlich ein Kübelwagen auf die Via Balbia ein. Es war das Fahrzeug von Generalmajor von Prittwitz. Der Kommandeur der 15. PD hielt an und sah die Verwundungen.

»Kirchheim, das ist ein Heimatschuß, nichts weiter«, sagte er aufmunternd. »Wenn Sie über Wien heimfahren, dann grüßen Sie bitte auch meine Frau. Sagen Sie ihr, daß es mir ausgezeichnet geht. Doch nun muß ich weiter, um eine geeignete Artilleriestellung zu erkunden.«

»Nun, lieber Prittwitz«, erwiderte Kirchheim, »das trifft sich gut. Ich soll nämlich die Bereitstellung für den Angriff auf Tobruk erkunden. Ich denke nicht daran, wegen dieser Schrammen die Front zu verlassen. In einer Viertelstunde geht es weiter. Hat Rommel Ihnen gesagt, daß bis Kilometerstein 12 italienische Sicherungen stehen?«

»Das hat er. Deshalb kann ich auch rasch bis dahin vorfahren.«

»In Ordnung. Aber hinterlassen Sie dort, wo ich Sie finden kann, Prittwitz.«

Eine Viertelstunde später rollte auch Kirchheim weiter nach vorn. Als er den Kilometerstein 14 erreichte, erblickte er voraus am Straßenrand den Kübelwagen seines Generalskameraden. Sekunden später kam eine Gestalt durch den Straßengraben zurückgelaufen und wedelte abwehrend mit beiden Armen.

General Kirchheim ließ halten, und der Ordonnanzoffizier von Generalmajor von Prittwitz meldete ihm: »Englische Pak vor uns! Sie haben unseren Wagen getroffen. Der General ist durch ein Vollgeschoß getötet worden. Sein Fahrer auch. Beide sitzen noch im Wagen.«

Kirchheim ließ den Ordonnanzoffizier einsteigen. Sie fuhren ein Stück rückwärts rollend, drehten dann und veranlaßten, daß Sanitäter nach vorn fuhren. Dann erkundeten sie die Bereitstellung.

Augenzeugen dieses Pakfeuers waren Männer des MG-Bataillons 8, die am Vormittag versuchten, in Richtung Tobruk Geländegewinn zu erzielen. Sie waren bei Kilometer 18 bereits von feindlichem Artilleriefeuer empfangen worden.

»Absitzen, das Feuer des Gegners unterlaufen!« befahl Oberstleutnant Ponath. Während die Lastwagen nach rechts und links die Straße verließen und wendeten, rannten die Soldaten weiter vor. MG-Feuer peitschte ihnen aus großer Distanz entgegen. Sie erreichten eine Steilwand, in die hinein die Küstenstraße führte. Als sie in der Deckung dieser Felsen waren, erkannten sie auch jenseits des Einschnittes die Geschützstellungen, aus denen nun die Granaten über ihre Köpfe hinwegheulten. Mit donnerartigem Getöse flog die Brücke in die Luft. Der Gegner hatte sie gesprengt. MG-Feuer und Gewehrsalven hielten die Angreifer nieder, und als der linke Flügel des Angriffsverbandes den Waldrand erreichte, peitschten aus der gegenüberliegenden Steilwand aus in den Fels gesprengten Bunkern und MG-Stellungen rasende MG-Salven. Alles ging in Deckung und machte sich flach.

»Artillerie muß die Steilwand unter Feuer nehmen!«

Ehe der Melder zur Funkstelle kam und der Spruch durchgetastet war, erlebten die hier liegenden Männer eine Hölle. Dann eröffnete die eigene Artillerie das Feuer. Eines der Feindgeschütze nach dem anderen wurde aus der Steilwand jenseits der Brücke herausgeschossen und zum Schweigen gebracht. Dann sahen die Männer des MG 8, wie zwei Lkw der Engländer in rasender Fahrt vorgeprescht kamen, hielten, die Verwundeten und die letzten Besatzungen einluden und schon wieder davonpreschten.

»Weiter vorstoßen!« befahl Oberstleutnant Ponath.

Auf zwei Kilometer Breite stürmten die Soldaten der MG 8 vorwärts. Es ging durch den Steilabfall das Wadi hinunter und dann peitschte erneut starkes MG-Feuer. Wieder mußte sich jeder Mann eine spärliche Deckung suchen. Und hier begannen auch die dichten tiefen Drahthindernisse.

»Angriff einstellen!« befahl Oberstleutnant Ponath.

Am frühen Nachmittag näherte sich dieser Stelle von Westen ein Kübelwagen. Die eigene Pakbedienung an der Straße versuchte, diesen Kübel aufzuhalten, aber der darin sitzende Offizier, der nicht erkannt wurde, rief ihnen zu: »Los, vorwärts! Der Feind baut ab!«

Im selben Augenblick wurde der Wagen von der wieder feuernden englischen Pak schwer getroffen. Er ging in Flammen auf.

Generalmajor von Prittwitz, der im Wagen saß, konnte nur tot geborgen werden. In Unkenntnis der Lage wollte er offenbar das MG 8 weiter vorreißen.

Am Abend dieses 10. April 1941 überbrachte ein Offizier des Regimentsstabes 200 (Oberstleutnant Graf Schwerin) den Befehl, daß das Bataillon durch die Division »Brescia« abgelöst werden sollte. Es sollte nun südlich Tobruk den Angriff und Durchbruch versuchen.

Als die Truppe am frühen Morgen des 11. April an der Pistenabzweigung nach Acroma ankam, erfuhr sie, daß das MG-Bataillon 2 bereits in dieser Nacht Tobruk umgangen und daß die AA 3 Bardia erreicht habe.

Generalmajor Streich erfuhr am Nachmittag des 10. April vom Tode seines Kameraden Prittwitz, als er beim Rasthaus oberhalb des Golfes von Bomba eintraf. Rommel hatte beim Nahen des »Mammut«, wie Streich den erbeuteten englischen Befehlswagen nannte, in dem er nunmehr fuhr, die 2-cm-Flak zum Abschuß fertigmachen lassen. Dann wurde der deutsche Stander erkannt.

»Wie kommen Sie dazu, in einem englischen Fahrzeug zu fahren?« herrschte Rommel den Kommandeur der 5. Leichten an. »Um ein Haar hätten wir Sie abgeschossen.«

»Dann hätten Herr General vielleicht beide Panzerkommandeure an einem Tag verloren«, erwiderte Streich. Von Rommel erhielt Streich nun Befehl, die Führung vor Tobruk zu übernehmen. Er mußte dazu nach Acroma zurückkehren. Auf der Rückfahrt dorthin erhielt der Wagen des Divisionskommandeurs aus El Adam MG-Feuer und Granatwerferfeuer. Während das Fahrzeug in wilder Slalomfahrt nach Norden kurvte, waren der General und sein Begleitoffizier herausgesprungen und rannten im Zickzack hinterher. Sie mußten immer wieder volle Deckung nehmen, aber die Flucht gelang. Im Weißen Haus von Acroma, 18 Kilometer vor Tobruk, übernahm Generalmajor Streich die Führung zum Angriff auf Stadt und Festung Tobruk mit dem Hafen.

Am Karfreitag, dem 11. April 1941, versuchte das DAK den Verteidigungsgürtel Tobruks zu durchstoßen. Das MG-Bataillon 8 griff dazu von Süden aus an.

Was aber war in der Zwischenzeit mit der AA 3 geworden? Sie war am späten Abend des 3. April auf Bengasi angesetzt worden, wenn auch der Auftrag Rommels auf »Aufklärung weiter vortreiben« gelautet hatte. An der Spitze der AA 3 rollte Oberstleutnant von Wechmar vor. Es ging in schneller Fahrt über die Via Balbia. Nach den Berechnungen von Oberleutnant von Fallois mußten sie — wenn es so weitergehen sollte — gegen Mitternacht in Bengasi sein. Einzelne Spähtrupps des Gegners zogen sich nach kurzem Feuerwechsel mit großer Fahrt zurück. Plötzlich rollte von rückwärts in schneller Fahrt ein Kübelwagen an der Kolonne entlang. Hinter der Scheibe, stehend, die Mütze mit der Staubbrille auf dem Kopf, im zerschlissenen Ledermantel — Rommel. Als er den Kommandeurswagen erreichte, ließ er halten.

»Was melden Ihre Spähtrupps, Wechmar?«

»Schwache Feindberührung. Gegner geht zurück, Herr General.«

»Ich weiß«, erwiderte Rommel, »das sagten unsere Flieger auch. Also Bengasi. Aber Vorsicht! Es könnten Tommys in der Stadt stecken. Ich gebe Ihnen noch eine Panzerkompanie und einen Zug Artillerie — das ist schon das halbe DAK«, fügte Rommel lächelnd hinzu.

Spähtruppführer Leutnant Wolf rollte wenig später weiter vor. Am Rastplatz, wo sie die Panzer erwarten sollten, traf wenig später ein Kradfahrer ein. Es war der Geistliche des italienischen Lazaretts von Bengasi. Er hatte sich ein englisches Krad geschnappt und war nach Westen gefahren. Er berichtete, daß die Engländer abbauten und daß die Masse der Verbände bereits im Laufe des Tages abgerückt seien.

Wenig später traf Oberleutnant Landrock, der Chef der von Rommel zugeteilten Panzerkompanie, ein und meldete, daß seine Kompanie und die Artillerie-Abteilung, die sich ihr angehängt hatte, um 23.00 Uhr eintreffen würden.

Nachdem aufmunitioniert und aufgetankt war, erhielt Oberleutnant Behr bei der Befehlsausgabe um 23.05 Uhr Befehl, mit seiner Kradschützen-Kompanie nach Bengasi zu rollen und die Stadt in Besitz zu nehmen.

Die Kradschützen fuhren los und erreichten Bengasi im Morgengrauen des 4. April. Im Karacho durchfuhren sie die bereits vom Gegner geräumte Stadt und warteten am Ostrand auf die übrige Abteilung.

Als am Vormittag Rommel in Bengasi eintraf, befahl er den Weitermarsch ab 12.00 Uhr. Der Flugplatz von Bengasi wurde erreicht. Auch er war bereits vom Gegner geräumt worden. Dann kamen die nächsten Ziele, die Höhen von Benina und Fort Benina in Sicht. Ein heftiger Feuerüberfall ging auf die vorn fahrenden Kradschützen nieder.

»Panzer nach vorn!« befahl von Wechmar.

»Hinterher!« befahl Oberleutnant Behr den abgesessenen Kradschützen, als die Panzer im Schritt an ihnen vorbei hügelaufwärts rumpelten.

Die Feindartillerie schoß wild auf die anrollenden Panzer. Dann krachten drei, vier Minendetonationen. Drei Panzer blieben mit zerrissenen Ketten liegen.

Abgesessen rannten die Kradschützen hügelaufwärts. Mit Karabinern, MG und Handgranaten brachen sie, links und rechts der Piste emporstürmend, vorwärts. Im Nahkampf wurde der Gegner geworfen. In der sengenden Sonne wog das leichte Sturmgepäck der Kradschützen »Zentner«.

Als es dunkelte, wichen die australischen Infanteristen zurück. Zahlreiche Soldaten hatten sich ergeben, sechs Kanonen wurden erbeutet. Auf der Höhe richteten sich die Männer der AA 3 für die Nacht ein. Während Pioniere die Piste von Minen räumten, arbeiteten die Panzerbesatzungen mit dem Reparaturzug an der Instandsetzung der durch die detonierenden Minen zerrissenen Ketten. Die Feldküche kam vorgefahren, und es gab mitten in der Nacht warmes Essen.

Bei der Kommandeursbesprechung meldete Oberleutnant Behr den Kradschützenzug unter Leutnant Langemann als vermißt. Langemann war das letztemal kurz vor Einfall der Dunkelheit gesehen worden, als er den Hügel erklettert hatte und weiter vorprellte. Sollten die Australier ihn geschnappt haben?

»Sie sind in Richtung Fort Benina vorgestoßen«, meldete einer der anderen Zugführer. Mehr wußte man nicht.

Als Oberleutnant Behr mit einem Stoßtrupp nachziehen wollte, peitschte ihnen das wütende MG-Feuer der Australier entgegen.

Leutnant Langemann hatte mit seinem Zug die Spitze übernommen, die dem Feindtrupp dicht auf den Fersen war, der als letzter abgebaut hatte.

»Alles mir nach!« rief er seinen Kradschützen zu. Sie rannten durch die einfallende Dunkelheit, und plötzlich befanden sie sich dicht vor dem Fort. Feuer schlug ihnen entgegen. Sekunden später vernahmen sie auch in ihrem Rücken australische Stimmen. Sie verschwanden in einer Geländefalte und gingen in volle Deckung. Die Australier rannten an ihnen vorbei und verschwanden im Fort. Langemann stieß mit seinem Zug hinterher. Er ging bis zum Zentrum vor und sah, wie sich die Australier sammelten. Als es ihnen zu brenzlig wurde, zogen sie sich etwas zurück und gingen in volle Deckung.

Erst gegen Morgen, als die Australier versammelt waren, eröffnete Langemann das Feuer aus seinen mitgeführten MG.

Die Australier schwangen sich in ihre Wagen und brausten los. Zug Langemann hatte Benina erobert.

»Weiterer Vorstoß!« Dies war der Text des Funkbefehls, den General Rommel der AA 3 übermitteln ließ. Spitze fuhr Feldwebel Junger, der weiter vorn eine deutsche Stukabesatzung aufnahm, die aus ihrer abgeschossenen Maschine hatte aussteigen können und mit dem Fallschirm sicher zur Erde zurückgekommen war.

Es ging über eine total ausgefahrene Piste weiter. Spähwagen vorn, die Lkw in der Mitte und die Kradschützen am Schluß, stieß die AA 3 in einer dicken Staubwolke nach Osten. Es ging hügelaufwärts und dann wieder durch flache Rinnen, über Geröll und Kalksteinplatten, die unter den Rädern zerplatzten.

»Paßt auf, weiter vorn sind Tommypanzer«, warnten die Stukaflieger den Spähtruppführer.

Auf ihre Meldung hin erkletterte Oberleutnant von Fallois in einer Marschpause einen Hügel. Er sah in dichten Staub gehüllt etwa 40 Feindpanzer, die genau auf sie zugerollt kamen. Doch vor der Höhe hielten die Feindpanzer an.

Der nächtliche Stoßtrupp unter Oberleutnant Behr erreichte eine kleine Gruppe von fünf Panzern, die weiter vorn standen. Drei Panzer wurden leer vorgefunden, die Besatzungen des vierten und fünften gefangen genommen.

Bei der Befragung stellte es sich heraus, daß die Panzer wegen Spritmangels liegengeblieben waren. Der Vorstoß der AA 3 ging am nächsten Morgen weiter. Das Gros der Feindpanzer hatte sich zurückgezogen. Durch eine aus Rommels »Storch« abgeworfene Meldung wußten sie, daß Oberstleutnant Ponath auf Derna zustürmte. Der Befehl an sie lautete: »Schneller Weitermarsch!«

Am Nachmittag des nächsten Tages verließ die AA 3 die Piste, um den Weg abzukürzen. Doch in dem schwierigen Gelände gab es kaum Zeitersparnis. Oberleutnant Everth führte den Konvoi an. Als er sich gerade eine Zigarette anzünden wollte, wurde der Kübelwagen von einem schweren Schlag nach vorn links weggerissen. Es stank nach Korbit, Staub waberte hoch.

»Halt! Minen!« gab Everth durch. Die AA 3 hielt an.

Oberstleutnant von Wechmar ließ den Pionierzug unter Feldwebel Schubert antreten. Die überall herumliegenden Thermosflaschen-Minen wurden aufgesammelt und auf einen Haufen gelegt.

»Vorsicht, Männer!« mahnte Schubert immer wieder. Den ganzen Nachmittag wurden Minen aufgenommen. Feldwebel Waschke trug das Minensuchgerät. Er sollte eine fahrzeugbreite

Gasse durch dieses dichte Minenfeld bahnen. Dann auf einmal hallte ein donnerartiges Krachen durch den Abend. Einer der Pioniere hatte eine Mine fallen lassen. Sie polterte mitten in den Haufen der anderen Minen hinein. Es gab eine gewaltige Explosion. Körper flogen durch die Luft, Schreie hallten durch den Abend. Als Oberstleutnant von Wechmar aus seinem Omnibus ins Freie eilte, sah er eine Menge Soldaten am Boden liegen. Feldwebel Schubert und zwei seiner Männer waren tot, sechs weitere Soldaten schwer und leichter verwundet. Im Bestattungsplan von Oberfeldwebel Schlitt mußten drei neue Gräber eingezeichnet werden.

Die Wagen der AA 3 wurden wieder auf die Piste gelotst, und gegen Mitternacht hatte die Kampfgruppe Derna erreicht, das inzwischen von Oberstleutnant Ponath in Besitz genommen worden war. Am nächsten Mittag, es war der 9. April, erhielt sie vom Kommandierenden General des DAK den Befehl, weiter vorzustoßen und unter Umgehung Tobruks den Raum Bardia zu erreichen.

»Und denken Sie daran, Wechmar, immer mit 60 fahren. Eine Aufklärungabteilung, die weniger als 60 Sachen fährt, taugt nicht viel«, erklärte Rommel mit leichtem Schmunzeln abschließend.

Der Marsch um Tobruk herum mitten in der Nacht wurde von Oberleutnant Everth mit der Vorhut angeführt. Vorn eingegliedert fuhren auch die unterstellten Panzerjäger unter Oberleutnant Plüschow mit. Englische Artillerie schoß aus Tobruk auf die Marschwege. Aber dann war auch diese Schwierigkeit überwunden, und wieder auf die Küstenstraße eindrehend, rollte die AA 3 weiter nach Osten. Leutnant Wolf führte nun den Spähtrupp. Linkerhand blitzte, ab und zu sichtbar werdend, das Wasser des vom Mondlicht übergossenen Mittelmeers auf. Rechts zogen die gespenstisch anmutenden Sanddünen vorüber. Ab und zu ragte ein Djebel aus der Wüste auf. Näher und näher rückten die Djebel-Abfälle an die Via Balbia heran, und bevor die Sonne aufging, tat sich der nächste Ghibli auf.

Als die AA 3 gegen 07.00 Uhr Bardia erreichte, donnerten soeben die Sprengungen, mit denen der Gegner die große zur Bucht und zum Hafen hinunter führende Straßenkehre sperrte. Dunkler Qualm zog aus dem Benzinlager der Tommys in die Luft.

Sie erreichten die oberhalb der Bucht auf der Höhe liegende Stadt. Kein Tommy war mehr zu sehen. Bardia war feindfrei.

Während die Kompanie Thiele in Bardia zurückblieb, schob sich das Gros der AA 3 auf das Höhengelände ostwärts Bardia vor und bezog hier eine alte italienische Feldstellung.

Was aber war in der Zeit in Tobruk geschehen?

Ein Bataillon stirbt

Am 11. April 1941 wurde kurz nach Mittag der Angriff auf Tobruk fortgesetzt. Nachdem es mißlungen war, gemeinsam mit dem zurückgehenden Gegner in die Festung einzudringen, sollte nun das MG-Bataillon 8 gemeinsam mit dem Panzer-Regiment 5 angreifen. 20 Panzer standen zur Verfügung.

»Nach Meldung der Luftaufklärung räumt der Gegner die Festung. Schnellstes Zupacken ist daher erforderlich.«

Diese Meldung und die folgende, daß »Staub gemacht« werden sollte, um eine große Zahl Angreifer vorzutäuschen, spornte die Männer zur Hergabe aller Kraft an.

Im Flächenangriff, zwei Kompanien vorn nebeneinander, zwei weitere links heraus rückwärts gestaffelt und rechts davon jene 20 Panzer, die den Sturmlauf bis hierher überstanden hatten, ging es vorwärts. Nach etwa zwei Kilometer Marsch erhielt diese Angriffsgruppe aus der Festung heftiges Artilleriefeuer.

»Absitzen. Waffen und Munition fassen und Kommandeur folgen!« In schnellem Sprung wurden die Wagen verlassen. Das Artilleriefeuer des Gegners mußte unterlaufen werden. Die Panzer drehten nach rechts und links ab und rollten, das Artilleriefeuer auf sich ziehend, rückwärts. Schon wurden die Spitzengruppen von der Feindpak und von MG beschossen.

»Volle Deckung!« riefen die Kommandeure und Chefs.

Mit Seitengewehren, Feldspaten und anderen Gegenständen wurden fieberhaft flache Mulden in den felsigen Boden gekratzt. Steinwälle, rasch aufgeschichtet, dienten als Kopfschutz.

Verwundete schrien auf und versuchten nach hinten zurückzukriechen. Andere fielen im Sprung in bessere Deckungen.

Die Panzer schossen auf die Feindpak. Im Duell Panzer gegen Pak und Artillerie wurde ein Panzer nach dem anderen ausgeschaltet. Dann fuhren die letzten noch intakten Kampfwagen zurück. Der Angriff war eingestellt worden.

Nie haben Soldaten die Nacht so sehr herbeigesehnt, wie jene Männer des MG-Bataillons 8 am Karfreitag 1941 vor Tobruk.

Sobald einer auch nur den Kopf hob, peitschte eine MG-Salve, klackerten Karabinerschüsse.

Feldwebel Urban und Unteroffizier Weißgerber, die beiden Sanitäter, krochen und rannten in kurzen Sprüngen, immer wieder ihr Leben aufs Spiel setzend, von einem Verwundeten zum anderen. Sie verbanden ihre Kameraden, schleppten sie durch das Feuer zurück. Sie trugen Rotkreuzbinden. Ob es daher kam, daß sie nicht getroffen wurden? Erkannte der Gegner diese Binden überhaupt? Offenbar ja.

In der Nacht ging Oberleutnant Prahl durch das Artilleriefeuer zurück, erreichte die Fahrzeuge und fuhr zur Division nach Acroma. Um neun Uhr hielt er Generalmajor Streich Vortrag. Als er zurückkehrte, brachte er den Befehl mit, daß der Angriff erneuert werde und daß alle Panzer mit eingreifen würden.

Die Meldungen, die Oberstleutnant Ponath von den einzelnen Kompanien erreichten, zeigten ihm, daß sein Bataillon einen Offizier und 40 Soldaten durch den Tod verloren hatte.

Es war 11.00 Uhr, als die eigenen Panzer heranrollten. Sie fuhren mitten durch die Stellungen des MG-Bataillons 8 hindurch. Als die letzten durchgerollt waren, sprang Oberstleutnant Ponath auf.

»Folgen, dicht hinter den Panzern bleiben!« rief er den Meldern zu. Die Männer sprangen hoch und stürmten der aufbrüllenden Feuerwand entgegen. Wieder fielen einige Soldaten. Und auf einmal kamen die Panzer zurück.

»Was ist los?« brüllte Oberstleutnant Ponath dem Regimentskommandeur der Panzer zu, der den Angriff persönlich geführt hatte.

»Wir kommen nicht durch! 400 Meter vor uns liegt ein breiter Panzergraben. Dahinter Pak.«

Nur 300 Meter vor diesem Panzergraben wühlten sich die Männer um Oberstleutnant Ponath wieder in den Boden ein. Zum Glück war er hier weicher.

Als sich der wabernde Staub gelegt hatte, der von den Panzern aufgewühlt worden war, sahen sie das breite Drahthindernis voraus. Weit im Hintergrund wurden starke Masten erkannt, an denen Beobachtungskörbe hingen, in denen Tommys hockten und die Bewegungen unter Kontrolle hielten.

Oberleutnant Prahl machte sich durch das Feuer der Gegner

abermals auf den Weg zum Divisionsgefechtsstand. Er schilderte die Lage so, wie sie war. Das Bataillon erhielt Befehl, die erreichten Stellungen zu halten und sich dort einzugraben.

In der Nacht versuchten die Küchengruppen mit ihren Krädern nach vorn durchzukommen, um ihren Kameraden in der Feuerstellung warmes Essen und Wasser zu bringen. Zwei Kräder gingen im feindlichen Artilleriefeuer verloren. Am Abend dieses Tages war Leutnant Helmut Kaatz, der Ordonnanzoffizier, tot. Die Chefs der 3. und 4. Kompanie, die Oberleutnante Goedeckemeyer und von Rautenfeld waren neben 42 weiteren Soldaten verwundet worden. Insgesamt waren seit dem Vorstoß des Bataillons auf Derna vom 1. bis zum 12. April 27 Tote und 81 Verwundete zu beklagen. Hinzu kamen 13 Vermißte und (seit Ende Februar) 80 Kranke. Damit verfügte Oberstleutnant Ponath noch über etwa 500 Mann.

Als der Morgen des 13. April 1941 heraufzog, der nach dem Kalender der Ostersonntag war, ging beinahe pausenloses Feuer auf die vorn im Niemandsland liegenden Männer des MG 8 nieder. MG- und Granatwerfer fielen in dieses Artilleriefeuer ein. Gewehrschüsse knallten dazwischen. Die Feindbeobachter in den »Mastkörben« wurden durch blitzschnell auf die Deckungen hinaufgerissene MG heruntergeschossen, dennoch lag auch das nächste Artilleriefeuer gut.

»Oberstleutnant Ponath zur Division!« Der Funker brachte die Meldung nach vorn. Vom Feuer der Gegner verfolgt, jagte der Bataillonskommandeur durch das Vorfeld. Als er um 17.00 Uhr zurückkam, wurde er vom Kommandeur der I. Flak-Regiment 18 begleitet. Ponath hatte zum Ausdruck gebracht, daß das starke Feuer jede Bewegung seiner Truppe bei Tage zu einem tödlichen Unternehmen mache. Aber das DAK hielt an seiner Absicht fest, die Straßengabel südlich Tobruk in die Hand zu bekommen, um von dort aus Beobachtungsmöglichkeiten auf Tobruk zu erhalten.

Der neue Angriff des MG 8 sollte nach einem zehnminütigen Feuerschlag um 18.30 Uhr erfolgen. Dazu wurde dem MG 8 die I. Flak 18 (Pioniere und Panzer) als Unterstützungswaffen zugesagt.

Die drei Melder, die Ponath zu den einzelnen Kompanien schickte, damit diese ihren Part bei dem Angriff erfuhren, wurden nacheinander erschossen, zwei weitere verwundet. Dadurch erhielten die 2. und 3. Kompanie, die in vorderster Linie mit je einem unterstellten Pakzug durchbrechen und die feindliche erste Stellung etwa 500 Meter nach rechts und links aufbrechen sollten, den Angriffsbefehl nicht. Die 5. Kompanie unter Hauptmann Bartsch wurde vom Kommandeur eingewiesen.

Alle warteten nun auf die Flak, die den Angriff eröffnen sollte. Als die leichte Flak-Batterie um 17.50 Uhr in schneller Fahrt durch das Feindfeuer nach vorn rollte und dicht vor dem Graben in Stellung ging, rollte auch die 8,8-cm-Flak hinter die 5. Kompanie. Ein wüstes Artilleriefeuer ging auf diese beiden Einheiten nieder. Die leichte Batterie feuerte aus allen Rohren auf den Gegner und die sichtbar werdenden Mündungsblitze. Das erste Geschütz fiel aus, das zweite, schließlich waren alle Geschütze verstummt, und nur ein Leutnant mit sechs Mann kamen von vorn zurück.

Die 8,8 hatte einige Feindpak, und Artillerie, die vorn standen, ausgeschaltet. Zehn Minuten dauerte dieser verbissene und verlustreiche Kampf. Nun mußte der vereinbarte Artillerie-Feuerschlag erfolgen, doch er kam nicht.

Hauptmann Bartsch blickte den Bataillons-Kommandeur an.

»Dann *ohne*, Bartsch«, sagte Ponath.

»Fünfte — sprung auf — maaarsch!«

Die Männer sprangen hoch; sie rannten, stürzten über Felsbrocken, oder von Kugeln getroffen, zu Boden. Dreihundert Meter waren zu durchlaufen. Und schon begann das feindliche Artilleriefeuer sich zu einem wilden Crescendo der Vernichtung zu steigern.

Teile der 2. und 3. Kompanie hatten — ohne Befehl — den Angriff mitgemacht. Sie kamen bis zum Panzergraben und wurden dort von den jenseitigen Kampfständen beschossen. Sie rannten und krochen in die Ausgangsstellungen zurück.

Die Fünfte erreichte die vorderste Linie. Hier wurde sie in volle Deckung gezwungen.

»Wir setzen den Angriff in der Nacht fort«, ließ Oberstleutnant Ponath durchgeben. »Wir dringen in die feindlichen Stellungen ein und bilden einen Brückenkopf, durch den unsere Panzer vorstoßen können.«

In der Nacht sickerten die einzelnen Gruppen nach vorn durch. Sie überschritten den Panzergraben, drangen in den Festungsbereich von Tobruk ein und bildeten in der vordersten feindlichen Linie einen 400 Meter breiten und 100 Meter tiefen Brückenkopf.

»Aufklärung nach Nordosten auf Tobruk vortreiben. Die 7. Panzerjäger-Abteilung 39 nach vorn!«

Im Mannschaftszug wurden die Pak nach vorn geschafft. Als dann der Spähtrupp zurückkam und meldete, daß vor ihnen kein Feind liege, schien alles klar.*

Die Australier kamen eine Stunde vor Mitternacht. Auf dikken Kreppsohlen schlichen sie lautlos heran. Der Nahkampf begann. Schreie gellten durch die Nacht, um abrupt zu verstummen. Dann war wieder Stille. Aber fünf Minuten später stürmte ein australischer Stoßtrupp an der Nahtstelle zwischen der 4. Kompanie und den Panzerjägern der 7. Kompanie durch. Ihr Stoß zielte genau auf den linken Flügel des Brückenkopfes. Im Nahkampf wurden hier die Geschützbedienungen niedergemacht.

Dann war plötzlich Ruhe, und nach geraumer Weile erklang von der Stelle, wo die Australier in den Brückenkopf eingedrungen waren, das Lied »It's a long way to Tipperary«. Und als das Lied verklungen war, brach nach Sekunden der lastenden Stille ein wildes »Hurrah«-Rufen aus, und nun griffen alle Australier noch einmal auf dem linken Flügel an. Die dort verteidigenden Soldaten der 2. Kompanie wurden in den Panzergraben zurückgeworfen. Hauptmann Frank, der Kompaniechef, wurde im Nahkampf schwer verwundet. Leutnant Hofer von der 7. Kompanie fiel. Leben und Tod des Bataillons standen auf des Messers Schneide.

In dieser Sekunde rafften Hauptmann Bartsch und Leutnant Dreschler einige Männer zusammen und stürmten im Gegenstoß gegen die Australier, die einen Teil des gewonnenen Geländes wieder freigaben.

Diese Nacht kostete 40 Soldaten des MG-Bataillons 8. Beim Gegenstoß war auch Leutnant Dreschler schwer verwundet worden. Von den 35 Soldaten, die mit ihm vorgestürmt waren, kamen fünf in den Graben zurück.

Auf australischer Seite war Leutnant Austin Macknell aus Sydney derjenige gewesen, der diesen Gegenstoß inszeniert hatte. In dieser Nacht schlug die 9. Australische Division ihren

---

* Nach dem Krieg wurde geklärt, daß dieses nächtliche Einsickern genau zwischen den Stützpunkten R 33 und R 35 der ersten Linie erfolgt war. Der Spähtrupp war dann, weil er nach Nordosten vorging, genau zwischen die beiden rückwärtigen Stützpunkte R 32 und R 34 hindurchgestoßen. Dieser Zufall bewirkte, daß die in den vier genannten Stützpunkten sitzenden australischen Soldaten nicht bemerkt wurden.

ersten Soldaten zum Viktoriakreuz vor. Es war Jack Edmundson, der diese höchste britische Tapferkeitsauszeichnung erhielt.

Das Panzer-Regiment 5, das sich durch nachgezogene Panzer auf 38 Kampfwagen verstärkt hatte, sollte um zwei Uhr im Brückenkopf eintreffen, um den entscheidenden Durchstoß durch die erkannte Lücke anzutreten. Die Soldaten warteten auf die Stahlkolosse. Es wurde jedoch 04.30 Uhr, bevor diese 38 Kampfwagen im Brückenkopf eintrafen. Dahinter fuhr die Panzerjäger-Abteilung 39 mit ihren letzten drei Selbstfahrlafetten. Nun galt es schnell zu sein und die schützende Dunkelheit, die nicht mehr lange währte, auszunutzen.

Die Panzer voraus, die abgesessenen Männer des MG 8 dahinter marschierend, gelang es ihnen bis zum Morgengrauen, direkt über den Stützpunkt R 32 hinwegrollend, der sich nicht rührte, vier Kilometer nach Tobruk und zum Ziel, der Wegegabel, zurückzulegen. In einer Talmulde, vier Kilometer vor dem Ziel angekommen, stießen die Panzer und die MG-8er auf eine breite Artilleriefront. Aus etwa 2000 Meter eröffneten alle Geschütze dieses Australischen Artillerie-Regiments das Feuer.

Die Männer des MG 8 sprangen in ein halb ausgebautes Stellungssystem. Die vordersten Panzer rollten weiter und erreichten einen Punkt etwa 600 Meter vor der Feindfront. Nun aber gelang es den 8,76-cm-Geschützen der Briten, nacheinander fünf Panzer IV abzuschießen.

»Nach Osten ausweichen!« befahl der Kommandeur den Panzern. Bei diesem Versuch stießen die Panzer auf eine Pakfront, die entlang der Straße Tobruk—El Adem aufgebaut worden war. Im Duell mit dieser Pak, die einige Verluste erhielt, blieben abermals vier Panzer IV liegen, während die Besatzungen teilweise ausbooten konnten.

Die Panzer, die ihre Munition bis auf die Notreserve verschossen hatten, drehten nun ab. Britische Panzer und Pak auf Selbstfahrlafetten folgten ihnen hart auf den Fersen, und in den folgenden Duellen wurden weitere acht deutsche Panzer abgeschossen; zwei schwere Mark II konnten davon vier auf ihr Konto buchen. Es war sieben Uhr, als die Reste des PR 5 das Schlachtfeld verlassen hatten.

Der zwischen 06.00 Uhr und 06.30 Uhr vorgesehene Stuka-Angriff, der zur Unterstützung der Kampftruppen vorgesehen war, fand nicht statt, weil die Stukas wegen der dicken Staub-

und Pulverwolken das Gefechtsfeld nicht fanden. Sie griffen statt dessen Stadt und Hafen Tobruk an.

Das MG-Bataillon 8, in nunmehr zwei Kampfgruppen aufgespalten, blieb allein auf dem Gefechtsfeld zurück. Die im alten Brückenkopf als Sicherheitsbesatzung zurückgebliebenen Soldaten wurden ebenso wie die Pak überwältigt.

Kurz nach dem Abzug der deutschen Panzer griffen die Australier von drei Seiten die in vorderster Front liegenden Männer um Oberstleutnant Ponath an. Im Feuer der letzten MG wurde dieser Angriff mit den letzten Gurten Munition abgewiesen. Granatwerferfeuer schmetterte in die flachen Gräben hinein. Leichte Spähpanzer rollten nach vorn, von denen Obergefreiter Fichter einen mit der Panzerbüchse abschoß.

»Wir müssen zurückgehen, Bartsch«, entschied Oberstleutnant Ponath in der Besprechung mit dem Hauptmann der 5. Kompanie, »und zwar bis zu jener Höhe dort hinten, auf der sich Bewegung zeigt. Das müssen eigene Panzer sein.«

»Ich übernehme den Feuerschutz, Herr Oberstleutnant«, sagte der Hauptmann sofort.

»Gut, wir weichen aus und decken dann Ihren Rückzug.«

Während die Männer der 5. Kompanie nach dem vereinbarten Zeichen ihre Waffen auf die Deckungen warfen und im Schnellfeuer losballerten, sprangen Oberstleutnant Ponath und die übrigen Männer auf und rannten zurück. Nach zwanzig Metern stürzte der Oberstleutnant schwer zu Boden, andere fielen neben und hinter ihm.

Immer mehr Soldaten stürzten tödlich getroffen. Ein Feindpanzer, der bei der 3. Kompanie eingedrungen war, schoß aus Kanone und MG auf alles, was sich zeigte. Die Kompanie mußte sich nach Verschuß der letzten Munition ergeben.

Auch Hauptmann Bartsch entschloß sich, den Kampf aufzugeben, der für sie nur noch den sicheren Tod bedeuten konnte.

Um 11.30 Uhr dieses mörderischen 14. April 1941 ergaben sich die letzten Soldaten dieses Bataillons. 168 Soldaten, ein Großteil von ihnen verwundet, gingen in Gefangenschaft. 112 Tote blieben auf dem Gefechtsfeld zurück. Oberstleutnant Ponath war durch Herzschuß gefallen. Die Gefangenen kamen nach Tobruk in das Arabergefängnis. Die Toten wurden von australischen Kommandos geborgen und bestattet.

Damit war der Versuch, Tobruk durch einen Handstreich und sodann mit Brachialgewalt in Besitz zu nehmen, gescheitert.

Als General Rommel am Nachmittag dieses blutigen Oster-sonntags von der vernichtenden Niederlage erfuhr, äußerte er sich empört über das »Im-Stich-lassen« der Infanterie durch die Panzer. Aber Oberst Olbrich hatte gute Gründe, den Vorstoß abzubrechen, denn außer den 17 Panzern, die vernichtet auf dem Gefechtsfeld lagen, hatten alle übrigen ebenfalls schwere Schä-den davongetragen und waren teilweise außerstande, zu schie-ßen.

Rommel, der diesen Angriff befohlen hatte, weil er das Über-raschungsmoment ausnutzen wollte, war an dieser starken Festung und an der Voraussicht von General Wavell gescheitert.

Am Abend des 14. April 1941 erreichte die letzten Soldaten des Bataillons die Nachricht, daß Oberstleutnant Ponath das Ritterkreuz erhalten habe.

Noch am 16. April versuchte Rommel mit 18 Panzern der Division »Ariete« die Erhebung Ras el Madauar in Besitz zu nehmen, die der Gegner gut ausgebaut hatte. Es war vorgesehen gewesen, daß diese Division bereits am 14. im Nachstoßen hin-ter dem führenden MG 8 und den Panzern her den Durchbruch bis zur Stadt und Festung Tobruk schaffen sollte. Aber die Divi-sion kam so langsam vorwärts, daß sie noch weit zurückhing. Erst als Rommel sie am Nachmittag selbst beim Vorfahren in den Bereitstellungsraum südostwärts des Ras el Madauar beglei-tete, ging es zügig vorwärts. Allerdings war dieses Vorgehen ab-rupt durch einige Artilleriesalven beendet worden.

Rommel war noch immer entschlossen, diese Festung zu Fall zu bringen. Immerhin unterband sie die Küstenstraße, die für den Nachschub unerläßlich schien, auf einer Länge von beinahe 50 Kilometern (wenn man die Reichweite der auf die Straße ein-geschossenen Feindartillerie mit in Betracht zog). Dies bedeutete für die Versorgungsfahrzeuge des DAK einen Umweg von rund 75 Kilometern. Hinzu kam, daß diese Umgehungspiste nach einigen Fahrten derart zerfressen war, daß es immer wieder zu Unfällen und Zusammenbrüchen der Wagen kam.

Der Angriff der »Ariete« auf den Ras el Madauar wurde für die Division zu einem Fiasko. Beide Angriffe wurden blutig ab-gewiesen. Schnell hinter die zurückflutenden Italiener herpre-schende Bren-Carrier forderten weitere Opfer. Nicht weniger als 1100 Italiener wurden gefangen genommen.

Der nächste, am 17. April gestartete Versuch mit zehn Pan-zern der »Ariete«, einem Bataillon der inzwischen zur Front gelangten Division »Trento« und den beiden schweren Kompanien des ebenfalls bereits nach vorn gekommenen Kradschützen-Bataillons 15 scheiterte.

Die zehn Panzer drangen schneidig vor. Sie kamen weit in den Festungsbereich hinein und wurden dann von der plötzlich das Feuer eröffnenden Feindpak bis auf einen abgeschossen. Im Morgengrauen des 18. April ließ Rommel die Truppe um 1,5 Kilometer zurücknehmen. Rommel mußte bis zum Eintreffen weiterer deutscher Truppen der 15. Panzer-Division den Angriff auf Tobruk einstellen.

Diese Einstellung des Angriffs gab Generalmajor Leslie Morshead die Chance, bereits am 19. April die Tiefe des Festungsgeländes hinter den beiden Stützpunktlinien weiter auszubauen. Der Schwerpunkt der Verteidigung wurde hinter den Ras el Madauar gelegt.

Als bei einem Gegenstoß am 22. April aus der Festung heraus gegen die Stellungen der »Ariete« westlich des Ras el Madauar bei den Italienern eine Krise entstand, raffte Rommel einige Gruppen deutscher Soldaten zusammen und schlug den Gegner persönlich im Gegenstoß zurück. Zwei Rückhaltegruppen, aus Teilen der nach und nach an der Front eintreffenden 15. Panzer-Division zusammengestellt, wurden unter der Führung von Oberst Freiherr von Esebeck, der die Nachfolge des gefallenen Generalmajors von Prittwitz übernehmen sollte, hinter dem Frontabschnitt der Italiener gelegt.

Von diesem 22. April an trat damit auch die 15. Panzer-Division an der Front um Tobruk auf.

Daß Rommels Ziel nicht allein Tobruk, sondern vor allem der Suezkanal war, zeigten die Aktionen der bereits ostwärts Tobruk stehenden Teile des DAK auf. Neben der AA 3 war das Kradschützen-Bataillon 15 der 15. Panzer-Division unter Führung von Oberstleutnant Knabe, am 5. April 1941 in Tripolis eintreffend, in sechs Tagen die 1800 Kilometer zur Front gerollt. Allerdings nur mit drei Kompanien, denn die 4. und 5. Kompanie warteten noch in Neapel auf Transportraum. Am 11. April hatte Oberstleutnant Knabe in Ain el Gazala vom DAK den Befehl erhalten, mit allen vorhandenen Männern sowie der unterstellten Panzerjäger-Abteilung 33, der 1./Flak 18 mit 8,8-cm-Kanonen sowie der 4./Flak 18 mit 2-cm-FlaMW als »Vorausabteilung Knabe« über Acroma und das Pistenkreuz am Karten-

punkt 167 südlich Acroma nach Sidi Azeiz und Capuzzo vorzuprellen und die Ortschaft Capuzzo mit dem Fort in Besitz zu
nehmen.

Die wenige Tage später eintreffenden beiden schweren Kompanien wurden von Rommel am 19. April unter Führung von
Major Schraepler, Rommels Adjutant, auf Tobruk angesetzt und
— scheiterten an dieser Aufgabe.

Zur gleichen Zeit, da sich ostwärts Tobruk die AA 3 und die
Kampfgruppe Knabe mit dem Gegner herumschlugen, plante
Rommel die endgültige Inbesitznahme von Tobruk.

Im Raum Bardia—Capuzzo—Sollum unterstanden alle Verbände der Kampfgruppe Herff, die von Oberst Maximilian von
Herff geführt wurde. Der Auftrag, den General Rommel am 14.
April Oberst Herff gegeben hatte, lautete: »Decken der Grenze
nach Ägypten. Verhindern eines jeden Eindringens des Gegners
von Osten und dessen Einwirkung auf die Einschließungsfront
bei Tobruk.

Neben der AA 3 und der Kampfgruppe Knabe standen ihm
dazu noch die Panzerjäger-Abteilung 33 und die Flak des Regiments 18 — soweit sie nicht um Tobruk bereitstand — unter Major
Hecht zur Verfügung.

Sein Gegner hier war die »Mobile Force«, die von Brigadier
Gott geführt wurde. Sie war mit Spähwagen und Artillerie aus-
gerüstet und erhielt immer wieder Unterstützung durch die
Royal Air Force, während die Verbände des 10. Flieger-Korps seit
dem 6. April 1941 auf dem Balkan eingesetzt waren, wo der
Feldzug gegen Jugoslawien und Griechenland begonnen hatte.

Als Brigadier Gott auch noch die aus Ägypten nach Westen in
Marsch gesetzte 22. Garde-Brigade zugeführt wurde, war für die
Kampfgruppe Herff die Aufgabe beinahe unlösbar geworden.

Rommel, der am 19. April für einen Tag der Tobruk-Front
den Rücken gekehrt hatte, um die Kampfgruppe Herff zu besuchen, befahl die Sicherung des ungeschützt liegenden Hafens
von Bardia. Die schwere Kompanie der AA 3 fand tatsächlich
am anderen Morgen bei der Durchsuchung der Küstenwadis die
Reste eines britischen Landungsunternehmens in Stärke von
einem Major und 59 Soldaten, die in die Gefangenschaft gingen.

Oberst Herff ließ die in Besitz genommenen Forts von
Capuzzo und Ober-Sollum ausbauen. Um dem Gegner auch die
Möglichkeit zu nehmen, südlich Capuzzo vorzuprellen, trug

Herff General Rommel vor, den in der Hand des Gegners befindlichen Halfaya-Paß zu nehmen.

»Ich stimme zu, Herff«, sagte Rommel. »Aber ich behalte mir den Zeitpunkt der Ausführung vor.«

Da auch der Gegner seit dem 22. April mit starken Panzerverbänden in diesem Raum operierte, erhielt die Gruppe Herff den typisch Rommelschen Befehl, »die Abwehr an der ägyptischen Grenze offensiv zu führen. Hierzu ist ständig Aufklärung nach Süden und Südosten zu betreiben und bei Feststellung von Feind diesem entgegenzugehen und ihn zu schlagen.« (Aus dem Kriegstagebuch des DAK vom 24. April 1941.)

Am 24. April stieß die Gruppe Herff nach Süden auf den Grenzzaun vor. Dieser Angriff scheiterte im starken Artilleriefeuer des Gegners.

Am Nachmittag des 26. April wurde der Vorstoß ein zweitesmal versucht. Mit Vollgas jagten die motorisierten Schützen durch das Artilleriefeuer. Es gelang ihnen, die Feuerwalze zu unterfahren und in den schnellen VW-Kübelwagen den Gegner zu täuschen, der darin leichte Panzer vermutete. Als es dunkel wurde, war der Einbruch in die Feindstellungen oberhalb des Halfaya-Passes geschafft. Während dessen riegelte die AA 3 nach Westen hin ab. Da Oberst Herff nach dort aufklingendem Feindfeuer einen feindlichen Gegenstoß vermutete (die Funkverbindung klappte nicht), ließ er seine Truppe bis auf den Grenzzaun zurückgehen.

In aller Frühe des 27. April schickte er jedoch wieder Spähtrupps vor. Diese fanden den gesamten Raum bis hin zum Halfaya-Paß feindfrei. Der Gegner hatte sich — das ergab die weitere Aufklärung — bis nach Buqbuq abgesetzt. Sofort schob die Kampfgruppe Herff kampfstarke Sicherungen in die Linie Sidi Omar—Sidi Suleiman—Halfaya-Paß vor.

In der Nacht zum 28. April wurden jedoch die Kradschützen und die Panzerjäger-Abteilung 33 »zu neuer Verwendung nach Tobruk zurückbefohlen«.

Die Lage in Afrika schien in Deutschland ungewisser denn je. Aus diesem Grund wurde Generalleutnant Paulus, Oberquartiermeister des Generalstabes des Heeres, am 23. April damit beauftragt, einige Maßnahmen für Afrika zu treffen. Es waren dies: die Bereitstellung von fünf einzelnen Infanterie-Bataillonen des Pionier-Lehrbataillons, die für den Festungskampf besonders gut geeignet waren, Bereitstellung von zwei schweren Küstenbatterien und die Beschleunigung des Transportes der noch in Neapel liegenden Teile der 15. Panzer-Division.

»Sagen Sie Rommel«, schärfte Generaloberst Halder Paulus ein, »daß er sich bis zum 5. Mai halten muß. Bis dahin wird die Masse der 15. Panzer-Division gelandet sein.«

Darüber hinaus beantragte das OKH beim Oberkommando der Wehrmacht die Zusammenstellung von zwei Lufttransportgruppen für die beschleunigte Überführung der Pioniere und der Schützen der 15. Panzer-Division nach Nordafrika.

Da sich der Griechenland-Feldzug seinem Ende zuneigte, erhielt das 10. Flieger-Korps am 25. April die Weisung, den Transport der im Raum Neapel liegenden Teile der 15. Panzer-Division mit den zwei vom OKW zur Verfügung gestellten Transportgruppen nach Derna durchzuführen und die Sicherung der Transporte in der Luft zu übernehmen.

»Berichten Sie Rommel, daß hier alle genannten Erleichterungen und Hilfen angelaufen sind«, sagte Halder zu dem OKH-Abgesandten. »Falls Sollum verlorengehen sollte, haben Sie weitere Widerstandsmöglichkeiten zu erkunden. Sie sind hiermit ermächtigt, im Namen des Oberbefehlshabers des Heeres Weisungen zu erteilen, Paulus!«

Auch die arg dezimierten Teile der 5. Leichten Artillerie-Division erhielten auf dem Luftweg Neuzuführungen.

Dem Fliegerführer Afrika wurden weitere Jagd- und Kampfverbände in Aussicht gestellt.

Rommel selber hatte sich am 25. April, als eben Generalleutnant Paulus in Rom eingetroffen war, dazu entschlossen, seine vorgesehene Taktik, mit allen Verbänden auf der gesamten Frontbreite anzutreten, zu ändern. Er befahl den Hauptstoß beiderseits des Ras el Madauar durch starke Kampfgruppen der beiden deutschen Divisionen.

Er wollte um den 1. Mai herum erneut angreifen. Starke Stoßtrupps sollten bereits in der Nacht des 30. April im Schutz der Dunkelheit in den Festungsgürtel eindringen und einen Brückenkopf gewinnen, aus dem heraus die Angriffstruppen am anderen Morgen vorbrechen konnten.

Als Generalleutnant Paulus am 27. April auf dem Gefechtsstand des DAK vor Tobruk eintraf, erfuhr er erste Einzelheiten über diesen geplanten Angriff, der zum erstenmal ein wirklicher planmäßiger Angriff mit *allen* verfügbaren deutsch-italienischen

Kräften werden sollte. Paulus behielt sich eine Stellungnahme bis nach der Prüfung der Lage vor.

In den zwei darauffolgenden Tagen erfuhr Generalleutnant Paulus von den beiden Divisionskommandeuren, daß auch sie den Angriff wünschten und ihn für aussichtsreich hielten. So gab er schließlich am 29. April dazu seine Zustimmung. General Gariboldi hatte diese bereits am 28. April erteilt. Der Angriffsbefehl an die Truppe hing hinaus.

Sturm auf Ras el Madauar

»Stoßregiment der 15. Panzer-Division steht unter Ihrer Führung, Holtzendorff. Sie, Kirchheim, führen die zweite Angriffsgruppe. Dazu werden Ihnen das MG-Bataillon 2 mit unterstellten Pionier-Stoßtrupps zur Verfügung stehen. Wichtig ist, daß wir den Ras el Madauar sehr schnell in die Hand bekommen.«

Rommels Worte waren eindringlich, und diejenigen, denen sie galten, wußten, daß es diesmal darum ging, nicht nur den Sieg zu erringen, sondern auch den Abgesandten des OKH zu überzeugen.

Auf australischer Seite hatte das 24. Bataillon der 9. Australischen Division den schmalen Abschnitt beiderseits des Ras el Madauar am 28. April vom 48. Bataillon übernommen. Die 20. Infanterie-Brigade, die beiderseits dieser Höhe befehlsführend war, sprach — trotz der Feststellung dichter Bewegungen deutscher Infanterie und trotz der Luftangriffe von 20 Stukas um 18.15 Uhr gegen den Südhang des Ras el Madauar und eines weiteren von 30 Maschinen kurze Zeit darauf auch gegen den Nordhang — noch von einem »nur mit halbem Herzen unternommenen Feindangriff«.

Um 19.15 Uhr traten dann die beiden Kampfgruppen mit ihren Stoßtrupps voraus zum Angriff an, nachdem der letzte Schuß des eigenen Artilleriefeuers verhallt war.

In der Gruppe Kirchheim mit dem MG 2 standen auch Pionier-Stoßtrupps im Einsatz, an ihrer Spitze Oberleutnant Cirener, der mit einer kleinen Gruppe mehrere Bunker und Stellungen aus dem Ras el Madauar heraussprengte.

An der Spitze seiner 3. Kompanie des MG 2 stürmte Oberleutnant Muntau vorwärts. Als Cirener ihm den Weg geebnet hatte, gelang es ihm mit den Männern, den Ras el Madauar im entschlossenen letzten Ansprung, mit MG und MPi schießend, Handgranaten werfend, um 20.15 Uhr in Besitz zu nehmen. Die letzten Australier ergaben sich hier.

Oberleutnant Cirener gehörte zu den Gefallenen dieses kurzen, aber erbarmungslosen Kampfes um den Ras el Madauar.

Als es darum ging, die Bunker und Stellungen des Südhanges zu erobern, blieben die deutschen Angriffskräfte im verbissenen Abwehrfeuer der Australier liegen. Gegenstöße der Australier wurden abgewiesen.

Die Masse des MG 2 erreichte im weiteren Vorstoß nach Osten das erste Angriffsziel, etwa 1,5 Kilometer ostwärts des Ras el Madauar.

Als die 2. Kompanie dieses Bataillons im Morgengrauen des 1. Mai die Werke auf und dicht südlich der Höhe erstürmt hatte, war die Einbruchstelle gesichert.

Bei der 15. Panzer-Division hatte sich der nächtliche Angriff nicht so erfolgreich gestaltet. Das I./Schützen-Regiment 115 erzielte zwar rasch den ersten Einbruch entlang der Piste Acroma—Pilastrino, und auch der anschließende Durchstoß zum Pistenkreuz auf Punkt 187 (1,5 Kilometer nordostwärts des Ras el Madauar) gelang mit kleinen Gruppen. Dann jedoch wurden die Angreifer in heftige Kämpfe mit den Stützpunktbesatzungen verwickelt.

Als zur Unterstützung der schwer ringenden Schützen das Pionier-Bataillon 33 nach vorn gezogen wurde, geriet es mitten in die Stützpunktlinie und erlitt schwere Verluste.

Um 02.00 Uhr ging schließlich auch das Stoßregiment, das aus dem Kradschützen-Bataillon 15 und einem Bataillon der Schützen bestand, vor. Dem K 15 gelang der Vorstoß entlang der Piste bis zum Punkt 187. Die Schützen stießen jedoch auf starken Widerstand im Stützpunktgürtel. Alle Offiziere fielen tot oder verwundet aus.

Erst als im Morgengrauen das Panzer-Regiment 5 mit der II. Abteilung im Angriffsstreifen der Gruppe Kirchheim vorgezogen wurde, lief es auch hier. Die Panzer schalteten im direkten Beschuß die Werke S 6 und S 7 aus, so daß diese Hindernisse von der Infanterie erstürmt werden konnten.

Als sich am Morgen gegen 08.00 Uhr der seit Mitternacht herabgesunkene Nebel hob, eröffnete die Feindartillerie ein mörderisches Feuer auf die eingedrungenen deutschen Einheiten.

Der letzte Angriff des Stoßregiments kam bis über den feindlichen Minenriegel einen Kilometer ostwärts des Festungsgürtels hinaus. Dann erlahmte der Angriff. Alles grub sich ein.

Der Angriff der Gruppe Kirchheim mit den noch übriggebliebenen Panzern und dem MG 2 auf das Fort Pilastrino, der unter Ausnutzung eines Stuka-Angriffs angetreten wurde, stieß nach wenigen hundert Metern auf den erwähnten Minengürtel. Damit war das Vorgehen der Panzer nicht mehr möglich. Das MG 2 erreichte allein weiterstürmend das Gelände tausend Meter südlich Giaida, erhielt hier von links und rechts aus den Flanken Feuer und grub sich ein.

Um 09.00 Uhr erschien General Rommel an der Bresche des Stützpunktgürtels. Er befahl Generalmajor Kirchheim, den Angriff mit den Panzern sofort fortzusetzen. Als Generalmajor Kirchheim eben nach vorn gefahren war, brachte ihm ein Melder jedoch den Gegenbefehl. Der Angriff nach Osten sollte nunmehr eingestellt, die Panzer nach Südosten eingedreht und die Stützpunktfront weiter aufgerissen werden.

Damit wollte Rommel, der die »Ariete« einsetzen wollte, dieser Division den Weg in die Festung hinein bahnen.

Der Angriff auf die flankierenden Festungswerke begann. Diesmal war es die 2-cm-Flak des Fla-Bataillons 606, die, erstmals als Sturmwaffe eingesetzt, die Pioniere nach vorn boxte, so daß sie die Werke R 4 und R 5 mit Panzerunterstützung nehmen konnten.

Britische Panzer tauchten auf. Das Duell der Panzer beider Seiten forderte ebenfalls Opfer. Erst am späten Nachmittag konnte auch Werk 6 und am anderen Morgen das Werk R 7 gestürmt werden.

Generalleutnant Paulus, der ebenfalls zur Einbruchstelle vorgefahren war, erkannte, daß die Front des am weitesten nach vorn gestürmten MG 2 wie ein Balkon aus der übrigen Front heraussprang und daß das Bataillon stark gefährdet war. Ihm schien eine Fortsetzung des Angriffs nicht erfolgversprechend, vor allem auch wegen der Übermüdung der Truppe und des einsetzenden Sandsturmes. General Rommel schloß sich dieser Lagebeurteilung an und befahl das Einstellen des Angriffs für den 1. und auch für den 2. Mai.

Am anderen Morgen überreichte Generalleutnant Paulus dem DAK eine schriftliche Weisung, in welcher er unter anderem zum Ausdruck brachte, daß die Kräfte des DAK nicht ausreichten, den hartnäckigen Widerstand des Gegners zu brechen. Für das DAK sei der Besitz der Cyrenaika, von Sollum und Bardia von entscheidender Bedeutung. Weniger wichtig sei, ob dieses Gelände mit oder ohne Tobruk in deutschem Besitz sei.

Rommel mußte nunmehr, nachdem am folgenden Tag diese Weisung auch vom OKH bestätigt worden war, auf jeden Fall vor der Weiterführung des Angriffs gegen Tobruk die Genehmigung des OKH dazu einholen.

Nachdem die Kradschützen in der Nacht des 4. Mai aus der Front herausgezogen werden mußten, wurde es still um Tobruk. Die gewonnenen Geländestreifen im Stützpunktbereich waren vom Feind einzusehen und wurden dauernd mit Artilleriefeuer belegt. Unter der Hitze des Tages, von der Fliegenplage gepeinigt, in der Kälte der Nacht durchgeschüttelt, hielten die Soldaten dort aus. Sie mußten bei Tage ihre Notdurft in einem Deckungsloch verrichten. Der Kräfteverfall war rapide, und dann traten die ersten Ruhrfälle auf. Die Situation war unerträglich, und Erwin Rommel schrieb in sein Tagebuch: »Es herrschten wahrhaft entsetzliche Zustände.«

Als Generalleutnant Paulus am 7. Mai 1941 Nordafrika verließ, hatte er sich ein vollständiges Bild von der Lage gemacht. Er meldete wenig später Generaloberst Halder: »Das Problem in Nordafrika liegt nicht in Tobruk und Sollum, sondern im Nachschub.«

Dieser Teil des Afrika-Feldzugs, der bislang noch nicht dargestellt wurde, sollte in diesem Report über den Einsatz deutscher Truppen in der Wüste umfassend gestaltet werden, um aufzuzeigen, *was* im Raum Tobruk geleistet wurde, und daß diese Kämpfe zu den härtesten gehörten, die in Afrika ausgefochten wurden.

Dies brachte auch Rommel zum Ausdruck, als er am 4. Mai 1941 in das Kriegstagebuch des Deutschen Afrika-Korps die Eintragung vornehmen ließ: »Der Kampf um den Ras el Madauar wird als einer der härtesten des Afrika-Krieges in die Geschichte eingehen.«

Die Sommerschlacht bei Sollum

Das Vorspiel: Sturm auf den Halfaya-Paß

Am 10. Mai 1941 hatte General Rommel der Kampfgruppe Herff noch einmal den Auftrag bestätigt, der in offensiver Abwehr und ebensolcher Aufklärung bestand. Diese deutsche Kampfgruppe stieß trotz der Versorgungsschwierigkeiten am 12. Mai über 50 Kilometer weit nach Ägypten hinein.

Der Halfaya-Paß schien durch eine Kompanie des Kradschützen-Bataillons 15 und eine italienische Batterie vollkommen gesichert zu sein.

Am frühen Morgen des 15. Mai griff Brigadier Gott mit seiner stellten Infanteriepanzern gegen den Gipfel des Halfaya-Passes Dazu setzte er drei Kampfgruppen in Bewegung. Es waren dies

a) in der Küstenebene: ein verstärktes Infanterie-Bataillon gegen den Fuß des Halfaya-Passes und gegen Ober- und Unter-Sollum;

b) auf der Hochfläche: die 22. Garde-Brigade mit 24 unterstellten Infanteriepanzern gegen den Gipfel des Halfaya-Passes und gegen Capuzzo;

c) westlich davon: die 7. Panzer-Brigade mit 29 Crusader-Panzern, Spähwagen, Artillerie und Pak, mit dem Ziel, über Sidi Suleiman auf Sidi Azeiz vorzustoßen.

Dieser dreifache Schlag drang durch, und bis zum Nachmittag des 15. Mai war der gesamte Paß und die Hochfläche in britischer Hand. Nur zwölf Soldaten der Paßbesatzung konnten entkommen.

Gleichzeitig damit gelang es diesem starken Gegner, entlang der Höhenstufe von Habata nach Nordwesten rollend und in Höhe Sollum nach Norden auf Fort Capuzzo eindrehend, Sollum und Capuzzo wiederzuerobern. Die Kampfgruppe Herff wurde Zug um Zug weiter nach Norden abgedrängt.

Bereits am Morgen hatte Oberst von Herff die ihm zur Verfügung stehenden 24 Panzer, darunter jedoch nur drei Panzer IV, zum Gegenstoß auf den Halfaya-Paß angesetzt. Südlich Capuzzo wurden sie jedoch bereits von britischen Infanteriepanzern abgefangen und ebenfalls nach Norden zurückgedrängt. Die in

Capuzzo verteidigende italienische Abteilung Montemurro wurde nach hartem Kampf überwältigt.

Aus der Westflanke wurde schließlich von der eigenen Aufklärung das Vorgehen starker gepanzerter Teile auf Sidi Azeiz gemeldet.

Im Gegenstoß gelang es den deutschen Panzern kurz nach Mittag, die Reste der Abteilung Montemurro zu befreien. Das Kradschützen-Bataillon nutzte diesen Stoß aus und rollte mit größter Fahrt vor und gewann Capuzzo zurück. Die 1. Durham Light Infantry verlor hier 29 Tote und 64 Gefangene.

Rommel schickte sofort die soeben eingetroffenen Panzer der I./PR 8 nach El Duda. El Adem wurde von den Panzern der Division »Ariete« besetzt.

Als Rommel von der Zurückgewinnung von Capuzzo durch die Kradschützen hörte, bat er Oberstleutnant Hans Cramer, den Kommandeur der 8. Panzer-Division, zu sich.

»Können Sie sofort mit der Ersten Abteilung antreten, Cramer?« fragte er den Regimentskommandeur, und als dieser nickte, fuhr Rommel fort: »Sie stoßen mit der Ersten Abteilung und je einer leichten und schweren Flak-Batterie auf Sidi Azeiz vor und stellen dort die Lage wieder her.«

Inzwischen hatte auch Oberst Herff die zwölf noch einsatzbereiten Panzer des PR 5 dreimal nacheinander gegen den starken Panzerfeind bei Sidi Azeiz zum Ansatz gebracht. Diese Angriffe scheiterten.

Oberst Herff setzte sich nach Einbruch der Dunkelheit südlich Bardia nach Westen ab und beließ nur noch schwache Sicherungen in diesem Raum. Seine Absicht war es, sich am anderen Morgen mit den aus Westen anrollenden Panzern des PR 8 zu vereinigen und den Gegner erneut anzugreifen. Dies meldete er auch Rommel.

General Rommel ließ über Funk zurückgeben: »Feind weit überschätzt. Sonst im allgemeinen einverstanden. Frühzeitig über Sidi Azeiz nach Süden antreten. Vom Angriff hängt Gesamtlage Tobruk ab.«

Westlich Sidi Azeiz trafen sich am Morgen des 16. Mai die beiden Kampfgruppen. Der Gegner hatte sich in der Nacht nach Süden abgesetzt, und die Panzer, nunmehr von Oberstleutnant Cramer in ihrer Gesamtheit geführt, stießen 15 Kilometer tief nach Süden nach, ohne Feindberührung zu bekommen. Betriebsstoffmangel zwang sie zum Halten.

Die Gruppe Herff bezog nun wieder ihre alten Stellungen. Ober-Sollum, das noch vom Feind besetzt war, wurde zurückgewonnen.

Am Nachmittag kam eine Versorgungskolonne vor und brachte für den Panzerverband Cramer Betriebsstoff für 70 Kilometer Fahrt. Oberstleutnant Cramer stieß nunmehr gegen Sidi Suleiman vor. Hier kam es zum Panzerkampf gegen die 7. Panzer-Brigade. Wegen Betriebsstoffmangels mußte der Rückmarsch nach Capuzzo angetreten werden.

Die Briten gaben den Kampf auf. Sie wollten erst die neuen Panzer herankommen lassen, ehe der Kampf fortgesetzt wurde. Lediglich im Halfaya-Paß blieb ein verstärktes Bataillon der 22. Garde-Brigade mit neun Mark-II-Panzern zurück. Sie sollten die Paßhöhe unter allen Umständen halten.

Am Morgen des 23. Mai befahl das DAK das Unternehmen »Skorpion« — Wegnahme des Halfaya-Passes. Am Nachmittag des 26. Mai begann dieser Angriff, der von drei Gruppen vorgetragen und unterstützt wurde. Die drei Panzerabteilungen der Gruppe Cramer, die durch Flak und Pak verstärkt worden waren, stießen ostwärts der Höhe 206 nach Südosten vor und drückten den Gegner bis zehn Kilometer weit südlich des Halfaya-Passes zurück. Die AA 3 und die AA 33, in der Gruppe Wechmar zusammengefaßt, schirmte auf der rechten Flanke diese Bewegungen nach Süden und Südwesten ab. Die dritte Gruppe war das links der Gruppe Wechmar vorgehende verstärkte Schützen-Bataillon unter Hauptmann Wilhelm Bach. Diese Kampfgruppe ging am Djebel-Rand entlang vor — ein Teil am oberen Rand der Hochfläche, der zweite Teil unten in der Ebene.

Die Kradschützen unter Oberstleutnant Knabe bildeten die Reserve.

Im Feuer der Panzer und Artillerie der Paßbesatzung blieb der Angriff der Gruppe Bach bald liegen.

»Konzentrischer Angriff morgen mit dem ersten Büchsenlicht unter Hinzuziehung der Reserven!« befahl Rommel.

Mit dem ersten Büchsenlicht des 27. Mai stürmten die Schützen unter Hauptmann Bach vorwärts. Sie erreichten das Wadi Qualada und wurden hier ein zweitesmal durch das starke Feindfeuer in Deckung gezwungen. MG-Feuer und Feldgeschütze hielten die Gruppe nieder. Hauptmann Bach rief den Gefechtsmelder zu sich.

»Holen Sie die 3,7-cm-Pak nach vorn!« befahl er dem Unteroffizier.

Als die Pak vorgerollt kam, ließ »Papa« Bach, wie der Pastor von seinen Soldaten genannt wurde, die Pak an den von ihm bezeichneten Punkten in Stellung gehen und das Feuer auf die MG-Nester des Gegners und die Feldgeschütze eröffnen. Doch infolge des starken Gegenfeuers lagen die Salven schlecht, weil niemand da war, der die Pak hätte einweisen können.

Da sprang der Hauptmann aus Württemberg auf die Deckung, hob sein Fernglas und suchte den Gegner. Er verschwand sofort wieder hinter der Deckung, und keine Sekunde darauf meckerte der Feuerstoß über diese Deckung hinweg.

Hauptmann Bach wies das Geschütz ein, und nun schlugen die Granaten mitten in die Feindstellung und rissen die MG auseinander. »Nun, Jungs, mir nach!«

An der Spitze seines Bataillons stürmte Hauptmann Bach, 49 Jahre alt, vor seinen Männern her. Sie folgten ihm, einer brüllte »Hurra«, und dann schrien es alle und stürmten die feindliche Stellung.

Gleichzeitig mit ihnen waren die Kradschützen unter Oberstleutnant Knabe vorgestürmt, und zwar auf der anderen Seite des Passes. Die Panzer von Oberstleutnant Cramer rollten mit ihnen vor und zerschossen die MG-Stellungen und die Artillerie-Batterien.

Der Halfaya-Paß war in deutscher Hand. Es war genau 06.15 Uhr, eindreiviertel Stunden nach Beginn des Angriffs.

Mit dem letzten Liter Benzin hatte Cramer den Angriff seiner Panzer gewagt und — gewonnen. Nunmehr lagen sie jedoch fest. Nur die Schützen saßen auf und verfolgten den zurückweichenden Gegner. Im Bewegungskampf in der Wüste war Oberstleutnant Cramer, einer der ganz »Alten« der Panzertruppe, zum erstenmal angetreten und seine Panzer hatten dank ihrer höheren Geschwindigkeit die schweren Mark-II-Panzer überwunden.

Jetzt befahl das DAK die Einrichtung einer Stützpunktfront in der Linie Höhe 208 (vom Gegner Hafid Ridge genannt) — Höhe 206 — Halfaya-Paß — Küstenebene. Sie sollte mit allen Mitteln verteidigt werden. Ihr Ausbau und vor allem ihre Bevorratung mit Wasser, Munition und Treibstoff wurde sofort angekurbelt. Die Stützpunkte wurden zur Rundumverteidigung eingerichtet. Die Division »Pavia« löste bis zum 8. Juni die Division

»Ariete« und dann bis zum 12. Juni auch die 15. Panzer-Division ab, die wiederum als Korpsreserve im Raum Acroma—el Adem bereitgestellt wurde.

»Es ist klar«, sagte Rommel, »daß der Gegner bald zu einer neuen Offensive antreten wird. Er soll uns abwehrbereit finden. inzwischen werden wir versuchen, den Nachschub rascher nach vorn zu bringen. Um dies tun zu können, müssen wir die Umgehungspiste um Tobruk ausbauen.«

In einer sagenhaften Leistung gelang es italienischen Pionieren und Arbeits-Bataillonen, diese 75 Kilometer lange Umgehung in der glühenden Hitze des afrikanischen Sommers binnen weniger Monate fertigzustellen. Auf dieser neuen, sechs bis acht Meter breiten Asphaltpiste sollte in Zukunft der Transport besser voranrollen als jemals zuvor.

Wie aber stellte sich die Lage beim Gegner dar? Verfügte er nach den ihm beigebrachten Niederlagen noch über genügend Panzer, um den Wüstenkrieg weiterführen und eine neue Offensive starten zu können?

Operation »Tiger« und die Vorbereitungen zu »Streitaxt«

Am 6. Mai 1941 passierte ein britisches Nachschubgeleit mit der Kennbezeichnung »Tiger« die Straße von Gibraltar und lief auf Ostkurs durch das Mittelmeer nach Alexandria. Von den fünf schnellen Großtransportern, um die es ging, lief der 9228 BRT große Frachter »Empire Song« auf eine Mine und sank. Die vier übrigen schnellen Schiffe kamen nach Alexandria durch. An Bord hatten sie 238 Panzer, davon ein Teil allerdings überholungsbedürftig — und 43 Jagdflugzeuge.

Damit standen dem britischen Oberbefehlshaber in der Wüste, General Wavell, in Kairo wieder genügend Panzer zur Verfügung, um die von ihm geplante Offensive beginnen zu können, sobald alle Panzer überholt waren.

Am 10. Juni meldete General Wavell dem Empire-Generalstab über Funk seinen Plan:

»Ein Teil der 4. Indischen Division, geführt von ihrem Kommandeur, General Messervy, wird zwischen dem Meer und dem Steilabfall vorgehen. Eine zweite indische Kampfgruppe wird im

1941

UNSEREN
ERSTEN GEFALLENEN
VOM DEUTSCHEN
AFRIKA-KORPS
5.LE.DIV.(MOT.)

Oben: Ehrenmal
für die ersten
Gefallenen
der 5. Leichten
Afrika-Division.

Rechts:
Achtung, Minen!

Oben: *Auf Feindflug.*
Unten: *Die Ju 52 brachte viele »Afrikaner« über das Mittelmeer.*

Unten: Panzer der Division »Ariete«.

*Abgeschossene Vickers
Wellington.*

*Feindjäger, von der
Flak abgeschossen.*

Zentrum des Angriffsstoßes gegen den Halfaya-Paß und den Raum Capuzzo angesetzt.

Die 7. Panzer-Division, General O'Moore Creagh, operiert im freien Süden. Sie gewinnt Gelände nach Westen, schwenkt um Sidi Omar herum und stößt dann von Norden dem Gegner in den Rücken. Die 4. Panzer-Brigade dieser Division wird zu besonderer Verwendung abgetrennt und unterstützt die 22. Garde-Brigade beim Angriff auf Capuzzo. Nach Erfüllung dieser Aufgabe kehrt sie zur 7. Panzer-Division zurück.

Unsere Absicht ist es, im Süden den Gegner zu treffen und mit unseren gepanzerten Hauptkräften zu schlagen. Voraussetzung ist, daß die neuen Crusader-Panzer den Anforderungen des Wüstenkrieges voll entsprechen.«

Der deutsche Horchfunk, der in den Wochen des Mai-Juni den feindlichen Funk beinahe lückenlos überwachte, stellte seit dem 10. Juni immer mehr Hauptfunkstellen im freien Raum in der Wüste fest. Am 14. Juni horchte sie im Raum Habata, 60 Kilometer südostwärts Sollum, eine Divisions-Funkstelle und die einer Panzer-Brigade. Als am 14. Juni das Stichwort »Peter« gegeben wurde, war der Angriffstermin zum 15. Juni von deutscher Seite erkannt.

Um diesem Angriff wirksam begegnen zu können, hatte Rommel die Marschbereitschaft der 5. Leichten AD zum 15. Juni um 05.00 Uhr befohlen. Eine Abteilung des PR 5, verstärkt durch eine Batterie leichter Feldhaubitzen, wurde noch in der Nacht zum 15. Juni zum Trigh Capuzzo in Marsch gesetzt, um über diese Wüstenpiste den Raum südlich Gambut zu erreichen und die Tobruker Einschließungsfront nach Osten zu sichern.

Der 15. Panzer-Division wurde Befehl gegeben, die Stellungen zu halten und insbesondere die Festung Bardia auf keinen Fall aus der Hand zu geben.

Um einen möglichen Ausfall der Festungsbesatzung von Tobruk zu verhindern, wurde ab Mitternacht des 15. Juni Störungsfeuer in die Festung hineingeschossen.

Was für die Truppen des DAK besonders erschwerend ins Gewicht fiel, war die Tatsache, daß der Oberquartiermeister Afrika am 13. Juni folgende Meldung abgab: »Die Brennstofflage ist beängstigend. Es können keine großen Bewegungen durchgeführt werden. Für den Fall eines Angriffs größte Bedenken.«

Bereits in der Nacht zum 15. Juni 1941 wurde durch die stehenden Panzerspähtrupps der 15. Panzer-Division das Nahen großer Feindverbände, überwiegend Panzer, gemeldet.

Die britischen Truppen hatten am Nachmittag unter General Beresford-Peirse den Vormarsch angetreten. Als die Masse der beiden britischen Divisionen am 15. mit dem ersten Büchsenlicht zum Angriff antrat, waren die deutschen Stellen nicht überrascht. Die an der Küste vorgehenden Inder mit der 4. Tank-Brigade hart am Meer und der indischen Infanterie auf und neben der Via Balbia kamen nicht vorwärts. Aus dem Halfaya-Paß und von den Höhen davor schoß die 8,8-Flak nacheinander elf der zwölf angreifenden Matilda-Panzer ab. Als sechs weitere Mark II folgten, gerieten davon vier auf Minen und blieben bewegungsunfähig liegen. Die südlich davon mit Westkurs vorgehende 7. Panzer-Division erreichte, am Punkt 206 vorbeistoßend, Capuzzo und nahm das Fort in Besitz. Die 7. Tank-Brigade, die noch weiter südlich frontal gegen den Hafia Ridge angerollt war, wurde von einem vernichtenden Feuer deutscher 8,8-Flak getroffen und wich nach beiden Seiten aus und drehte ab.

Der Vorstoß kam zum Erliegen, und die Abnutzungsschlacht, die Rommel seinem Gegner aufzwang, führte zum Verlust starker Panzerkräfte. Wie dies alles von deutscher Seite aussah, soll im folgenden Abschnitt aus den Schwerpunkten des Kampfes berichtet werden.

Flak auf der Höhe 208

Auf dem Stützpunkt der Höhe 208, 30 km südwestlich Capuzzo, hatte sich seit Anfang Juni die 1. Oasen-Kompanie unter Oberleutnant Paulewicz eingegraben. Italienische Pioniere hatten zuvor Schützenlöcher, MG-Stände und Kampfstände in den felsigen Boden dieser Höhe hineingesprengt. Ein Zug 3,7-cm-Pak war hier eingebaut worden, um nach Osten und Südosten zu wirken. Dann wurde noch die 3. Batterie der I./Flak-Regiment 33 unter Führung von Oberleutnant Ziemer auf diese Höhe vorgezogen. Ihre vier Geschütze wurden eingegraben und durch Sandsackumwallungen geschützt.

Diese Batterie war aus ihrer Riegelstellung ostwärts Bardia herausgenommen worden, wo sie als Feuerwehr den einzelnen

Verbänden zugeteilt gewesen war. Zehn Tage war sie mit dem Kradschützen-Bataillon 15 im Raum Sidi Azeiz gewesen und hatte dort britische Artillerie auf Distanz gehalten, sowie schnelle feindliche Panzervorstöße abgewehrt. Als Oberleutnant Ziemer, der die Batterie von Hauptmann Fromm übernommen hatte, der die gesamte Abteilung führte, diese Höhe besichtigte, stellte er fest, daß er hier ein beinahe vorbildliches Schußfeld auf jeden von Osten, Südosten und Süden anrollenden Gegner haben würde.

Der Posten auf der Höhe 208 hörte noch vor Tagesanbruch die Geräusche vieler vorrollender Panzer, die nach der Richtung nur Engländer sein konnten. Es gab Alarm, und sowohl die Oasen-Kompanie als auch die Flak-Batterie standen zwei Minuten später einsatzbereit.

Es war der Gefreite Huebner, Richtschütze des Geschützes »Anton«, der den Gegner sichtete.

»Dreißig Feindpanzer im dichten Pulk im direkten Vorrollen auf Höhe 208!«, meldete er. Sekunden später begann das englische Artilleriefeuer.

»Es geht los!« rief Oberleutnant Ziemer den Männern seiner Batterie zu. Aber als die vier Flak 8,8 das Feuer eröffneten, drehten die anrollenden Panzer und verschwanden in den von ihnen aufgewirbelten Sandwolken.

»Die sind weg!«, meinte einer von der Besatzung des Geschützes »Anton«.

»Aber sie kommen wieder«, sagte Unteroffizier Heintze — und so war es. Doch zunächst feuerte die Artillerie der Tommys, und die Schüsse trafen alle. Die Höhe schien förmlich zu explodieren. Später sollte sich herausstellen, daß die Engländer den Hafid Ridge genau vermessen hatten und daß ihre Schußsicherheit daher rührte.

Um 11.00 Uhr erschienen die Panzer abermals. Diesmal kamen die Männer, die sie zählten, auf die Zahl 70. Viele von ihnen waren solche des Typs Mark II.

»Bis auf tausend Meter herankommen lassen!«, befahl Ziemer.

Erst als die F-Messer die Zahl 1000 durchgaben, wurde das Feuer eröffnet. Die Granaten heulten zum Gegner hinüber. Die ersten »Waltzing Matilda« wurden getroffen. Im direkten Beschuß schlugen die Granaten dieser für die Engländer neuen Waffe durch und setzten binnen weniger Minuten elf Mark II außer Gefecht, ohne daß auch nur ein einziges Geschütz auf der Höhe ausgefallen wäre.

Als dann auch im Rücken der Höhe Panzer erschienen, schien das Schicksal des Hafid Ridge entschieden zu sein. Doch zu aller Erleichterung waren es eigene Panzer, die in den Kampf eingriffen und somit die wenigen Verteidiger der Höhe zu einer Verschnaufpause kommen ließen.

Es wurde Nachmittag, ehe eine weitere Panzergruppe sich aus den Staubfahnen löste. Dahinter stand eine weitere dicke Wolke, aus der ein zweiter Panzerpulk auftauchte. Es mochten etwa 40 und 20 Panzer sein, deren Ziel wiederum die Höhe 208 war, die den gesamten Raum beherrschte und als Fels in der Brandung wirkte, der zuerst genommen werden mußte, wenn man sicher sein wollte, nicht aus dem Rücken angegriffen oder Ziel von Gegenstößen zu werden.

Die 20 Panzer der zweiten Stoßtruppe griffen den Hafid Ridge direkt an, während die vorausrollenden 40 Panzer die Höhe im Süden passierten. Abermals gab Oberleutnant Ziemer erst auf tausend Meter Distanz den Feuerbefehl. Die grellen Abschüsse wurden Sekunden später von ebenso grellen Trefferblitzen beantwortet. Aus dieser kurzen Distanz verschmolzen beinahe Abschuß und Einschlag zu einem einzigen dumpfen Schlag. Die nächsten Panzer blieben liegen. Die 8,8-Granaten schlugen durch und töteten die Besatzungen. Brennende und glosende Panzer standen in der Wüste. Munitionsexplosionen verwandelten einige von ihnen in feuerspeiende Drachen.

Mit einemmal verstummte das Feindfeuer. Der Gegner drehte und rollte in schneller Fahrt zurück. Auf der Flucht verlor er noch weitere zwei Panzer.

Ebenfalls zwei Kampfwagen des Gegners aber drehten scharf in die entgegengesetzte Richtung.

»Achtung, sie kommen direkt auf uns zu!«, warnte Geschützführer Unteroffizier Heintze die Kameraden. Richtschütze Huebner sah sie ebenfalls. Er visierte einen von ihnen an, und es gelang ihm, diesen Stahlkoloß keine 200 Meter vor dem Steinwall abzuschießen. Der zweite aber rollte heran. Es stank nach verbranntem Öl und Kordit. Die Ketten des Kampfwagens rasselten laut. Dann war das Ungetüm bereits bei ihnen und rollte über einen der Geschützholme hinweg. Zwei Männer der Bedienung, die in ihren Löchern verschüttet worden waren, wurden freigebuddelt.

Nun war für eine geraume Weile Ruhe. Dann tauchten auf der Flanke zehn Kampfwagen des Gegners auf. Diesmal eröffnete die Flak das Feuer bereits aus 5000 Meter, und als die ersten Panzer bis auf 4000 Meter herangekommen waren, wurde der Spitzenwagen getroffen und blieb liegen. Dann traf es noch einen zweiten, aus einer Distanz, die bei den Gegnern heillose Verwirrung auslöste. Was mußten die Deutschen da für Geschütze haben, die bereits tödliche Schüsse schießen konnten, lange bevor die Panzer selbst ans Schießen denken konnten?

Die acht übriggebliebenen Feindpanzer drehten ab und verschwanden im Dunst.

Eine Stunde später sah der K 3 des Geschützes »Anton«, daß sich in achtbarer Entfernung etwa 80 Feindpanzer bereitstellten. Diesmal würden sie es schaffen, dessen waren sich die wenigen Flakmänner von Oberleutnant Ziemer sicher. Schon rollte der erste Panzerpulk in Richtung Höhe 208 heran.

»Da!«, schrie einer der Beobachter und deutete auf ein schmales Wadi, das vom Hafid Ridge nach Nordwesten in Richtung zum Meer verlief.

Eben tauchten aus diesem Wadi die ersten deutschen Panzer auf. Es waren Kampfwagen des Panzer-Regiments 5, die in schneller Fahrt vorpreschten, sich auf dem offenen Gelände entwickelten und dann in noch schnellerer Fahrt dem Gegner in die Flanke rollten. Die ersten in der Mitte fahrenden Panzer IV machten Schießhalt. Feuer peitschte aus ihren Kanonen, Treffer wurden gesehen. Auf den Flanken rollten die übrigen Wagen überschlagend weiter, und als die Panzer in der Mitte wieder anrollten, machten jene auf den Flanken ihrerseits Schießhalt. Panzer stand diesmal gegen Panzer. Immer wieder krachten die Abschüsse, schmetterte Stahl auf Stahl. Der Gegner zog sich zurück, und als der Abend einfiel, war die Entscheidung in der Sommerschlacht bereits gefallen. Die scharfe Schneide der »Streitaxt« — die Panzer — war zerschartet. In dem britischen Generalstabswerk »Her Majesty's Stationary Office« heißt es über diesen Tag, an dem die englischen Panzer vor vier Flak auf der Höhe 208 kapitulieren mußten:

»Die so hoffnungsvoll begonnene Operation ›Streitaxt‹ scheiterte, weil es nicht gelang, die entscheidende Halfaya-Stellung zu nehmen und am Stützpunkt 208 vorbeizukommen. Die Tapferkeit und Feuerkraft der Verteidiger war zu groß. Die deutsche 8,8 erwies sich als eine tödliche Waffe gegen alle unsere Panzertypen. Das Zusammenwirken von Panzern mit ganz weit vorn eingesetzten Flak-Batterien des Kalibers 8,8 cm war für die britische Führung eine Überraschung und ein wichtiger Faktor der Niederlage.

Der Sieg Rommels war ein Sieg seiner Führung, seiner überlegen kämpfenden Soldaten *und* seiner besseren Waffen.«

Was war an diesem ersten entscheidenden Tage der Schlacht am Halfaya-Paß geschehen? Hatte sich Hauptmann Bach behaupten können?

Die Schlacht am Halfaya-Paß

In der Morgenfrühe des 15. Juni 1941 lagen in den vordersten Stellungen auf dem Halfaya-Paß die Schützen des I./Schützen-Regiment 104, als der Gegner auch auf dem Hochplateau angriff. Der Alarm wurde bereits gegeben, als vom Gegner nur erst die Motorengeräusche zu vernehmen, die Kampfwagen aber noch nicht zu sehen waren.

Mit dem Alarmsignal war Hauptmann Wilhelm Bach nach vorn geeilt, wo in guten Stellungen die Flak aufgebaut war. Er zog — wie immer — an einer Zigarre und schien durch nichts aus der Ruhe zu geraten.

»Nahe genug herankommen lassen«, befahl er der Flak. »Jeder Schuß muß sitzen.«

Die Feindartillerie hatte inzwischen das Feuer auf die deutschen Stellungen eröffnet. Granaten gingen auf dem Paß nieder und schmetterten in die Felsen. Dann tauchten auch schon die schweren Infanterie-Panzer Mark II — die »Waltzing Matilda« — auf. Die Schützen gingen vor dem Artilleriefeuerschlag des Gegners in Deckung. Wenn sie nach dem Einschlag der nächsten Salven emporblickten, erkannten sie schemenhaft hinter den Panzern Lastwagen, von denen nunmehr Feindinfanterie heruntersprang und — wie im tiefsten Frieden — in Marschkolonnen formiert hinter den Panzern hermarschierte.

»Feuer!« befahl der Hauptmann der Flak.

Die Flak schoß im Salventakt, und die wenigen 3,7-Pak fielen in das Feuer ein. Dazwischen ratterten die MG-Salven. Der erste Panzer wurde von einer 8,8-Granate getroffen und ging in Flammen auf. Seine explodierende Munition peitschte durch das zurückspringende Luk in die Luft. Dem nächsten Mark II wurde der Turm heruntergeschossen.

Mit ohrenbetäubendem Geschnatter fielen die 2-cm-Zwillinge in das Feuer ein, und dann eröffnete auch die italienische Batterie unter Major Pardi das Feuer. Der lange dunkelhaarige Major stand aufgereckt neben den Geschützen und wies sie als Beobachter ein. Kugeln umschwirrten ihn. Aber es sah so aus, als sei er unverwundbar.

Die geschlossen agierenden Sturmkompanien des Gegners rannten vorwärts. Als sie aber in diese Flammenwand der Flak, der MG und der niederhauenden Granaten der Feldgeschütze gerieten, flatterten die Kompanien auseinander und verschwanden in den natürlichen Deckungen links und rechts der Straße.

Auf der Sohle des Passes, dort, wo die 1./SR 104 in Stellung gegangen war, rollten die angreifenden Panzer in das angelegte Minenfeld hinein. Nacheinander blieben fünf Mark II mit zerrissenen Ketten und aufgesprengten Wannen liegen. Nur einer der hier angreifenden Panzer kam durch. Anscheinend unverwundbar durchrollte er das gesamte Minenfeld. Als aber der Panzerkommandant feststellte, daß er nun allein fuhr, ließ er halten. Dann bewegte sich der schwere Koloß im Rückwärtsgang zurück und rollte auf eine Mine, die er vorher unangefochten passiert hatte. Mit Donnergetöse wurde auch ihm die Kette von den Laufrollen gefetzt.

Bei der 3./SR 104 unter Hauptmann Voigt wurde der Gegner ebenfalls abgeschmiert. Der Halfaya-Paß hielt allen Angriffen des 4. Tank-Regiments und der indischen Infanterie-Brigade stand.

Panzer gegen Panzer

Die englischen Panzer, die am 15. Juni nicht am Hafid Ridge vorbeigekommen waren, rollten am frühen Morgen des 16. Juni mit dem Gros der 7. Panzer-Division westlich des Halfaya-Passes nach Norden. Mit insgesamt 300 Panzern, darunter viele Mark II, wurden Capuzzo und Musaid erreicht. Die von geringen Kräften gehaltenen Stützpunkte wurden den Deutschen entrissen. Von hier aus trennte sich eine gepanzerte Kampftruppe der Engländer vom Gros und holte zum Umgehungsmarsch weit nach Süden aus. Diese Panzer stießen mit den Spitzengruppen auf die Stellungen der 5. Leichten AD. Der Durchstoß gelang im heftigen Abwehrfeuer. Die Panzer stießen auf die Höhe 208 und wurden abgewiesen.

Nachdem die Panzer der britischen 7. Panzer-Division Capuzzo erstürmt hatten und dann auch noch Sollum in Besitz nahmen, hatten sich die Kradschützen unter Oberstleutnant Knabe befehlsgemäß abgesetzt. 50 Panzer der 7. Panzer-Division rollten nunmehr in schneller Fahrt weiter. Ihr neues Ziel war Bardia.

Es war Oberleutnant Tocki von der Panzerjäger-Abteilung 33, der diesen Panzerfeind aufhielt. Er hatte eine einzige 8,8 zur Verfügung, mit welcher er, aus Bardia nach vorn prellend, dem Gegner entgegenfuhr. Die Flak ging in Stellung, als die Staubwolke der fünfzig Panzer sich verdichtete. Als die ersten Panzer aus den Staubschleiern heraus sichtbar wurden, gab Tocki den Feuerbefehl. Die erste Granate, aus 2000 Meter abgeschossen, traf den Spitze fahrenden Panzer zwischen Turm und Unterwagen und riß ihm den Turm herunter. Der nächste Feindpanzer wurde angerichtet.

»Feuer!«, rief der K 1, und schon hämmerte die nächste Granate in den anvisierten zweiten Panzer hinein und ließ ihn kokelnd liegenbleiben.

Dann peitschte die Flammenlanze des dritten Abschusses aus dem Rohr, und der dritte Feindpanzer blieb brennend liegen.

Die Panzer stoppten. Aus den mitgeführten Nebelkannen ließen sie das Gefechtsfeld zusätzlich zum Staub mit dichtem Nebel überwabern und verschwanden darin.

Dies war die Zeitspanne, welche die 1. Kompanie des Panzer-Regiments 8 herankommen ließ. Von Hauptmann Johannes Kümmel geführt, stürmten die Panzer der Kompanie, darunter zwei Panzer IV mit der 7,5-cm-Kampfwagenkanone (KwK) kurz, stürmte die Erste mitten in den Gegner hinein. Major Fenski, der Abteilungskommandeur, ließ nach dem Angriffsbefehl von Oberstleutnant Cramer die Zweite und Dritte Kompanie das Feuer eröffnen.

»Hannes« Kümmel, im offenen Panzerluk stehend, um bessere Sicht zu haben, und um der Besatzung das Leben in dem hitzeflimmernden Stahlkasten überhaupt zu ermöglichen — immerhin herrschten im Innern der Kampfwagen bei geschlossenen Luken bis zu 60 Grad Hitze — beobachtete den aus dem

Dunst erscheinenden Panzerfeind. Granaten flitzten links und rechts an ihm vorbei.

»Vollgas, alles mir nach!«, befahl er über Sprechfunk.

Sie unterfuhren das Feindfeuer. Kümmel tauchte im Luk unter und schlug es dicht.

»Feuer frei!«

Der Richtschütze hatte den ersten Feindpanzer bereits im Visier. Er ließ noch näher heranfahren, ehe er das Zeichen zum Schießhalt gab. Aus knapp 700 Meter Distanz war auch der »Stummel« — das Kurzrohr des Panzers IV — eine tödliche Waffe. Einer der angreifenden Mark II platzte im Volltreffer der Granate auseinander. Die nachrollenden Panzer III erreichten nun ihren Chef und den zweiten mit der KwK 7,5 cm kurz ausgerüsteten Panzer. Auch sie eröffneten das Feuer.

Ringsum tobte der Panzerkampf. Ketten klirrten, Granaten schmetterten in Stahl, Explosionen brüllten durch das Kampfgetöse.

»Habe Treffer, Wagen brennt, muß aussteigen!«, meldete einer der Zugführer.

»Wir decken Sie!«, rief Kümmel zurück und befahl seinem Fahrer, zu drehen.

Der Panzerfahrer riß den Stahlkoloß herum, und als sie den brennenden Kameradenwagen sahen, auf den bereits zwei Mark II das Feuer eröffneten, hatte der Richtschütze Sekunden später den ersten im Visier. Aus 500 Meter krachten Abschuß und Einschlag. Der Mark II erhielt einen Treffer, der seine Flanke durchstanzte und die Besatzung tötete.

Einer der Panzer III überwand nun auch den zweiten Mark II durch mehrere Treffer, von denen der erste bereits den Turm des Feindpanzers blockierte.

Beinahe gleichzeitig stiegen die Besatzungen des deutschen und des englischen zweiten Panzers aus. Und hier sahen die Männer vom Panzer-Regiment 8, wie zwei Engländer einen brennenden deutschen Landser im Sand wälzten, um dessen Leben zu retten.

Mitten im Tosen der Schlacht war dies ein Zeichen von Fairness und Ritterlichkeit, das sie nie wieder vergessen würden und das sie anhielt, es ebenso zu tun, wenn es die Lage der Dinge erlaubte.

»Vorwärts, durch!«, befahl Kümmel, als er die beiden anderen

Kompanien bereits rechts und links weiter vorn hörte. Sie rollten mitten in den vorgezogenen Feindpanzerkeil hinein.

»Ich schaffe es nicht!«, rief Oberleutnant Stiefelmeyer, als seine Kompanie festhing.

»Abteilung bleibt liegen. Erbitten Entsatzvorstoß«, gab auch Major Fenski, der Kommandeur der I./PR 8, durch.

»Zwote Abteilung kommt aus der linken Flanke«, hallte die sonore Stimme von Oberstleutnant Cramer in die Kopfhörer der Chefs.

Der Oberstleutnant fuhr zur II./PR 8 hinüber, setzte sich an die Spitze der Kampfwagen und rollte schneller und schneller werdend in die Flanke des Gegners. Im Vorfahren sah Hans Cramer, daß einer nach dem anderen die Panzer der I. Abteilung ausfielen.

»Schneller, mit Vollgas fahren!«, befahl Cramer.

Die II. Abteilung rollte im Breitkeil heran, und wenig später tauchten vor Cramer etwa 20 Feindpanzer des schweren Typs auf, die in rascher Fahrt auf der linken Flanke seines Regiments entlangrollten und offenbar die Entscheidung herbeiführen sollten.

»Kümmel, eindrehen und Panzerpulk in die Flanke fallen«, rief er dem Chef der 1. Kompanie zu, der noch über sechs Panzer verfügte, darunter die beiden mit der 7,5-cm-Kanone.

Kümmel schwenkte aus dem eigenen Pulk heraus. Aus den beiden »Stummeln« peitschten Sekunden darauf die ersten Abschüsse. Zwei, drei Mark II blieben in die Flanke getroffen brennend liegen. Mit den beiden Kampfwagen, die mit den 7,5-cm-Kanonen ausgerüstet waren, gelang es Johannes Kümmel innerhalb weniger Minuten, acht dieser Feindpanzer zu vernichten.

Damit rettete er das Regiment und vielleicht auch mehr. Oberstleutnant Cramer, der durch diesen Schlag in die Flanke seines Gegenüber Luft erhielt, wollte nunmehr die Entscheidung herbeiführen.

»Schwenkung nach Osten«, rief er über Sprechfunk.

In diesem Moment, da auch sein Führungspanzer diese Schwenkung ausführte, hämmerte eine Granate in den Panzer hinein. Hans Cramer spürte einen harten Schlag am Kopf und gleichzeitig einen stechenden Schmerz am Arm. Er war durch Granatsplitter verwundet worden.

Das Gefecht wurde abgebrochen. Der Gegner war gestoppt, Bardia blieb dem DAK erhalten, und das Panzer-Regiment 8 rollte in die eigene Bereitstellung zurück. Von den Panzern der Kompanie Kümmel fehlte genau die Hälfte. Alle anderen Kompanien waren in gleicher Weise schwer getroffen.

Der Vorstoß des Gegners war allerdings ebenfalls gestoppt worden; er hatte nach den schweren Verlusten beider Kampftage bereits aufgesteckt. Dies war dem DAK allerdings noch nicht bekannt.

Rommel beschloß, eine Schwerpunktverlagerung vorzunehmen, um die Initiative voll an sich zu reißen und dem Gegner seine Art des Kampfes aufzuzwingen. Von welchen Überlegungen der Kommandierende General dabei ausging, zeigt sein Tagebuch auf, in dem er notierte: »Oftmals kann man mit einer bloßen Schwerpunktverlagerung, die für den Gegner überraschend kommt, eine Schlacht entscheiden.«

Das Panzer-Regiment 8 der 15. Panzer-Division hatte in diesen Kämpfen von den zu Beginn der Schlacht einsatzbereiten 80 Kampfwagen 50 verloren, von denen allerdings ein Teil repariert werden konnte, weil die angeschlagenen Panzer ja nicht dem Gegner in die Hände gefallen waren. Als Rommel nun erkannte, daß die 5. Leichte, mit dem Panzer-Regiment 5 aus dem Raum westlich Sidi Azeiz antretend zunehmend an Boden gewann, fuhr er dorthin und erfuhr, daß auch das Panzer-Regiment 5 den Gegner in dramatischer Panzerschlacht geschlagen hatte.

»Sie fahren in schneller Fahrt in den Raum nordostwärts Sidi Omar und setzen von dort den Angriff auf Sidi Suleiman fort!«, befahl er dem neuen Kommandeur der 5. Leichten, Generalmajor von Ravenstein, der Anfang Juni Generalmajor Streich abgelöst hatte.

Am Morgen des 17. Juni trat um 04.30 Uhr das verstärkte Panzer-Regiment 5 zum Angriff an. Der Widerstand des Gegners wurde gebrochen, und im schnellen Vorstürmen wurde der Raum Sidi Suleiman erreicht und gesichert. Im Morgengrauen war es dem MG-Bataillon 2 bereits gelungen, zum Panzer-Regiment 5 aufzuschließen. Als es aber wenig später aus der Südflanke von Panzern und Artillerie angegriffen wurde, mußte es im hinhaltenden Kampf wieder bis nach Sidi Omar zurückweichen.

Angesichts dieses starken Panzerfeindes im Süden und der starken Artilleriekräfte entschloß sich Generalmajor von Ravenstein, die nicht gepanzerten Divisionsteile um Sidi Omar herum in eine Abwehrfront nach Süden und Südosten zu gliedern.

Die 15. Panzer-Division unter Generalmajor Neumann-Silkow stieß bei Bir Ghirba auf Teile der 7. Panzer-Brigade des Gegners, die hier die Flanke der britischen Front bei Capuzzo deckten. Im beweglichen Einsatz der 8,8-Flak, die die ersten Feindpanzer aus über 2000 Meter Distanz vernichtend trafen und eine Art von Schockwirkung hinterließen, und im entschlossenen Nachwerfen der Panzer gelang es, diesen Gegner zu überwinden. Es ging nun über den ägyptischen Grenzzaun weiter in Richtung Alam Abu Dihak. Noch während dieser Bewegungen gelang es der Divisionsfunkstelle, einen Funkspruch der Engländer aufzufangen, in dem der Rückzug der Briten aus dem Raum Sollum-Musaid befohlen wurde.

Es war Generalmajor Messervy, der kurz vor 11.00 Uhr den selbständigen Befehl zum Rückzug gab. General Wavell und General Beresford-Peirse, die sich zu dieser Zeit gerade auf dem Gefechtsstand der 7. Panzer-Division befanden, hießen diesen Befehl gut.

General Wavell, der am Mittwoch auf dem Gefechtsstand eingetroffen war, befahl Generalmajor Creagh, sich dem Rückzug anzuschließen. Damit war die britische Offensive, die »Battleaxe« genannt wurde, zu Ende. General Wavell flog sofort nach Kairo zurück und sandte einen Funkspruch an das Britische Oberkommando, in dem er sagte: »Ich bedaure, melden zu müssen, daß Battleaxe mißlungen ist.«

Die Western Desert Force zog sich mit allen Verbänden in ihre Ausgangsstellungen zurück.

Die von General Rommel befohlene sofortige Verfolgung des Gegners, mit dem Ziel, diesen noch auf der Flucht zu stellen und gänzlich zu vernichten, scheiterte daran, daß beide Panzer-Divisionen Versorgungsschwierigkeiten hatten. Erst am 18. Juni kam die Verfolgung in Gang, so daß es der Masse des Gegners gelang, die alten Stellungen wieder zu erreichen.

Churchill war geschockt. Er schrieb am 17. Juni 1941 in sein Tagebuch: »Am 17. Juni ging alles in die Brüche.«

Vier Tage darauf schickte er einen Breif an General Wavell nach Kairo, in dem er kurz und bestimmt formulierte: »Ich bin zu dem Entschluß gekommen, daß dem öffentlichen Interesse am besten gedient ist, wenn General Auchinleck an Ihrer Stelle zum Befehlshaber der Armee im Nahen Osten ernannt wird.«

Diesem Brief folgte ein zweiter, dessen Adressat General Auchinleck war. In ihm schrieb der britische Kriegspremier:

»Sie übernehmen dieses wichtige Kommando zum Zeitpunkt einer Krise ... Sie sollten der Lage bei Tobruk, der Heranführung feindlicher Verstärkungen in Libyen und der Tatsache, daß die Deutschen jetzt in erster Linie mit der Invasion Rußlands beschäftigt sind, Ihre besondere Aufmerksamkeit zuwenden. Sie werden selbst erkennen, wie wichtig diese Probleme sind.«

Der Krieg in der Wüste erstarrte. Die Zeit der Luftwaffen begann.

Die Luftwaffe in Afrika

Am 15. Februar 1941 war dem soeben gebildeten Stab des Deutschen Afrika-Korps in Tripolis Oberstleutnant Harlinghausen als Verbindungsoffizier des X. Flieger-Korps zugeteilt worden. Im Stab des DAK fungierte er als Einsatzführer der fallweise vom X. Flieger-Korps nach Afrika abzustellenden Luftwaffeneinheiten.

Doch bereits am 20. Februar wurde durch das Oberkommando der Luftwaffe der »Fliegerführer Afrika« und dessen Ia bestellt und die Aufstellung des Stabes Fliegerführer Afrika befohlen. Das Luftgaukommando VII, München, wurde mit der Aufstellung dieses Stabes beauftragt.

Fliegerführer Afrika wurde Generalmajor Fröhlich, sein Ia Oberstleutnant i. G. Ernst Knapp, Gehilfe des Ia Oberleutnant Böß. Oberstleutnant Ritter von Voigtländer wurde Ic. Taktisch unterstand der Fliegerführer Afrika dem Generalkommando des X. Flieger-Korps, doch Stefan Fröhlich hatte in Afrika die volle Verantwortung für alle Einsätze auf diesem Kriegsschauplatz.

Die ersten Einheiten, die in Afrika waren, gehörten zum Zerstörergeschwader 26. Dessen III. Gruppe unter Major Kaschka mit der 7., 8. und 9. Staffel war mit der Messerschmitt BF 110 C ausgerüstet. Sie fielen auf den Flugplätzen Castel Benito, Sirte und Arco dei Fileni ein.

Gleichzeitig damit wurde je eine Stuka-Gruppe in Castel Benito und auf dem Platz südlich Sirte eingesetzt, die mit Ju 87 B ausgerüstet waren und zum Stuka-Geschwader 3 gehörten. Hinzu kam die II./KG 26 in Bengasi. Außerdem trafen nach und nach die Staffeln der II. und III./KLG 1 ein.

Mit diesen geringen Fliegerverbänden mußten im Frühjahr 1941 die Einsätze anläßlich des Rommelschen Überraschungsvorstoßes geflogen werden. Erst später kamen weitere Verbände und auch Jagdflieger hinzu.

Die besonderen Wetterbedingungen in der Wüste machten den Fliegern im Anfang schwer zu schaffen. Zwar gelang es durch den Einbau von Luftfiltern an den Motoren und durch das immer wieder vorgenommene Entsanden der Zellen, die Einsatzbereitschaft der Einheiten zu erhalten, aber die Beanspruchung der Besatzungen durch Hitze und Staub war nicht zu mildern. Oftmals maßen die Warte unter den Kabinendächern der Maschinen Temperaturen bis zu 70 Grad. Dies störte vor allem den Einsatz der Jäger und Aufklärer, während die Einsätze der Stukas in der kühleren Tageszeit, am frühen Morgen oder am Abend geflogen wurden.

Der Transport der Flugzeuge und des Personals nach Afrika erfolgte über Italien nach Tripolis. Er wurde durch den General der deutschen Luftwaffe in Rom, Generalmajor Ritter von Pohl, gesteuert.

Das Bodenpersonal und alles Material kamen ab Neapel auf dem Seeweg. In Neapel war ein Verladestab für die Luftwaffe eingerichtet worden. Für den Lufttransport Sizilien–Afrika wurden Transportgruppen mit Ju 52 eingesetzt, die überwiegend Benzin beförderten.

Generalmajor Fröhlich sammelte die ihm zugewiesenen Verbände im März auf dem Fliegerhorst Castel Benito bei Tripolis. Er selbst verlegte im März seinen Gefechtsstand nach Sirte. Die mündlichen Weisungen von Reichsmarschall Göring an ihn lauteten: »Als Fliegerführer Afrika haben Sie die auf dem afrikanischen Kriegsschauplatz zum Einsatz kommenden Teile der deutschen Luftwaffe – die Fliegertruppe ebenso wie die Luftwaffenflak – so zu führen und einzusetzen, daß den dort im Kampf stehenden Heeresverbänden die größtmögliche Unterstützung seitens der Luftwaffe gewährt werden kann.«

In einzelnen Fällen erhielt Generalmajor Fröhlich auch vom Oberbefehlshaber der Luftwaffe Einsatzbefehle direkt, und zwar für Angriffe auf besondere Ziele wie den Suezkanal und die Anlagen von Kairo.

Zum Vorstoß des DAK am 31. März 1941 erhielt der Fliegerführer Afrika Weisung, diesen durch die beiden vorhandenen Stuka-Gruppen zu unterstützen und die Zerstörergruppe als Schlachtflieger einzusetzen.

Am frühen Morgen des 31. März flog Generalmajor Fröhlich von seinem Stabsquartier in Sirte zum Flugplatz En Nofilia, seinem vorgeschobenen Gefechtsstand. Er selbst wies die hier zum Angriff startenden Verbände ein.

Während der nächsten Tage griffen Stukas und Zerstörer immer wieder in den Erdkampf ein. Besetzte Feindstellungen, die den vorstürmenden Kampfgruppen des DAK im Weg waren, wurden im Sturzangriff vernichtet, Bereitstellungen durch staffelweise geflogene Angriffe ausgeschaltet. Der Gefechtsstand des Fliegerführers Afrika mußte in diesen hektischen Tagen beinahe täglich weiter nach Osten verlegt werden. Erst mit Erreichen des Flugplatzes Derna trat eine kleine Pause ein.

Von den Stukas und Me 110, die am 14. April Angriffe auf Tobruk flogen, um den Vorstoß der Kräfte der 5. Leichten AD zu unterstützen, wurden drei Ju 87 allein von Sergeant Ellis von der 73. Squadron der RAF abgeschossen. Auch beim nachmittäglichen Angriff dieses Tages, von 20 Stukas geflogen, wurden von der 73. Squadron wiederum 3 Ju 87 abgeschossen.

Als am Nachmittag dieses 14. April 1941 Stefan Fröhlich vor Tobruk mit General Rommel zusammentraf, sagte dieser ihm im Gespräch: »Fröhlich, von jetzt ab können wir nicht mehr in dem gleichen Tempo nach Osten vordringen wie bisher.«

An diesem Tag gab es noch immer keinen deutschen Jäger über der Wüste, der es mit den Hurricanes der Engländer hätte aufnehmen können. Erst am 18. April 1941 landeten auf dem Flugplatz von Ain el Gazala die ersten Messerschmitt BF 109 E. Und zwar war dies die 1. Staffel der I./Jagdgeschwader 27. Die Gruppe wurde binnen weniger Tage auf volle drei Staffeln gebracht. Geführt wurde diese Gruppe von Hauptmann Eduard Neumann, der bereits in Spanien die ersten erfolgreichen Luftkämpfe hinter sich gebracht hatte. Die Staffelkapitäne waren Oberleutnant Redlich für die 1., Hauptmann Gerlitz für die 2. und Oberleutnant Homuth für die 3. Staffel. Adjutant war Oberleutnant Franzisket. Zu dieser Jagdfliegergruppe gehörten auch zwei Oberfähnriche, die später von sich reden machen sollten. Es waren Hans-Arnold Stahlschmidt und Hans-Joachim Marseille.

Den ersten Einsatz in Afrika flogen die BF 109 E am nächsten Tag, als Oberleutnant Redlich und Leutnant Werner Schroer über Tobruk auf drei »Hurricanes« stießen. Redlich schoß zwei und Schroer die dritte Maschine ab. Am selben Tag noch schoß Unteroffizier Sippel eine weitere »Hurricane« ab.

Bei seinem zweiten Start in Afrika wurde Leutnant Schroer durch den englischen Flieger Spence abgeschossen. Es gelang Schroer noch in letzter Sekunde, seine Maschine in einer Bauchlandung hinunterzubringen und auszusteigen, bevor sie in Flammen aufging.

Von diesem Zeitpunkt an machte sich die englische Bomberwaffe, die im Frühjahr beinahe ungestört über den deutschen Stützpunkten erscheinen und ihre Bomben werfen konnte, rar. Einer der abgeschossenen Bomberpiloten sagte Ende April zu Generalmajor Fröhlich: »Heute wissen wir, daß jeder Tag ohne die deutschen Jagdflieger für uns ein glücklicher Tag war.«

Für die englischen Bomberbesatzungen waren die glücklichen Tage in Afrika vorüber, aber auch von deutscher Seite gab es Verluste zu beklagen. So wurde nach der Erfolgsmeldung von Oberfeldwebel Espenlaub am 21. April Leutnant Schroer zum zweitenmal abgeschossen und dabei leicht verwundet. Unteroffizier Sippel fiel im Luftkampf. Es war offenbar wieder der Pilot Officer Spence, der Schroer herunterholte.

Die Angriffe der Luftwaffe auf Tobruk wurden in ihrer Wucht stärker. So wurden am 22. April 30 Stukas, zwölf Bf 109 und zwölf Fiat G-50 gegen Tobruk eingesetzt. An diesem Tag schoß Sous Lieutenant Denis von der britischen 73. Squadron drei Bf 109 ab. Am selben Tag traf endlich die so lange erwartete dritte Staffel in Gazala ein.

Der 23. April sah über Tobruk einen harten Luftkampf, an dem deutsche Flieger und Piloten der RAF beteiligt waren. In diesen Kämpfen fiel der Squadron-Leader der 73., Lieutenant Commander Weld. Oberleutnant Redlich schoß an diesem Tag zwei »Blenheim«-Bomber ab, Oberleutnant Franzisket und Leutnant von Moller je zwei Hurricanes.

An diesem Tag trug sich das erstemal in Afrika auch Oberfähnrich Marseille als Sieger im Luftkampf ein; er schoß von vorn eine »Hurricane« ab. Mit knapper Not entging er den vier anderen »Hurricanes«, indem er seine Maschine rasant hochzog und abdrehte. Als er am Nachmittag noch einmal startete, erhielt er im Luftkampf über 30 Treffer in die Kabine und in den Motor, der sofort aussetzte. Es gelang dem Oberfähnrich, die Maschine sicher herunterzubringen und mit einer Bauchlandung dem Absturz zu entgehen. Bei diesem Einsatz hatte sich Marseille einmal nach vorn gebeugt. In diesem Moment hatten zwei Kugeln das Kabinendach durchschlagen und ihn um nur fünf Zentimeter verfehlt. Es war Sous Lieutenant Denis gewesen, der um ein Haar Marseilles Leben ausgelöscht hätte.

Am Abend dieses Tages saß der Oberfähnrich Hans-Arnold Stahlschmidt vor seinem Zelt am Rand des Wadis und blickte in die vom leichten Ostwind blankgeschliffene Himmelskuppel. Er schrieb einen Brief an seine Mutter und teilte ihr auch mit, daß er vorhin eine erste Sternschnuppe in Afrika gesehen habe.

Als Stahlschmidt Schritte hörte, blickte er auf.

»Wer ist da?« fragte er.

»Ich bin's, Marseille, der älteste Oberfähnrich der Luftwaffe«, kam die Antwort aus der Dunkelheit, und dann trat Marseille ins Blickfeld des Kameraden.

»Komm, setz dich, Jochen!« forderte Stahlschmidt den Freund auf. Sie begannen eine Unterhaltung, die sich um die Chancen in Afrika drehten, und Marseille meinte, daß sie es hier wohl bei einigem Soldatenglück auf eine Reihe von Erfolgen bringen könnten.

»Du willst also ein ganz großer Adler werden, Jochen?« fragte Stahlschmidt.

Marseille antwortete sofort: »Ein ganz großer, Hans!« Er beugte sich vor und packte Stahlschmidt an die Schulter. »Hast du nicht auch einmal davon geträumt? Das tut doch jeder. Wenn ich nachts wach liege, dann erlebe ich den Luftkampf so, wie er nach meiner Meinung sein muß. Ich sehe mich dann mitten in einem englischen Pulk, schießend, aus jeder Lage treffend und selber niemals zu erwischen, weil ich mitten unter ihnen bin.«

»So als eine Art fliegender Jungsiegfried?«, spottete Stahl-schmidt. »Mensch, Marseille, das wäre großartig«, fuhr er ernst werdend fort, als er merkte, daß es seinem Gegenüber ernst damit war.

In den nächsten Minuten erzählte Marseille dem Freund seine Vorstellung von der Jagdfliegerei.

»Unsere Maschinen sind das Grundelement, Hans, das jeder zu beherrschen hat. Aus jeder Lage muß man schießen können. Aus Links- und Rechtskurven, aus der Rolle, aus der Rücken-lage, wenn es sein muß. Nur so läßt sich eine eigene Taktik ent-wickeln; eine Angriffstaktik, die während des gesamten Kamp-fes eine für den Gegner unberechenbare und nicht vorherseh-bare Aneinanderreihung von blitzschnellen Aktionen sein muß. Niemals darf man gleich angreifen, nur so allein kann man hier überleben und Siege erringen: indem man den Ring der Gegner sprengt und von innen heraus niederschießt.«

Hans-Arnold Stahlschmidt sollte die Worte seines Freundes nicht vergessen. Darum wunderte es ihn auch nicht, als Mar-seille zum erstenmal diese Taktik anwandte.

Am 28. April flog eine »Bristol-Blenheim« der 45. Squadron

in die Festung Tobruk ein und landete auf dem Jägerflugplatz. Ihr Pilot hatte die Aufgabe, fünf Soldaten aus der Festung herauszuholen, die an anderen Plätzen benötigt wurden. Es waren ein Geschwader-Commodore, ein Squadron-Leader und ein Priester darunter. Marseille, der einige Kilometer entfernt über Tobruk kreiste, sah die über das Rollfeld startende Maschine. Er ging im Sturzflug nieder und schoß sie keine 20 Meter über dem Wasser in Brand. Die »Blenheim« explodierte beim Aufschlag. Marseille legte seine Bf 109 in die Kurve, zog seitlich weg und verschwand.

Mit Rommels Angriff auf Tobruk am frühen Morgen des 1. Mai 1941 starteten 20 Maschinen der beiden Stuka-Gruppen zu einem Angriff. Acht Bf 109 flogen als Begleitschutz mit. Während Oberleutnant Homuth den tiefer fliegenden Schwarm führte, war Marseille als Führer des Höhenschutz-Schwarmes eingesetzt. Man hatte bereits erkannt, daß er ein unerhört scharfes Sehvermögen hatte. Erst als die Maschinen den Einsatz beendet hatten, sichtete Oberleutnant Homuth über Acroma einen britischen Aufklärer. Als er mit seinem Schwarm eindrehte, sah er über dem Fort etwa in 4000 Meter Höhe — in jener Höhe, die auch er flog — sechs »Hurricanes«, die bei Sichtung der deutschen Jäger zum Steigflug ansetzten, um diesen Schwarm aus der Überhöhung zu erwischen. Allerdings hatten sie Marseilles Schwarm nicht gesehen. Aus noch größerer Höhe stürzte sich der Oberfähnrich direkt auf eine »Hurricane« und schoß sie ab. Brennend trudelte diese Maschine dem Wüstenboden entgegen. Homuth schoß zwei Gegner ab, von denen einer im Fallschirm absprang und der zweite eine Notlandung auf dem Flugfeld von Tobruk versuchte.

Die II./KG 26 flog am 7. und 8. Mai je einen Angriff auf den Suezkanal. Am ersten Tag ging eine Maschine verloren, und am zweiten waren es zwei He 111, die abgeschossen wurden. Dabei fand Oberleutnant Pfeil den Tod; Oberfeldwebel Kleinschmidt wurde vermißt.

Im Mai kamen einige weitere Fliegereinheiten nach Nordafrika, und zwar eine dritte und vierte Stuka-Gruppe, letztere nur vorübergehend, die I./JG 53 und später noch eine Gruppe des Jagdgeschwaders 77 von Sizilien, die so lange »Aushilfe« flog, bis im Herbst 1941 der Rest des JG 53 in Afrika eingetroffen war. Für Fernkampfaufgaben stand fallweise eine Gruppe Ju 88 zur Verfügung.

Die Stuka-Gruppen und die Zerstörer lagen auf dem Flugplatz Derna mit Plätzen abseits des Rollfeldes in der Wüste. Die Jäger befanden sich auf dem Flugplatz Ain el Gazala, während die Ju-88-Gruppe auf dem Flugplatz von Benina bei Bengasi untergezogen war.

Die nächsten Tage sahen wechselweisen Einsatz beider Seiten mit Bombern und Jägern. Am 20. Mai traf mit der 14. Squadron eine neue Staffel in Afrika ein. Bei ihrem ersten Einsatz am frühen Morgen des anderen Tages mit ihren »Blenheim«-Bombern auf die Straße Capuzzo-Tobruk gerieten sie in die Zange einiger deutscher Jäger. Fünf »Blenheims« wurden abgeschossen.

Auch für die inzwischen hart bedrängten britischen Jagdflieger trafen am 21. Mai Verstärkungen ein. Und zwar starteten sechs »Hurricanes« der Squadron 229 und sieben der Squadron 223 von dem vor der Küste bei Gibraltar liegenden Flugzeugträger »Furious« und flogen, von einer »Fairey Fulmar« geleitet, nach Malta. Von dort flogen sie nach Ägypten weiter, nachdem sie aufgetankt hatten. Sie wurden der 247. und der 73. Squadron zugeteilt.

Aus Südafrika traf um die gleiche Zeit die 24. SAAF-Squadron ein. Sie waren mit dem »Maryland«-Bomber ausgerüstet.

Von Afrika aus wurden vom 22. bis zum 31. Mai die in Afrika stationierten britischen Bomber über Kreta zum Einsatz gebracht, um die deutschen Fallschirmjäger zu vernichten, die gemeinsam mit der 5. Gebirgs-Division am 20. Mai auf Kreta im Sprungeinsatz und im Luftlandeeinsatz niedergegangen waren, um diese wichtige Insel im Mittelmeer im Sturmangriff aus der Luft zu erobern. Bei diesen Flügen gingen viele Bomber verloren, und es war für den afrikanischen Kriegsschauplatz und für das DAK eine Erleichterung, als sich die britische RAF derart teilen mußte. Und trotz der sieben Luftsiege der britischen Jäger über Kreta allein am 31. Mai 1941 — bei nur einem Verlust — konnte dieser zusätzliche Einsatz zu keinem Erfolg gebracht werden. Kreta fiel in deutsche Hand.

Die Squadrons 45 und 55 mußten Ende Mai aus dem Einsatz herausgezogen werden. Dafür trafen am 31. Mai aus Malta die »Beaufighter«-Maschinen der 272. Squadron in Abu Sueir ein und flogen am 1. Juni den ersten Geleitschutz für einen nach Tobruk gehenden Geleitzug.

Mit Eintreffen der 7./JG 26 kamen die letzten noch erwarteten deutschen Jagdflieger in Afrika an. Sie flogen die Bf 109 E-7, die einen leistungsstärkeren Motor hatte als ihre Vorgängerinnen. Staffelkapitän war Oberleutnant Joachim Müncheberg, der bereits das Eichenlaub zum Ritterkreuz trug.

Als am Morgen des 2. Juni vor der Küste ein Zweimastschoner gesichtet wurde, wurde ein Schwarm der 2./JG 26 mit vier Maschinen darauf angesetzt. Einer der vier Piloten war Hans-Arnold Stahlschmidt.

Bereits nach wenigen Flugminuten sichteten Stahlschmidt und Leutnant Kothmann den Dampfer.

»Sehen wir uns den Kasten näher an, Stahlschmidt!«, rief Kothmann über die Bord-Bord-Verständigung. Sie flogen näher heran, und Stahlschmidt drückte den Knüppel, daß sich die Nase der Maschine senkte. Beide Maschinen umkreisten das Schiff, das weder Flagge zeigte noch Leben erkennen ließ.

Plötzlich aber blitzte es auf. MG-Salven flitzten Stahlschmidt entgegen. Er drückte weiter, und als die Brücke des 200-Tonners im Visierkreis erschien, schoß er. Die Geschoßgarbe flitzte in die Aufbauten hinein. Dann stieß Kothmann herunter und feuerte ebenfalls aus Kanone und MG. Der kleine Dampfer zeigte nicht die geringste Wirkung.

»Ich gehe tiefer runter!«, rief Stahlschmidt. Nach einer großen Kurve stürzte er dem Deck des Dampfers entgegen. Wieder schob sich die Brücke ins Reflexvisier. Stahlschmidt drückte die Auslösung, und aus den beiden 2-cm-Kanonen flitzten die roten Spuren der Leuchtspur. Dann blitzte es am Heck des Dampfers auf. Eine hellrote Stichflamme stob empor und breitete sich rasch über das Schiff aus.

Stahlschmidt ging in eine Messerkurve, um mehr zu sehen. Er erblickte mindestens ein Dutzend Gestalten, die ein Boot fierten, sich hineinschwangen und dann in wahnsinniger Eile von dem Schiff fortpullten und das Land zu erreichen versuchten. Zwei Minuten darauf erschütterte eine gewaltige Detonation die Luft. Das Schiff wurde förmlich aus dem Wasser gehoben. Als die Detonationswolke höher zog, schwammen nur noch Wrackteile auf der See.

Zwei Stunden später wurden 14 Besatzungsmitglieder des Dampfers gefangen genommen. Sie sagten, daß sie Munition für Tobruk an Bord gehabt hätten. Nach dem Krieg wurde jedoch von englischer Seite bekannt, daß es sich um einen Sabotagetrupp von acht Engländern und vier Griechen gehandelt habe. Der Führer dieser Gruppe, ein kleiner drahtiger Offizier in

Shorts, mit einem goldenen Ring im Ohr, hieß Chessney, ein Abenteurer größten Stils.

Marseille, der seinen Freund Stahlschmidt bei dessen Rückkehr begrüßte, meinte trocken, daß er wohl den Spirituskocher in der Kombüse des Schiffes getroffen haben müsse. Es war dies übrigens der erste Erfolg von Stahlschmidt, und anstelle eines Flugzeugs wurde ein Schiff auf das Leitwerk gemalt.

Am nächsten Tag starteten Kothmann und Stahlschmidt abermals in Richtung See. Man hatte dort ein mit 18 Engländern besetztes Boot gesichtet. Im Tiefflug dirigierten beide Flieger das Boot, in dem sich schiffbrüchige Seeleute befanden, zur Küste. Damit brachten sie die Zahl der von ihnen gefangenen Gegner auf 32.

Während der britischen Sommeroffensive flog die Gruppe Neumann beinahe pausenlos ihre Einsätze. Immer wieder starteten Staffeln oder Schwärme nach Sollum und Bardia, nach Capuzzo und Sidi Azeiz, nach Sidi Suleiman und weiter ins Hinterland bis hin nach Marsa Matruk.

Jäger stießen hier auf Jäger; in langen Duellen, blitzschnellen Luftkämpfen und Tiefangriffen versuchten beide Seiten den Sieg zu erringen. Hier war es, wo Stahlschmidt auf einen Gegner stieß, gegen den er 35 Minuten kämpfte. Dicht vor der eigenen Kanzel flitzten die Feuerstöße des Gegners her. Dann saß Stahlschmidt ihm im Nacken, und als der Gegner aus einer Kurve heraus durch das Visier wanderte, schoß Stahlschmidt. Dunkler Rauch zog hinter dem Briten her. Aber er jagte weiter, versuchte, im weiten Schwung in ein Wadi hinuntergehend, in das Tal von Sollum zu entkommen. Von oben stieß Stahlschmidt nach. Slippend rutschte die Bf 109 in die Tiefe und kam in die Flanke des Gegners. Stahlschmidts Daumen drückte den schwarzen Knopf über dem Steuerknüppel. Beide Bordkanonen und die beiden MG hämmerten gleichzeitig los. 2-cm-Granaten und 7,9-mm-Stahlmantelgeschosse schlugen dem Gegner in die Flanke. Die »Hurricane« löste sich mit einem grellroten Feuerstern auf, und die Trümmer stürzten den Felsen des Halfaya-Passes entgegen.

Zum erstenmal erschien nun auch der Oberfähnrich Stahlschmidt wackelnd über dem Platz, und seine Monteure, die die Messerschmitt heute das achtemal aufmunitioniert hatten, warfen jubelnd die Arme hoch. Es war der 15. Juni 1941.

Tags darauf tauchten die ersten »Tomahawks« in der Wüste

auf, die mit zwei 12,7- und vier 7,7-mm-MG bestückt waren. Sie gehörten zur 250. Squadron. Mit diesen Maschinen der US-Firma Curtiss sollten die deutschen Flieger von nun an öfter zu tun bekommen.

Am 17. Juni schoß Hans-Joachim Marseille, endlich zum Leutnant befördert, zwei »Hurricanes« ab. Leutnant Heinz Schmidt brachte es auf vier Abschüsse, Oberfeldwebel Förster und Feldwebel Mentnich waren die beiden anderen Sieger im Luftkampf dieses Tages.

In den vier Tagen der Kämpfe bei Sollum waren 32 britische Jäger verlorengegangen. Von ihnen waren 25 durch die Messerschmitt-Jäger abgeschossen worden. Dazu bemerkte Generalmajor Playfair in der »History of Second World War — The Mediterranean and Middle East«: »Die schweren Verluste an Jägern wurden von Luftmarschall Tedder teils auf das ungenügende Training und die mangelnde Erfahrung und teils auf die Tatsache zurückgeführt, daß die Jäger-Patrouillen durch den Befehl, einen dichten, lückenlosen Luftschirm über den Erdtruppen zu bilden, stellenweise zu schwach waren.«

Der erste Einsatz von Joachim Müncheberg, der nunmehr zum Hauptmann befördert worden war, begann am 20. Juni, als er südostwärts von Buqbuq eine »Hurricane« abschoß. Von nun an ging es bei Müncheberg ebenso wie bei Marseille und Stahlschmidt unaufhörlich weiter. Leutnant Schroer war ebenfalls immer wieder mit Abschüssen in den Erfolgslisten vertreten. Am 15. Juli entging Müncheberg um ein Haar dem Abschuß vom Boden aus, als ein auf der Straße stehender Tommy ihm mit dem Karabiner die rechte Ohrmuschel seiner Fliegerhaube abschoß. Müncheberg schrieb in einem Brief an einen Freund, daß die P 40 immer mehr in Erscheinung trete und daß aus diesem Grund die Umrüstung der deutschen Jäger auf die Bf 109 F, die für August geplant sei, dringlich wäre. Diese neue Version der Messerschmitt war 600 Stundenkilometer schnell.

Ende Juli wurde die 7./JG 26 wieder nach Sizilien zurückgeschickt. Damit war auch Münchebergs Afrika-Einsatz zu Ende. Er sollte sich später auf Malta spezialisieren.

Auf britischer Seite gab es in der obersten Führungsspitze der RAF einige Umbesetzungen. So wurde Air Vice Marshal Collishaw durch Air Vice Marshal Sir Arthur Coningham ersetzt. Um den Erdkampf besser unterstützen zu können, wurde die 253.

Wing aufgestellt, die sich aus einer Jäger-, einer Aufklärer- und einer Bomber-Squadron zusammensetzte.

Auf italienischer Seite wurde die Regia Aeronautica durch zwei Gruppen mit Macchi-MC-200-Maschinen der 153. und 157. Gruppo aufgestockt. Die italienische Luftwaffe in Afrika verfügte über eine Reihe von Flugzeugtypen, die an Schnelligkeit denen der Gegner und der deutschen Verbündeten unterlegen waren. Dennoch griffen auch sie immer wieder in die Kämpfe ein und erzielten bei schweren Verlusten einige beachtliche Erfolge. Erst nach Auftauchen der Macchi MC 202 besaßen die italienischen Jäger eine Maschine, die ebenso schnell war wie die Bf 109 F-2 Trop, und zwar 600 Stundenkilometer.

Hans-Arnold Stahlschmidt wurde in diesen Wochen zu einem der erfolgreichsten deutschen Jagdflieger. Beim Angriff eines Bomberpulks von zehn Martin-A-26-»Maryland« auf die deutschen Stellungen gelang es ihm, einen der Bomber abzuschießen. Bei der freien Jagd dieses Tages über Buqbuq, jenseits des Halfaya-Passes, kam es zu einem Duell mit 20 »Hurricanes«. Feldwebel Förster meldete die Feindmaschinen, die dicht unter ihnen, aber noch weit voraus flogen. Stahlschmidt schob den Gashebel weit nach vorn. Rasch kam der Pulk näher — und schon füllte eine »Hurricane« den Visierkreis aus. Mit der ersten Salve wurde der Feindjäger zur Seite gewirbelt. Er stellte sich auf den Kopf und fiel dem Wüstenboden entgegen, um im Aufschlagbrand zu verglühen.

Zwei Minuten später jagte Stahlschmidt in halber Rückenlage, zu einer engen Kurve eindrehend, auf den nächsten Gegner zu. Auch er, inzwischen Leutnant, hatte im Wüstenkampf Erfahrungen gesammelt, so daß der Warnruf seines Rottenkameraden ihn sofort handeln ließ. Er drehte weg, und ein greller Feuerstoß zischte hart an seiner Kanzel vorüber. Steil drückte Stahlschmidt die Maschine hinunter, so daß die nächste Salve des Gegners wirkungslos durch den Wüstenhimmel zog.

Die »Hurricane«, auf die Stahlschmidt bei diesem Angriff geschossen hatte, brannte. Eine Minute später sah Stahlschmidts Rottenkamerad den Aufschlagbrand, der den zweiten Abschuß einer »Hurricane« bestätigte.

Neben den Jägern hatten im Sommer die Sturzkampfflieger die Hauptlast des Luftkampfes zu tragen. Ihre Ziele waren immer wieder Tobruk und Marsa Matruk. Als sich einmal Hauptmann Mahlke, der Gruppenkommandeur der Stukas

(III./StGeschw. 1) bei Generalmajor Fröhlich zur Erfolgsmeldung einfand, wurde er von dem alten Adler Fröhlich nach dem besten Abflugkurs von Tobruk aus heimwärts gefragt.

Mahlke antwortete: »Hier, auf diesem Kurs fliege ich immer zurück!«

Er zeigte an der Lagenkarte seinen Rückflugweg. Verblüfft sah der Fliegerführer Afrika, daß dieser Kurs eine lange Strecke über ein Gebiet mit starker feindlicher Luftabwehr führte.

»Warum fliegen Sie denn den langen Weg über flakgefährdetes Gebiet, Mahlke?« fragte Fröhlich verblüfft.

Die Antwort des Hauptmannes kam sofort: »Da hat man länger was von, Herr General.«

Hauptmann Mahlke, einer der tapfersten Flieger, die je in einer Ju 88 gesessen haben, flog jeden Tag mit seiner »Jolanthe« einen Einsatz gegen Tobruk und die dort im Hafen oder auf der Reede liegenden Schiffe. Durch die Feuerwände der Flak stürzte er auf sein Ziel hinunter und bombte es zielsicher und gekonnt.

Aber auch die Besatzungen der Zerstörermaschinen bildeten eine verschworene Gemeinschaft. Als bei einem Streifenflug eine Messerschmitt Bf 110 C in der Wüste notlanden mußte, setzte die mitfliegende Rottenmaschine neben der Bruchmaschine in der offenen Wüste auf und nahm deren Besatzung an Bord. Mit fünf Mann »Besatzung« kehrte diese Messerschmitt heil zum Einsatzhafen zurück und landete sicher.

»Wir lassen keinen Kameraden allein«, sagte der Flieger, als er gefragt wurde, ob dies denn nicht sehr gefährlich gewesen sei. »Lieber mit vor die Hunde gehen, als sich vorwerfen zu müssen, einen Kameraden in der Wüste verrecken zu lassen.«

Der Sommer verging, und nach der Zeit verhältnismäßiger Ruhe hatten beide Seiten bereits lange zum nächsten Schlag gerüstet.

Ein Angriff von 27 Fiat-G-50-Maschinen der 20. Gruppo auf den Flugplatz der 1. Südafrika-Squadron endete für sechs dieser Maschinen tödlich. Oberstleutnant Mario Bonzano, der den Angriff führte, meldete zwölf Feindflugzeuge am Boden zerstört und eine Reihe anderer abgeschossen.

Am selben Tag wurde in Ägypten die 252. Squadron aufgestellt, die mit »Beaufightern« ausgerüstet war.

Der Angriff italienischer Maschinen auf Sidi Barrani wurde am 6. September wiederholt. Der Platz der 33. Squadron wurde überflogen, eine »Hurricane« vernichtet und zwei schwer beschädigt.

Der dritte Angriff der italienischen Luftwaffe auf diese Plätze erfolgte am 7. September. Diesmal war ihr Erfolg größer, als beide Male vorher. Es waren 22 MC 200 der 153. und 15 G-50 der 155. Gruppo, die über Sidi Barrani erschienen und aus allen Waffen feuernd die Plätze im Tiefflug überflogen. Deutsche Bf 109 schlossen sich dem Angriff an. Sieben »Tomahawks« gingen in Flammen auf. Auf dem Platz der 1. SAAF wurden fünf »Hurricanes« vernichtet.

Am Nachmittag wurde dieser überfallartige Angriff wiederholt. Die Briten verloren binnen 24 Stunden hier insgesamt 21 Flugzeuge.

Die im Raum Sidi Barrani liegenden Squadrons erhielten am anderen Tag Befehl, die Plätze zu räumen und nach Sidi Haneish zurückzuverlegen und nur noch zum Auftanken Sidi Barrani anzufliegen.

Ein schwerer Schlag traf die deutsch-italienische Luftwaffe am 14. September. An diesem Tag waren zwölf Ju 87 mit italienischen Besatzungen der Squadriglia 209 zum Angriff auf Sidi Barrani gestartet, um einen Vorstoß deutscher Kampftruppen in diesem Raum zu unterstützen. Als sie den Anschluß an ihren Geleitschutz verloren, verfranzten sie sich, und zehn Maschinen mußten in der Wüste verstreut notlanden. Acht dieser Stukas fielen mitsamt ihren Besatzungen dem Gegner in die Hände.

Für die deutsche Luftwaffe war der 14. September ein glücklicher Tag, denn es traf die II./JG 27 ein, die mit den neuen Bf 109 F-4 ausgerüstet war. Gruppenkommandeur Hauptmann Lippert trug bereits das Ritterkreuz. Er hatte seine ersten Luftsiege im Spanien-Feldzug errungen. Die Kapitäne der 4., 5. und 6. Staffel waren die Oberleutnante Gustav Rödel, Ernst Düllberg und Strößner. Eine Reihe erfolgreicher Jagdflieger standen in den einzelnen Staffeln, die auch sehr bald in Afrika von sich reden machen sollten.

Der 24. September wurde für Leutnant Marseille zu einem bedeutsamen Tag, denn zum ersten Male konnte er die von ihm entwickelte Taktik im Luftkampf erfolgreich anwenden.

Es war über dem Halfaya-Paß, wo am Nachmittag dieses Septembertages über 20 Messerschmitts der I./JG 27 auf etwa 20 »Hurricanes« und andere Maschinen der Engländer stießen.

Neun der britischen Maschinen waren »Hurricanes« der 1. SAAF Squadron.

Aus der Abendsonne kommend, stießen die deutschen Jäger, unter ihnen Marseille, Oberleutnant Homuth und Oberfeldwebel Kowalski, auf den Pulk der britischen Jäger. Der englische Verband stob auseinander. In einer Linkskurve hinter einer »Hurricane« hersetzend, schoß Marseille, nur knapp 40 Meter hinter der »Hurricane« hängend, einen Feuerstoß, der den Gegner brennend abstürzen ließ. Nunmehr formierten die britischen Flieger den gefürchteten Abwehrkreis. Und jetzt geschah es: Marseille überstieg den Kreis und stürzte dann beinahe senkrecht mitten in diesen Kreis hinein. Im Abfangen und Emporziehen seiner Maschine durchsiebte er eine »Hurricane« und stieg wieder steil empor.

Zehn Minuten drehte sich bereits das Abwehrkarussell, als eine »Hurricane« aus dem Kreis ausscherte und nach Westen wegflitzte. Abermals stürzte Marseille herunter und erreichte sie durch diese Fahrtüberhöhung rasch. Sein erster Feuerstoß auf diesen Gegner war ein Volltreffer.

Marseille hatte vorher eine weitere »Hurricane« abgeschossen, so daß er nach Rückkehr von diesem Einsatz seinen 20. bis 23. Abschuß melden konnte.

Ende September wurden die Ghiblis so stark und kamen in so dichter Reihenfolge, daß kaum Flugwetter bestand. Erst am 3. Oktober startete die II./JG 27 zum ersten größeren Feindflug und erzielte vier Abschüsse. Die erste Bf 109 F wurde an diesem Tag bei Sidi Barrani von Lieutenant Lacey abgeschossen.

Am 6. und 7. Oktober war es Oberfeldwebel Schulz, der zwei »Tomahawks« und zwei »Hurricanes« abschoß und so seinen Einstand in Afrika gab, wo er noch zu legendärer Berühmtheit als »Eins-zwei-drei-Schulz« kommen sollte.

Ende Oktober hatten sich die britischen Fliegerverbände in der Wüste weiter verstärkt. Die 260. Squadron war aus Palästina nach Ägypten verlegt worden, und am 29. Oktober erschienen die Maschinen der 94. Squadron in der Wüste, die in der Luftschlacht über England zu den Assen der Abwehr deutscher Bomber und Kampfflieger zählte.

Die 24. SAAF Squadron erhielt als erster Bomberverband in Nordafrika die »Douglas Boston III«.

Generalmajor Fröhlich hatte versucht, im Verlauf des Sommers und Herbstes seine Fliegerkräfte in den Raum zwischen

Tobruk und Bardia zu verlegen. Doch diese Bemühungen scheiterten, einmal wegen der damit verbundenen Verlängerung des Nachschubweges, zum anderen, weil beim DAK die Sorge bestand, daß dann die Fliegerkräfte durch Kommandounternehmen des Gegners und Überfälle aus der Luft lahmgelegt oder gar ganz zerschlagen werden könnten.

So blieb Derna der Haupteinsatzhafen. Generalmajor Fröhlich hatte hier den Gefechtsstand des Stabes einrichten lassen. Er selbst weilte die meiste Zeit vorn in Gazala im vorgeschobenen Gefechtsstand. Dort war er näher am Ort des Geschehens und konnte raschere Entscheidungen treffen. Dieser Gefechtsstand befand sich übrigens in einer arabischen Grabkammer und war bombensicher. Am Tag wurde der Dienstbetrieb ins Freie verlegt. Auch die Mahlzeiten wurden oftmals im Freien eingenommen. Wer auch immer beim Gefechtsstand in Gazala auftauchte, fand an der langen Tafel Platz, die General Fröhlich hatte aufstellen lassen und wo auch er einmal neben seinem Schreibstubengefreiten, dann wieder neben einem der zu Besuch weilenden Flieger saß.

Der Sommer und der Herbst vergingen. Die Regenzeit nahte. Für die Fliegertruppe wurde sie zu einer schlechten Zeit. Aber sowohl das DAK als auch der Gegner rüsteten zu einem neuen Schlag.

Wie hatte sich in der Zwischenzeit die Versorgung der Truppe gestaltet? Waren genügend Geleitzüge durchgekommen?

Das Nachschubproblem
des deutschen Afrika-Korps

Ausgangslage

Die Versorgung des Deutschen Afrika-Korps mit dem laufenden Bedarf an Verpflegung, Treibstoff, Waffen und Munition erwies sich von Anfang an als äußerst schwierig und stets unzureichend. Ein vom Gegner beherrschtes Meer lag zwischen dem Ausgangspunkt der Transporte und den Zielhäfen. In diesem Meer hatte der Gegner drei U-Boot-Flottillen im Einsatz, deren Wirksamkeit groß war.

An Schiffen befanden sich zu Beginn des deutschen Engagements in Nordafrika, im Mittelmeer und überwiegend in italienischen Häfen etwa 80; sie standen zur Verfügung. Wenn dann dieser Nachschub für zunächst »nur« zwei Divisionen und einige Sonderverbände in Afrika, das heißt im Hafen von Tripolis, angekommen war, galt es, die Schiffe zu entladen, auf den Lkw-Kolonnenraum zu verlasten und zur Front zu fahren. Mit dem Vorrücken der deutsch-italienischen Truppen nach Osten wurde beinahe täglich der Weg zur Front länger.

Unter Führung des Oberquartiermeisters Afrika, Oberstleutnant Graf Klinkowström, wurden in zwei, später in drei Nachschubkolonnen-Abteilungen zu je etwa 360 Tonnen Ladekapazität und einigen italienischen Lastwagenkolonnen der Umschlag von Tripolis in die Vorratslager der weiteren Umgebung gefahren. Von hier aus holte der Ib der 5. Leichten Division mit einer Nachschub-Kolonnen-Abteilung die Vorräte ab und schaffte sie seinerseits in die frontnahen Lager am Arco dei Fileni. Für die 5. Leichte AD allein wurde ein täglicher Bedarf von 320 Tonnen errechnet.

Dazu kam noch das benötigte Wasser, das teilweise in Tankwagen herbeigeschafft werden mußte. Um aber die daraus resultierenden 9000 Tonnen monatlich aus dem 670 Kilometer entfernten Tripolis herbeizuschaffen, hätte es eines viel größeren Tonnageraumes bedurft, als jener, der tatsächlich zur Verfügung stand. Jede Kolonne, die nach Tripolis fuhr, belud und zum Arco dei Fileni zurückrollte, um dort zu entladen, benötigte für eine solche Hin- und Rückfahrt insgesamt sechs Tage. Das bedeutete, daß die eine Kolonne, die der 5. Leichten zur Verfügung stand, nur 1600 der benötigten 9000 Tonnen heranschaffen konnte.

Aus diesem Grund wurde die Küstenschiffahrt mit kleinen und kleinsten Motorschiffen und Motorseglern rasch organisiert und angekurbelt. Dies gab Erleichterungen.

Mit der Vorverlegung der Front aber in den Raum Tobruk und schließlich in den Raum Bardia stiegen die Distanzen auf 1500 Kilometer und darüber an. So mußte der Oberquartiermeister den größten Teil seines Kolonnenraumes zum Transport über die Küstenstraße bis nach Bengasi einsetzen und die Schiffahrt bis nach Derna laufen lassen.

Die Küstenschiffahrt wurde jedoch immer wieder von britischen Fliegern und U-Booten gestört. Einzig die italienischen U-Boote, die immer wieder aus Unteritalien ausliefen, um in jedem Boot 80 Tonnen Panzermunition oder 140 Tonnen Benzin nach Derna oder Bardia zu bringen, kamen noch unangefochten durch.

Dies aber stand alles theoretisch auf dem Papier, denn immer wieder, vom ersten Einsatz deutscher Schiffe zum Transport über das Mittelmeer, wurden Schiffe von Flugzeugen gebombt oder von U-Booten torpediert und gingen unter.

Bereits von Januar bis Mai 1941 gingen elf deutsche Nachschubschiffe mit 42 000 BRT Fassungsvermögen verloren.

Während die beiden ersten Geleitzüge für das Afrika-Korps und mit Truppen desselben an Bord heil durchkamen, wurde von dem vom 21. bis 25. Februar in See stechenden Geleitzug ein deutscher Dampfer mit 5608 BRT versenkt.

Den ersten vernichtenden Schlag gegen Nachschubschiffe richtete die britische »Force K« mit vier Zerstörern am Abend des 16. April gegen die Frachter »Adana«, »Aegina«, »Arta« und »Iserlohn«, die von drei italienischen Torpedobootszerstörern gesichert wurden.

Bei der Insel Kerkennah stießen beide Gruppen aufeinander. Alle vier deutschen Schiffe wurden versenkt. 3000 Soldaten des DAK schwammen im Wasser des Mittelmeeres um ihr Leben. Die vorbildlich kämpfenden Torpedobootszerstörer, von denen »Targio« (Fregattenkapitän Cristofaro) den britischen Zerstörer »Mohawk« versenkte, fischten die ganze Nacht die schiffbrüchigen deutschen Soldaten auf und riefen Hilfe herbei. Insgesamt

des Wissens

2 Bände, 286, 240 Seiten, Leinen, illustriert,
Register, je 26,— DM
Zwei Weltkriege, verwildertes Völkerrecht,
unrealistische Ideologien in Religion und
Philosophie, offene Fragen in Grundsatz-
bereichen der Naturwissenschaft, verworrene
und unehrliche politische Dogmen, dialek-
tische (parteiliche) Geschichtsschreibung,
eine Umwertung aller Werte kennzeichnen

Selbstmord ein

Identität von KPD und
120 Seiten, illustriert, 1
Die vertiefte Spaltung
Todeszone und Mauer,
kommunistische Infiltra
schichtsbetrug und Ve
politik stellen eine Her
freien Bürgers dar.

Die angeblichen „historischen Grenzen Polens"

Polen in der Mehrheit
Polen in der Minderheit
Außenlinie des weitesten Umfanges
Staates im Verlauf der Jahrhunderte
Verhältnismäßig große Zahl von Pol
land und Dänemark
über 50 000 Polen in einem französisch
über 20 000   „   „   „   „
über 5 000   „   „   „   „
1000   Zahl der Polen in einem Departmen
Department-Grenzen
Staatsgrenzen

Originalkarte aus Polen 1939

r Demokratie

DKP

,80 DM

Deutschlands mit
die grassierende
on, die auf Ge-
zicht aufgebaute Ost-
usforderung jedes

es Polnischen
 in Deutsch-
 Department
"
"

beteiligten sich im Morgengrauen des 17. April sieben Torpedo-bootszerstörer, zwei Lazarettschiffe und einige Seenotflugzeuge an der Bergung.

Diesen Einheiten gelang es, 1248 deutsche Soldaten zu retten. 1751 aber behielt die See. Dies war ein schwerer Schlag für das DAK.

Die italienischen U-Boote »Atropo« und »Zoea« führten die dringend benötigten Treibstoffe in zwei Unternehmungen von Tarent nach Derna. Ein einziger Torpedo hätte diese Boote in eine Flammenhölle verwandelt.

Am 1. Mai gingen die Nachschubdampfer »Larissa«, »Arcturus« und die »Leverkusen« verloren. Während das erste Schiff auf eine Mine lief, wurden die beiden anderen durch britische U-Boote versenkt.

Aber auch italienische Schiffe gingen verloren. Bei dem Truppentransport vom 22. bis 25. Mai 1941 nach Tripolis, der von vier Großtransportern durchgeführt wurde, die wiederum durch zwei Zerstörer und drei Torpedoboote gesichert wurden, sollten 8500 italienische Soldaten nach Afrika geschafft werden.

Zwei Kreuzer und drei Zerstörer hatten die Fernsicherung dieses wichtigen Konvois übernommen. Dennoch gelang es den Malta-U-Booten, zum Schuß zu kommen. Das U-Boot »Upholder« unter Lieutenant Commander Wanklyn versenkte die 17 879 BRT große »Conte Rosso«. Von den an Bord befindlichen 2500 Soldaten gingen 820 mit dem Riesendampfer unter.

Wenige Tage vorher hatte der italienische Dampfer »Birminia« sicher Tripolis erreicht. Im Bauch dieses 10 000 BRT großen Schiffes befand sich als Ladung für das DAK auch eine Menge 10-kg-Fliegerbomben, die zu je zehn gebündelt waren. Bei den Löschungsarbeiten war eine der Kisten geworfen worden. Die gesamte Ladung explodierte und riß das Deck der »Birminia« völlig auseinander. Es gab insgesamt 70 Tote und 88 Verwundete.

Korvettenkapitän Meixner, als Leiter der Seetransportstelle Tripolis, und Hauptmann Otto, der später O.Qu. Afrika werden sollte, rasten zur Pier, wo neben der »Birminia« der italienische Hilfskreuzer »Citta di Bari«, voll mit Benzin beladen, mit in die Luft geflogen war.

Und dann erfuhr Meixner noch, daß zwei in See stehende Schiffe in den nächsten 24 Stunden Tripolis erreicht haben mußten. An Bord die gleichen Fliegerbomben, deren Sprengpatronen auf dem Blech angebracht waren, das die jeweils zehn Bomben zusammenhielt.

Als die Schiffe eintrafen, ließ Korvettenkapitän Meixner sie auf der Reede liegenbleiben. Sie durften nicht Anker werfen, sondern mußten die Anker mit dem Handspill hinunterlassen, um keine große Erschütterung zu verursachen. Der um Rat befragte Oberbefehlshaber der Luftwaffe, Reichsmarschall Göring, befahl, die Schiffe auf hohe See zu bringen und sie dann in die Luft zu jagen. Aber die Fliegerbomben wurden an der Front benötigt, und zwei große Schiffe einfach zu sprengen, die man bitter nötig hatte, war leicht zu befehlen.

Er ließ die beiden Schiffe nicht sprengen, sondern holte einige Trupps Freiwilliger, die die Kisten an Bord vorsichtig öffneten und die Sicherungsgriffe in Augenschein nahmen. Dort, wo sie noch in der richtigen Lage steckten, konnten die Kisten — die übrigens auf Fliegerbomben jeder Größe lagerten — in die Leichter und mit diesen an Land geschafft werden.

Bereits bei der vierten Kiste sah man einen gelösten Sicherungsstift. Kapitän Reinen, einer der deutschen Kapitäne, deren Schiff versenkt worden war und der in Tripolis auf Eis lag, ging daran, mit Hilfe eines Feuerwerkers die scharfgewordene Bombe herauszunehmen und den Zünder herauszuschrauben.

So entschärften sie am ersten Tag bereits sechs Bomben, von denen eine einzige genügte, um das Schiff mit seiner hochbrisanten Ladung in die Luft zu jagen.

In fünf Tagen — so lange dauerte diese Untersuchung — wurden 22 Bomben entschärft. Jedesmal blieb Kapitän Reinen mit einem Helfer — der Feuerwerker mußte zu seiner Einheit zurück — allein im Bauch des Schiffes und entschärfte die Bombe, die gerade an der Reihe war. Beide Schiffe wurden auf diese Art und Weise gerettet.

Als erster Handelsschiffskapitän erhielt Kapitän Reinen das Eiserne Kreuz I. Auch Oberleutnant Krüger, sein Helfer, erhielt diese Auszeichnung.

Am 3. Juni gingen zwei italienische Konvoischiffe verloren, sie wurden von britischen Bombern versenkt. Die italienischen U-Boote »Zoea«, »Corridoni« und »Atropo« brachten wieder Benzin-Nachschub nach Bardia. Diese Fahrten gehörten zu den gefährlichsten des ganzen Krieges. Ein einziger Treffer würde

Auszeichnungen nach der Sollum-Schlacht für (von links): Leutnant Adam, Leutnant Weiss, Leutnant Liestmann, Feldwebel Pirath der II./Panzer-Regiment 8; alle vier fielen am 23. 11. 1941 bei Sidi Rezegh im Kampf gegen die 7. Britische Panzer-Division.

Rechts: Theodor Schwabach, I./Flak-Regiment 33 (mot.), erhielt als einer der ersten das Ritterkreuz.

Oben: Wegweiser an der Via Balbia.

Unten: Rommel (Mitte) im Gespräch mit deutschen und italienischen Stabsoffizieren vor Tobruk, Juni 1942.

Weihnachten in der Wüste.

Links oben: Generalmajor Neumann-Silkow. Rechts oben: Werner Marcks, Kampfgruppenführer in Afrika. Links unten: Die Kampfgruppe Geißler war immer weit voraus. Rechts unten: General der Panzertruppe Gustav von Vaerst.

genügen, die Boote in Flammendome zu verwandeln, deren Glut alles auffraß.

Von den zwei Mitte Juli nach Nordafrika durchgeführten Großgeleitzügen wurden aus dem ersten Konvoi von dem Malta-U-Boot P 33 (Lieutenant Whiteway-Wilkinson) ein Schiff herausgeschossen. Der Angriff von »Unbeaten« auf das große Schiff »Oceania« aus dem zweiten Konvoi ging haarscharf vorbei.

Am 22. Juli wurde südlich von Pantelleria durch britische Luftangriffe die »Preußen« versenkt. Mit diesem Schiff gingen 200 deutsche Soldaten unter. 6000 Tonnen Munition, 1000 Tonnen Benzin, 1000 Tonnen Verpflegung, 320 Fahrzeuge aller Art und 3000 Postsäcke gingen verloren.

Von Malta stiegen die Bomber auf, die diese Angriffe flogen. Aus dem Hafen der Insel liefen die U-Boote der 10. U-Flottille aus, die sich auf die Zwangswechsel legten und ihre Torpedos schossen. Malta war der Pfahl im Fleisch der deutsch-italienischen Truppen in Afrika.

Trotz dieser schweren Verluste waren von April bis Dezember 1941 allein in Bengasi rund 25 000 Tonnen Munition, 32 000 Tonnen Betriebsstoff und 18 000 Tonnen Verpflegung angelandet.

Von Juni bis Ende Oktober 1941 gingen 40 Schiffe auf See verloren. Der monatliche Nachschubbedarf hatte sich nach Eintreffen der 15. Panzer-Division im Juli auf 30 000 Tonnen laufenden Bedarf für das Heer, 20 000 Tonnen für die Bevorratung und 8000 Tonnen für die Luftwaffe erhöht. Die nunmehrige Panzergruppe Afrika hatte ihren Bedarf für den neuen Angriff im November auf insgesamt 24 000 Tonnen für Tripolis und 35 000 Tonnen für Bengasi veranschlagt. Die Seelage entwickelte sich jedoch nicht positiv, sondern wurde stark rückläufig. Das begann im Oktober und hielt bis zum Dezember an. Die Unterversorgung der Panzergruppe Afrika nahm bedrohliche Formen an. Im Oktober wurden insgesamt rund 50 000 Tonnen Nachschub nach Afrika geschafft. Von diesen Mengen wurden jedoch rund 63 Prozent versenkt. Die im November zur Verschiffung gelangende Menge von 37 000 Tonnen kam nur zu 23 Prozent in Afrika an. Alles andere wurde durch Flieger und U-Boote versenkt.

Trotz der großartigen Leistungen der Überführungs- und der

Küstenschiffahrt wurden die Anforderungen der Panzergruppe Afrika zur Bevorratung für den Angriff auf die Festung Tobruk nur zu rund 40 Prozent erfüllt.

Würde es zu einer völligen Blockade des Nachschubs kommen, waren die Panzergruppe Afrika und die italienischen Divisionen verloren.

Die große Winterschlacht

Der Kampf in Nordafrika hatte sich um Tobruk festgebissen. Die ostwärts Tobruk stehenden deutschen Verbände befanden sich in Höhe Sollum. Inzwischen war die 15. Panzer-Division voll auf dem afrikanischen Kriegsschauplatz erschienen.

Erwin Rommel, am 1. Juli 1942 zum General der Panzertruppe befördert (von Hitler bereits am 19. Juni befohlen), hatte nach Zustimmung durch die Italiener die »Panzergruppe Afrika« gebildet. Am 15. August 1941 nahm der Stab dieses neuen Kommandos seine Arbeit auf. Kommandierender General des DAK wurde im September 1941 Generalleutnant Crüwell, der aus Rußland kam.

Trotz des am 22. Juni 1941 begonnenen Rußland-Feldzuges war eine weitere Division mit ihren ersten Teilen bereits Mitte Juli nach Afrika übergeführt worden: die 90. Leichte Afrika-Division.

Alles wurde auf deutscher Seite zur neuen Offensive vorbereitet. Aber auch die gegnerische Seite rüstete zu einem neuen Schlag.

Sir Claude Auchinleck, der neue Oberbefehlshaber in der Wüste, hatte die Sommerpause ebenfalls genutzt. Hier wurde am 26. September die 8. Armee aus der Taufe gehoben. General Sir Alan Cunningham wurde deren Oberbefehlshaber. Er richtete sein neues Hauptquartier in der Wüste ein. Ihm standen nunmehr zwei Armee-Korps zur Verfügung: das XXX. Armee-Korps mit der 7. Panzer-Divison, der 1. Südafrikanischen Infanterie-Division und der 22. Garde-Brigade. Sein XIII. Armee-Korps bestand aus der Neuseeländischen Division, der 4. Indischen Division und einer Kampfgruppe Panzer, die mit dem Mark II ausgerüstet war. Als Reserve stand dieser 8. Armee die 4. Panzer-Brigade zur Verfügung, die mit neuen, aus den USA gekommenen »Stuart«-Panzern ausgerüstet war. Bis Ende Oktober standen der 8. Armee 300 britische Crusader-Panzer, 300 Stuart-Tanks, 168 Infanterie-Panzer, 34 000 Lastwagen, 600 Feldgeschütze, 80 schwere und 160 leichte Flak, 200 Pak und 900 Granatwerfer neu zur Verfügung.

Kommandierender General des XXX. Korps wurde General

Vivian Pope, ein Panzerexperte, der bis dahin im Kriegsministerium die Beschaffung und Konstruktion der Panzerwaffen geleitet hatte. Als er am 5. Oktober bei einem Flugzeugabsturz tödlich verunglückte, trat Generalmajor Willoughby Norrie, bis dahin Kommandeur der 1. Panzer-Division, an die Spitze des Korps und wurde zum Generalleutnant ernannt. Generalleutnant Godwin-Austen sollte Kommandierender General des XIII. Korps werden.

Der Angriffsplan, der der »Operation Crusader« — Kreuzfahrer — zugrunde gelegt wurde, basierte darauf, daß das XXX. Korps zwischen Maddalena und Sidi Omar über die Grenze vordringen sollte, um bei Gabr Saleh, 50 Kilometer weiter westlich, die Ausgangsstellung zu beziehen. Hier sollten die Panzerkräfte Rommels Reaktion abwarten. Das XIII. Korps wiederum sollte die an der Grenze befindlichen deutschen Stellungen umgehen, und zwar nach rechts, um den Gegner im Norden zu binden. Zwischen den beiden Korps sollte die 4. Panzer-Brigade als Flankenschutz für das XIII. Armee-Korps ebenso wie als Verstärkung für das XXX. Korps zur Verfügung stehen. Eine zusätzliche kleinere Kampfgruppe sollte außerdem einen Scheinangriff gegen Djalo führen.

Es ging also darum, daß das XXX. Korps das DAK in eine Panzerschlacht verwickelte und in dieser Schlacht vernichtete. Erst danach sollte die Besatzung von Tobruk entsetzt werden, wozu sie selbst einen Ausbruch unternehmen sollte, dessen Beginn von General Norrie befohlen werden würde.

Zur Versorgung der Fronttruppen mit Wasser war eine 250 Kilometer lange Wasserleitung mit sieben Pumpstationen und neun Reservoiren verlegt. Ein gegen Fuka gerichteter deutscher Luftangriff vernichtete den Hauptteil dieser Anlage. Das dort gesammelte Wasser lief aus. Es sollte bis Mitte November dauern, bis die Reparatur ausgeführt war.

Doch zurück zur deutschen Seite, auf der sich in der Zwischenzeit ebenfalls einiges verändert hatte.

Die Panzergruppe Afrika mit dem DAK, der 15. und 21. Panzer-Division (letztere war die 5. Leichte Division), der Division »Savona« und dem XXI. Armee-Korps der Italiener unter General Navarrini (mit den Divisionen »Trento«, »Bologna«, »Brescia« und »Pavia«) wurde noch durch das XX. Italienische Panzer-Korps unter General Gambarra verstärkt, in dem die Panzer-

Division »Ariete« und die 101. Infanterie-Division »Trieste« vereinigt waren.

Neuer Oberkommandierender Nordafrika war nach der Ablösung von Armeegeneral Gariboldi Armeegeneral Ettore Bastico geworden.

Die Division »Trieste« wurde erst Mitte September aus Italien zugeführt. Das XX. Korps wurde jedoch der Befehlsgewalt Rommels entzogen und Armeegeneral Bastico direkt unterstellt. Das Armee-Korps lag zunächst im Raum Gazala—Martuba zur Ausbildung. Deutsche Pioniere waren beim Ausbau der Stützpunkte gemeinsam mit italienischen Einheiten tätig.

Im Juli und August konnten die 15. und 21. Panzer-Division zur Auffrischung und Ausbildung in Zeltlager am Meer zwischen Bardia und Marsa Belafarit — etwa 40 Kilometer ostwärts Tobruk — zurückverlegt werden.

Die 15. Schützen-Brigade, die seit Mai am Ras el Madauar in der Gluthitze des Sommers gelegen hatte, wurde durch die 90. Leichte abgelöst.

Der Krankenstand war im Sommer auf 10 000 (August) und auf 11 000 im September emporgeschnellt, dies bei einer Verpflegungsstärke von 48 500 Mann. Es waren durchaus schwere Erkrankungen wie Ruhr, Gelbsucht und Diphtherie. Hautgeschwüre und Unterschenkelgeschwüre kamen hinzu.

In Deutschland hatte der Generalstab des Heeres den Angriff auf Tobruk für Anfang bis Mitte September vorgesehen. Als aber die Schiffsverluste ab September erschreckend zunahmen, mußte die Panzergruppe Afrika melden, daß sich der Angriff auf Tobruk entscheidend verzögern würde, wenn nicht die Entlastung der Geleitzugwege erfolge.

Daß der Gegner sich mehr und mehr verstärkte, war durch die deutsche Luftaufklärung bereits im Juli erkannt und im August noch besonders bestätigt worden. Ende August meldete die Luftaufklärung das Auffinden von vier großen Versorgungslagern der Engländer noch vor der jetzigen Front, und zwar im Raum Bir Khireiqat, Bir Diqnash und Bir Habata.

Rommel befahl dem Afrika-Korps am 27. August, das Lager Bir Khireiqat entweder zu nehmen und die dort lagernden Vorräte abzufahren, oder es zu zerstören. Rommel dehnte diesen Auftrag Anfang September auch auf die Zerschlagung der hinter dem Lager stehenden Feindkräfte der 7. Panzer-Division aus.

Dieser Auftrag wurde der 21. Panzer-Division übertragen.

In der Nacht des 14. September rollten die Panzer des Panzer-Regiments 5 der 21. Panzer-Division aus ihren Bereitstellungen los. Unter Führung von Oberst Stephan fuhren sie rasch bis in den Raum Deir el Hamra, 56 Kilometer südostwärts Sollum vor. Feindgruppen, die auftauchten, wurden mit wenigen Schüssen zurückgedrückt.

Mehrere Feindpanzer wurden bei diesem Duell abgeschossen.

Die 2. Kampfgruppe, geführt von Major Schütte, mit dem inzwischen neu aufgefüllten MG-Bataillon 8, der unterstellten Panzerjäger-Abteilung 602, der I./AR 33 und einem Zug des Fla-Bataillons 606 fuhr während dieses Panzerkampfes zügig weiter vor. Sie erreichte den Quaret el Ruweibit. Hier wurden sie von britischen Spähwagen beschossen, Panzerjäger und Flak zogen vor und schossen zwei dieser Spähwagen in Brand. Daraufhin wich dieser Gegner nach Osten in die Wüste aus.

Die dritte Kampfgruppe wurde von Major Panzenhagen geführt. Sie bestand aus dem III. Bataillon des Infanterie-Regiments 347 der 90. Leichten AD. Mit dieser Kampfgruppe fuhr Major Panzenhagen auf der südlichen Flanke des Angriffskeiles vor. Während sowohl die erste als auch die zweite Kampfgruppe inzwischen angehalten worden waren, drang die Kampfgruppe Panzenhagen weiter vor. Im Befehlswagen führte Albert Panzenhagen seine Kradschützen.

Als am Nachmittag auch vor dieser Kampfgruppe feindliche Spähwagen auftauchten, kam es zum Feuerwechsel. Einige Spähwagen wurden getroffen. Bei der Kampfgruppe gab es Verwundete.

In der Nacht ließ Major Panzenhagen seine Kampfgruppe zu einem Igel zusammenfahren. Diese Vorsichtsmaßnahme sollte wenige Stunden später ihre Früchte tragen, als feindliche Infanterie mit Unterstützung von Spähpanzern angriff.

Mit MG-Salven und einem Zug der Fla 606 wurde der Gegner abgewiesen, ebenso ein Angriff zwei Stunden nach Mitternacht.

Am anderen Morgen setzte sich auch diese Kampfgruppe befehlsgemäß auf die Ausgangsstellung ab. Der Angriff wurde ein Stoß ins Leere.

Im Laufe des Oktober erhielt General Rommel immer wieder Hinweise und Mitteilungen darüber, daß der Großangriff des Gegners unmittelbar bevorstehe. Doch Rommel teilte diese Auffassung nicht, weil keine Aufklärungsergebnisse von seiner Truppe vorlagen, die darauf hindeuteten.

Anfang Oktober beurteilte Rommel die Situation dahin, daß die Feindlage für die eigene Panzergruppe Afrika günstig sei. Er wußte aber auch, daß dies von Monat zu Monat ungünstiger werden würde und meldete am 4. Oktober dem OKH, daß er nunmehr beabsichtige, in der ersten Novemberhälfte auf Tobruk anzugreifen. Das Comando Supremo stimmte übrigens diesem Vorhaben zu, während das Oberkommando der Italiener in Afrika noch zögerte. Am 26. Oktober wurde der Angriffsbefehl zum Sturm gegen Tobruk ausgegeben. Er sah folgendermaßen aus:

Das Deutsche Afrika-Korps würde an der Südostfront nach eingehender Artillerievorbereitung angreifen. Links davon sollte das XXI. Armee-Korps angreifen, mit Schwerpunkt beim DAK. Die Bataillone der 90. Leichten sollten die erste Bresche in den Festungsgürtel schlagen. Über sie hinwegrollend, würde sodann die 15. Panzer-Division in die Tiefe des Festungsgeländes vorstoßen. Zielrichtung sei die Straßengabel acht Kilometer südlich Tobruk und dann über Fort Solaro hinaus die Küste.

Der Angriff sollte zwischen dem 15. und 20. November starten. Die erbetene Unterstützung des Korps Gambarra wurde von General Bastico verweigert. Er stellte dessen Vorgehen in den Raum Bir el Gobi-Bir Hacheim in Aussicht. Dies würde bedeuten, daß das Korps den Angriff auf Tobruk lediglich nach Süden abschirmen würde.

Am 1. November flog General Rommel in Begleitung einiger Stabsoffiziere nach Rom, wo er dem Comando Supremo die Einzelheiten des bevorstehenden Angriffs vortrug.

Am 6. November erklärte sich das deutsche OKW mit Rommels Absicht, »den Angriff auf Tobruk zu führen, sobald ausreichende Fliegerkräfte zur Verfügung stehen«, einverstanden. Rommel wurde ermächtigt, im Einvernehmen mit dem X. Flieger-Korps den günstigsten Zeitpunkt zu bestimmen und die Entscheidung des italienischen Oberkommandos dazu herbeizuführen. Der beabsichtigte Angriffsbeginn sei über das OKH zu melden.

Am 10. November verlegte das XX. italienische Armee-Korps mit den Divisionen »Trieste« und »Ariete« nach Bir Hacheim und Bir el Gobi. Damit war die Südflanke abgeriegelt und Rommel »eine große Sorge abgenommen«, wie er dem Kommandierenden General Gambarra versicherte.

Am 13. November erfaßte die Funkhorchabteilung Südost die 1. Südafrikanische Division südlich Sidi Barrani. Doch man maß dieser Tatsache keine besondere Bedeutung bei.

Seit den späten Abendstunden des 15. November übernahmen die Verbände der 90. Leichten den Abschnitt der Division »Bologna« beiderseits der Küstenstraße. Gleichzeitig erfolgte die Unterstellung der 90. Leichten unter das XXI. Armee-Korps.

In der Nacht zum 16. November rollte die 21. Panzer-Division in ihren Bereitstellungsraum südlich Gasr el Arid, 15 Kilometer südöstlich Gambut vor. In dieser Nacht, eine Stunde vor Mitternacht, setzten starke feindliche Bomberangriffe gegen Bardia ein, wo der Gefechtsstand des DAK sich befand. Die Küstenstraße und der bisherige Unterkunftsraum der 21. Panzer-Division wurden ebenfalls stark gebombt. Aber diese Division war bereits in ihren Bereitstellungsraum vorgerückt, so daß diese Bomben in offenes, leeres Gelände fielen. In ihrem neuen Bereitstellungsraum wurden der 21. Panzer-Division die AA 3 und die AA 33 unterstellt, die unter Führung des Kommandeurs der AA 3 zur Kampfgruppe Wechmar zusammengefaßt worden waren.

Die Kampfgruppe Wechmar hatte Auftrag, am nächsten Tag über die Linie Maddalena—Sidi Omar tief nach Ägypten hinein bis in die Linie Bir el Chamsa—Bir Habata, 100 Kilometer südostwärts Sidi Omar, aufzuklären.

Als am 16. November die deutsche Angriffsartillerie vorzog, um aus der Südostfront auf Tobruk wirken zu können, und ein Ghibli aufkam, wurden diese Bewegungen gut verschleiert.

Die Kampfgruppe Wechmar war vor dem Grenzzaun angelangt und meldete das Vorgehen feindlicher Spähtrupps durch den Grenzzaun beiderseits Maddalena und im Süden gegen den Trigh el Abd. Bei diesen vorgehenden Gruppen wurden auch Panzer gesichtet, so daß die 21. Panzer-Division der Gruppe Wechmar einige Panzerjäger zuführte.

Der Sandsturm tobte den ganzen 17. November 1941 mit unverminderter Heftigkeit. Jede deutsche oder englische Luftaufklärung wurde dadurch verhindert. Der Funkhorchdienst stellte völlige Funkstille beim Gegner fest. Dies war ein Alarmzeichen.

Die Hitze des Tages drängte auf eine Entladung hin, und am Abend ging ein für afrikanische Verhältnisse ungeheures Gewitter nieder. In der gesamten Cyrenaika und auch in der Marmarica bis tief in die Wüste hinein kam es zu wolkenbruchartigen Regenfällen. Die Flugplätze, vor allem jene von Ain el Gazala und Tmimi, verwandelten sich in Schlammfelder und waren für Tage unbenutzbar. Weite Strecken der Küstenstraße wurden überschwemmt, Brücken wurden weggerissen, Lager und Befehlsstellen in den Trockenwadis — die sich in reißende Flüsse verwandelten — gingen verloren. In der Wüste ertranken deutsche Soldaten und italienische Kameraden. Blitze durchzuckten die Dunkelheit. Bei Gambut und am Halfaya-Paß schwammen Zelte und Funkwagen fort, Geschütze wurden überspült. Und dann erfolgte eine Funkmeldung: »Hochwasser! Hochwasser!«

»Hochwasser« war aber auch das Stichwort für den Beginn des eigenen Angriffs. Alle waren ratlos, bis auf die Soldaten der Gruppe Wechmar, die die feindlichen Panzerbewegungen im Raum des Trigh el Abd gesehen und gemeldet hatten.

Der britische Angriff mit der Codebezeichnung »Crusader« rollte. Gleichzeitig damit aber war in der Nacht zum 18. November 1941 noch eine weitere Operation angelaufen.

Britisches Kommandounternehmen
gegen Rommel in Beda Littoria

In der Nacht des 15. November näherten sich die beiden britischen U-Boote »Torbay« und »Talisman« der Bucht an der Cyrenaika-Küste, die einen Kommandotrupp unter Führung von Oberst Laycock an Land setzen sollten. Dieser Kommandotrupp hatte die Aufgabe erhalten, »im kritischen Moment das Gehirn und die Nervenzentrale der feindlichen Armee zu treffen«.

Gemeint war General Rommel und sein Stab. Er sollte zwölf Stunden vor Beginn der britischen Offensive »Crusader« gefangengenommen oder getötet werden.

Dieses Unternehmen, vom Chef aller Sonder- und Geheimkommandos der Briten, Großadmiral Sir Roger Keyes, geplant, war in London auf der Sonderschule der Kommandoausbildung angelaufen. Dort waren aus 100 Freiwilligen, Offiziere und Soldaten, nach dem Test und der Erprobung 53 Männer übrig geblieben. Major Geoffrey Keyes, ein Sohn des Großadmirals, hatte die Auswahl vorgenommen. Er sollte den Raid auch führen.

Als die Kommandogruppe des U-Boots »Torbay« in einem Schlauchboot an Land pullen sollte, kenterte dieses Boot immer wieder in der schweren Brandung. Schließlich kämpften sich 22 Soldaten, unter ihnen Keyes, nunmehr Oberstleutnant, und Captain Campbell, der als Experte gut deutsch und vor allem auch arabisch sprach — was ein Entkommen sicherstellen sollte — an Land durch.

An Bord der »Talisman«, mit dem Führer des Unternehmens Oberst Laycock, verlief diese Landung in der Nacht des 15. November noch schlechter. Zwei Soldaten ertranken, und von dem Rest kamen nur sieben Mann zur Küste durch, die anderen mußten wieder an Bord gehievt werden. Damit war nur gut die Hälfte des Kommandotrupps an Land gelangt. Während Oberst Laycock als Hauptführer des Unternehmens mit drei Soldaten als Wache an der Landungsstelle zurückblieb, um den Kontakt mit dem U-Boot zu halten, das sie wieder aufnehmen sollte, marschierten Keyes und Campbell mit dem Rest des Kommandotrupps landeinwärts bis zu einer Wegemarkierung, auf der sie tatsächlich mit Oberstleutnant John Haselden, einem der Köpfe der Long Range Desert Group, zusammenstießen. John Haselden, der seit einigen Monaten bereits hinter den deutschen Linien als Araber verkleidet lebte, wies den Kommandotrupp in das Gelände ein. Er erklärte die Lage und die Marschkompaßzahl, nach der sie marschieren mußten, wenn sie Rommels Hauptquartier in Beda Littoria erreichen wollten. Darüber hinaus tauchten nun die bereitstehenden drei arabischen Führer auf, die ihnen sicherheitshalber noch mitgegeben wurden.

Sie marschierten erst in der Nacht zum 16. November los und erreichten in der Nacht des 17. zum 18. November 1941 die Dünen bei Beda Littoria. Sie erkannten die Häuser und den als besonderes Kennzeichen angegebenen Zypressenhain. Mitten in dem Hain lag das große quadratische Steingebäude, in welchem nach den Ergebnissen der Agentenmeldungen und der arabischen Beschreibungen General Rommel lebte und arbeitete und vor allem auch schlief.

Daß dieses Gebäude aber lediglich zur Aufstellung der neuen Panzergruppe Afrika diente und auch nur in dieser Zeit (August 1941) Rommel beherbergt hatte, war unbekannt. Das Präfekturgebäude mit Rommels Arbeitsraum und Schlafraum diente jetzt dem Oberquartiermeister Afrika und seinem Stab als Unterkunft. Jene kleineren Häuser aber, mit den Schildern »Chef«, »Ia«, »Ib« und »Ic« waren von dem Personal des Oberquartiermeisters belegt worden. Rommel selbst war bereits Ende August nach Ain el Gazala und wenig später nach Gambut übergesiedelt.

Als hier am späten Abend des 17. November 1941 der starke Regen einsetzte, atmeten die Männer, die sich dicht an die Häuser herangearbeitet hatten, auf.

»Jetzt wird es klappen«, sagte Campbell zu Keyes, und dieser nickte.

»Sechs Mann Vordereingang des Präfekturgebäudes«, sagte er wenige Sekunden später. »Drei zum Hinterausgang. Sergeant Terry übernimmt den Wachtposten am Vordereingang. Es ist jetzt 23.59 Uhr. In genau sechzig Sekunden geht es los!«

Auf lautlosen Sohlen huschten die Männer des Kommandotrupps durch die Nacht. Der Regen schluckte jedes Geräusch.

Als Sergeant Terry 60 Sekunden nach dem mündlich gegebenen Befehl den Posten überwältigen wollte, drehte dieser sich blitzschnell weg, weil er ein Geräusch gehört hatte. Das Messer verfehlte sein Ziel. Gellend hallte der Alarmruf durch die Nacht. Sekunden später wurde das Stromaggregat 30 Meter neben der Präfektur in die Luft gejagt, alles Licht erlosch.

Der Kommandotrupp drang in die Präfektur ein. Eine wilde Schießerei begann. Von fünf Kugeln getroffen, stürzte Keyes zu Boden. Campbell erhielt einen Schuß ins Bein.

Feldwebel Lentzen und Unteroffizier Kovacic, die in der Waffenkammer schliefen, hatten beim ersten Schußwechsel ihre Waffen geschnappt. Während Lentzen die Tür aufriß, warf Oberstleutnant Keyes zwei Handgranaten in den Raum des Waffen- und Gerätezimmers. Unteroffizier Kovacic wurde getötet, Lentzen aber nur leicht verwundet; er traf Keyes mit seiner Nullacht. Ordonnanzoffizier Leutnant Kaufholz, der im Obergeschoß der Präfektur schlief, rannte nach den Schüssen mit seiner Pistole zur Tür und riß sie auf. Als er die Detonationen der Handgranaten im Geschäftszimmer des Waffenmeisters hörte und den getroffen zurückweichenden Keyes sah, schoß auch er auf diesen. Campbells MPi riß den jungen Leutnant zu Boden. Im Fallen gelang es Kaufholz, noch zu schießen. Die Kugel aus der Nullacht schlug Campbell ins Schienbein und ließ ihn schreiend zusammenbrechen.

Draußen hatten die Engländer, die durch den Hintereingang eindringen sollten, die Tür verrammelt gefunden. Noch während sie überlegten, was zu tun sei, feuerte ihr eigener Posten auf einen durch das Fenster eines Nebenhauses springenden Deutschen. Es war Oberleutnant Jäger. Von elf Schüssen durchbohrt, stürzte Jäger tot zu Boden.

Diese Salve aber zeigte den im Haus befindlichen Engländern, daß draußen »ein Kampf entbrannt sein mußte«. Sie versuchten zu fliehen. Der zweite Trupp, der den Hintereingang nicht öffnen konnte, lief ebenfalls davon.

Das Unternehmen war zu Ende. Es hatte vier deutschen Soldaten das Leben gekostet. Oberstleutnant Keyes war durch die Pistolenschüsse von Feldwebel Lentzen verwundet und durch einen Schuß von Leutnant Kaufholz getötet worden. Captain Campbell wurde das zerschmetterte Bein von dem Chirurgen Dr. Werner Junge in Derna gerettet.

Die übrigen Engländer versteckten sich bei den Arabern, weil sie fürchteten, auf dem direkten Marsch zur Küste und zum dort vor der Küste wartenden U-Boot geschnappt zu werden.

Der Großteil des Kommandotrupps wurde bei den Arabern gefunden. Nur Sergeant Terry gelang es mit zweien seiner Kameraden, sich zu den englischen Linien durchzuschlagen.

Rommel verhinderte, daß die Gefangenen nach dem Kommando-Erlaß Hitlers behandelt wurden, denn das hätte ihren Tod bedeutet. Oberstleutnant Keyes wurde mit den vier deutschen Toten in einer Reihe auf dem Friedhof von Beda Littoria mit militärischen Ehren bestattet.

Das Kommandounternehmen hatte nichts eingebracht.

»Die Kreuzfahrer kommen!«

Am frühen Morgen rollte der britische Aufmarsch bei völliger Funkstille los. Als die ersten Meldungen von der Gruppe Wechmar eintrafen, glaubte Rommel, daß es sich dort nur um ein größeres feindliches Aufklärungsunternehmen handeln könne.

Rommel war, soeben aus Rom zurückgekehrt, an diesem 18. November noch immer mit den Vorbereitungen der eigenen Offensive beschäftigt, als bereits die britische Panzerarmada mit insgesamt 1000 Kampfwagen vorwärtsrollte. Das im Süden liegende XXX. Korps stieß mit seinen beiden Divisionen und der 22. Panzer-Brigade im weiten Bogen durch die südliche Wüste vor und drehte, auf der Höhe von Bir el Gobi angelangt, nach Norden ein. Zielrichtung war nunmehr Tobruk.

Das XIII. Korps mit den zwei Divisionen und der 1. Britischen Heerespanzer-Brigade stieß nördlich dieses Vorgehens direkt in Richtung Sollum vor und rollte mit dem linken Flügel, im weiten Bogen Bardia umholend, in Richtung auf das Meer weiter. Aus der Oase Girabub stießen schnelle Verbände in den Rücken der Achsentruppen. Ihr Ziel war es, die deutsch-italienischen Nachschubverbindungen zu unterbrechen.

Zunächst wehrte General Rommel die Bedenken von Generalleutnant Crüwell ab. Als aber am Abend des 18. November auch Generalmajor von Ravenstein vor seiner Front Panzerfeind meldete, erkannte die Führung der Panzergruppe Afrika, daß eine englische Offensive angelaufen war. Der Sturm der Panzer und motorisierten Verbände hatte die deutschen Aufklärungseinheiten aus der Sicherungslinie zwischen Bir el Gobi und Sidi Omar zurückgedrängt.

Am Abend dieses Tages war sicher, daß der Gegner mit 1000 Panzern, etwa 100 000 Soldaten und rund 1000 Flugzeugen unterwegs war, um den Sieg an sich zu reißen und die deutschen Truppen entscheidend zu schlagen.

Am Morgen des 19. November hatte General Rommel noch immer nicht die Panzerschlacht angenommen. Deshalb ließ General Cunningham die 22. Panzer-Brigade auf Bir el Gobi vorstoßen, in der sich die Division »Ariete« verschanzt hatte. Der Angriff wurde abgewiesen.

Die 4. Brigade der 7. Panzer-Division mit dem 3. Royal Tank Regiment stieß zwanzig Kilometer ostwärts Gabr Saleh auf die Gruppe Wechmar, die sich nach Nordwesten in den Raum Gasr el Arid zurückzog.

Die 7. Britische Brigade stieß ohne Feindberührung bis dicht an den Flugplatz Sidi Rezegh vor. Erst hier traf der Kern dieser Truppe, das 6. Royal Tank Regiment, auf deutsche Truppen. Es war das Infanterie-Regiment 361 der 90. Leichten, das soeben in Afrika eingetroffen war und überwiegend aus kampferfahrenen Fremdenlegionären bestand.

Die Division Jungfaschisten, die direkt in Bir el Gobi eingeschlossen war, gab keinen Fußbreit Boden auf, und die im Vorfeld liegende Division »Ariete« schoß am Nachmittag des 19. November fünf britische Panzer ab.

General Rommel erfuhr durch die Morgenluftaufklärung des Fliegerführer Afrikas, die zum erstenmal seit drei Tagen wieder starten konnte, daß der Feind zwischen Maddalena und Gasr el Abid in Brigadestärke vorgehe. Er ließ die 15. Panzer-Brigade alarmieren und durch eine Panzerkampfgruppe der 21. Panzer-Division Aufklärung nach Gasr el Abid vortreiben.

Um 14.30 Uhr trat das Panzer-Regiment 5, durch die leichte Artillerie-Abteilung der Division verstärkt und durch eine schwere Flakbatterie in der Feuerkraft gegen Feindpanzer noch schlagkräftiger geworden, südlich Gasr el Abid nach Süden an. Diese Kampfgruppe stieß nordostwärts Gabr Saleh auf die verstärkte 4. Panzer-Brigade.

Aus der Bewegung heraus ließ Oberst Stephan seine 120 Panzer angreifen. Beide Abteilungen standen wenig später im Kampf. Sie zerschossen Feindpanzer, Lastwagen und Mannschafts-Transportwagen. Der Gegner wich und wurde von den schnell nachstoßenden Panzern über den Trigh el Abd nach Süden gedrückt. Von den Stuart-Panzern, die versuchten, das Panzer-Regiment 5 aufzuhalten, wurden 23 abgeschossen, weitere 20 Panzer erhielten Treffer. Nur drei eigene Kampfwagen gingen verloren. Der Feindangriff war an dieser Stelle gestoppt.

Bei der Kampfgruppe Mickl, Kommandeur des Schützen-Regiments 155 der 90. Leichten, mit seinem Regiment, dem Afrika-Regiment 361 und der Panzerjäger-Abteilung 605, an der Südflanke der Einschließungsfront beiderseits von Sidi Rezegh, tauchten britische Spähwagen auf. Sie wurden mit den wenigen 3,7-cm-Pak abgeschossen oder abgedrängt.

Als dann auch noch um 16.35 Uhr der Fliegerführer Afrika aus Richtung Girabub feindliche Panzer- und Lkw-Kolonnen nach Nordwesten im Vormarsch meldete, die mit ihren Spitzengruppen nur noch etwa 30 Kilometer südlich Bir el Gobi standen, wurde das ganze riesige Ausmaß dieser britischen Offensive erkannt.

Generalmajor von Ravenstein schlug am Abend dieses 19. November dem Kommandierenden General des DAK, Crüwell, vor, mit der 15. und 21. Panzer-Division vereinigt den Panzerfeind anzugreifen und zu vernichten. Oberstleutnant i. G. Bayerlein, der Stabschef des DAK, trug diesen von Crüwell gebilligten Vorschlag Rommel vor. Dieser wiederum gab General Crüwell für den 20. November freie Hand. Er sagte nur: »Crüwell, Sie müssen die Feindkräfte im Raum Bardia—Tobruk—Sidi Omar vernichten, bevor sie in der Lage sind, unseren um Tobruk gezogenen Belagerungsring zu durchbrechen. Dann wären alle Versuche der letzten Monate vergeblich gewesen.«

Generalleutnant Crüwell entschloß sich, zuerst den vor der AA 3 gesichteten Panzerfeind anzugreifen, von dem am ehesten eine Bedrohung des Belagerungsringes ausgehen konnte, weil er am weitesten nach Norden vorgedrungen war.

Die 21. Panzer-Division erhielt Weisung, nördlich des Trigh el Abd auf Sidi Omar, die 15. über den Trigh Capuzzo auf Sidi Azeiz und von dort auf Capuzzo selbst anzutreten.

Am selben Abend hatte General Cunningham der 7. Support Group befohlen, sich bei Sidi Rezegh mit der 7. Panzer-Brigade zu vereinigen. Der 1. Südafrikanischen Division befahl er den Angriff des hartnäckig von den Jungfaschisten verteidigten Bir el Gobi für den nächsten Morgen. Nördlich davon stand die 22. Panzer-Brigade im Kampf. Bei Gabr Saleh hielt Cunningham seine Reserven, die 4. Panzer-Brigade, zurück.

Die 21. Panzer-Division stieß bei ihrem Angriff auf Sidi Azeiz in leeres Gebiet, weil sowohl die Kings Dragoons Guard, als auch die diesem Verband beigegebenen Panzer des 3. Panzer-Regiments sich wieder zurückzogen. Hinterherstoßend, sah sich die 21. Panzer-Division plötzlich bei Sidi Omar ohne Sprit. Die Division blieb wegen Treibstoffmangels liegen. Über Funk bat Generalmajor von Ravenstein um die Versorgung der Division aus der Luft mit Treibstoff.

Die 15. Panzer-Division, die am Morgen des 20. November aus dem Gebiet um Gasr el Arid angetreten war, rollte in einem weiten Bogen bis nach Sidi Azeiz. Im Raum nordostwärts von Gabr Saleh stieß sie auf die 4. Panzer-Brigade der Engländer.

Abermals entbrannte der Panzerkampf. Bis zum Einfall der Dunkelheit wogte diese Schlacht hin und her. Die deutsche Art der Panzerführung zeigte sich einmal mehr der des Gegners überlegen. In schnellen Rochaden und überschlagendem Einsatz der beiden Abteilungen des Panzer-Regiments 8 wurden von den 165 Feindpanzern 55 abgeschossen. Mit den vorher schon verlorengegangenen Panzern verfügte diese Brigade am Ende des 20. November nur noch über 68 Kampfwagen.

Die nur zehn Kilometer ostwärts dieses Kampfplatzes stehende 2. Neuseeländische Division, die über eine große Anzahl Panzer verfügte und als »Zünglein an der Waage« diesen Kampf hätte entscheiden können, hielt sich heraus, weil der Kommandeur der 4. Britischen Brigade ihr Eingreifen abgelehnt hatte.

Am Abend dieses 20. November 1941 hieß es in der Rundfunkmeldung der BBC: »Die Eight Army hat mit 75 000 hervorragend bewaffneten Soldaten in der Westlichen Wüste eine große Offensive begonnen, mit der die deutsch-italienischen Sreitkräfte in Afrika vernichtet werden sollen.«

Da die Stellung der britischen Truppen im Raum Sidi Rezegh an diesem Tag gefestigt werden konnte, ließ Generalmajor Gott, Kommandeur der 7. Britischen Panzer-Division, seiner 7. Support Group durch deren Kommandeur Brigadier Campbell Befehl geben, sich zum Vorstoß auf Tobruk fertigzumachen. Über General Cunningham erwirkte er, daß dieser General Scobie, dem Festungskommandarten, für den 21. November den Ausbruchstermin setzte.

Damit wich die oberste britische Führung abermals von dem vorher festgelegten Plan ab, denn noch waren die deutschen Panzerkräfte nicht zum Kampf gestellt worden, viel weniger noch vernichtet.

General Cunningham glaubte (dies wurde nach dem Krieg bestätigt), daß der Kampf der 4. Panzer-Brigade gegen die 15. deutsche Panzer-Division *der* Panzerkampf gewesen und damit die Hauptstreitmacht der Deutschen vernichtet sei. In diesen Gedanken wurde er bestärkt, weil durch Ausfall des Funks keine Meldungen durchkamen.

Noch in der Nacht wurde die 5. Südafrikanische Brigade in Richtung des Höhenzuges bei Sidi Rezegh in Marsch gesetzt.

Rommel befahl dem DAK in der Nacht zum 21. November: »Angreift 21. November aus dem Raum 25 Kilometer westlich Sidi Omar den Rücken des heute gegen Tobruk vorstoßenden Gegners Richtung Belhamed.« Fünf Stunden später ließ er eine Ergänzung funken: »Situation ist ernst! So schnell wie möglich los!«

Um diese Zeit etwa hatte die 7. Britische Panzer-Brigade mit der 7. Support Group Kontakt aufgenommen und damit die Voraussetzungen zum Angriff in Richtung Tobruk geschaffen.

In Tobruk selbst hatte Generalmajor Scobie für diesen Ausfall am 21. November vier britische Bataillone und die ihm zur Verfügung stehende Heerespanzer-Brigade bereitgestellt. Das Ziel dieses Ausbruchsversuchs war El Duda, etwa sieben Kilometer norwestlich jenes Höhenrückens nördlich Sidi Rezegh, den die 7. Panzer-Brigade gewinnen sollte.

Der Ausbruch gelang. Zwar ging die Hälfte der britischen Panzer verloren, und das 2. Bataillon Black Watch büßte beim Sturm auf den deutschen Stützpunkt »Tiger« drei Viertel seines Bestandes ein, aber man hatte einen sechs Kilometer breiten Korridor in die Belagerungsfront geschlagen und war ein gutes Stück in Richtung El Duda vorgedrungen.

Etwa zwei Stunden nach Beginn des Ausfalls ging Brigadier Campbell mit dem 6. Panzer-Regiment und einem verstärkten Bataillon des Kings Rifle Corps vor. Es gelang ihm, den Höhenzug zu erreichen und einen schmalen Abschnitt darauf zu erobern. Hier gingen 800 deutsche Soldaten kurze Zeit in die Gefangenschaft. Als das 6. Panzer-Regiment weiter in Richtung El Duda, dem Treffpunkt, vorstieß, wurde es gestoppt und beinahe vollständig aufgerieben.

Mit den beiden übrigen Regimentern der 7. Panzer-Brigade ging Brigadier Davy in den Südostabschnitt, wo ein Gefahrenpunkt entstanden war. Das eine dieser Regimenter, die 7. Husaren, gerieten in das Feuer der deutschen Panzer und Pak. Sein Kommandeur fiel, die meisten der Wagen standen Minuten darauf in Flammen. Die zwölf Panzer dieses Regiments blieben vernichtet oder bewegungsunfähig geschossen auf dem Gefechtsfeld zurück.

Die Lage bei Sidi Rezegh war für die Briten bedrohlich geworden. Wie aber sahen diese Kampfhandlungen von deutscher Seite aus?

Im Kampf gegen die 7. Britische Panzer-Brigade und die 7. Support Group standen die Soldaten der 90. Leichten im Norden und die Division »Bologna« im Süden. Hinzu kam die Armee-Artillerie, die günstig stand.

Unter Führung von Major Ryll waren es die Fremdenlegionäre des II./IR 361, die im Brennpunkt des Kampfes verbissen fochten und den gegnerischen Angriff zweimal abwiesen, wobei sie drei Feindpanzer durch Sprengmittel im Nahkampf vernichteten. So gelang es, den Einbruch nach Norden und Osten abzuriegeln.

In den Rücken des Angreifers aber rollten am Morgen des 21. November Teile des DAK, die von Generalleutnant Crüwell geführt wurden. Das DAK hatte sich im Morgengrauen von seinen Vortagsgegnern gelöst und nur kampfstarke Nachhuten mit Front nach Süden und Südosten zurückgelassen, die durch Pak und 8,8-cm-Flak verstärkt waren. Das DAK selber war in breiter Front zum neuen Angriff angetreten, der nach Nordwesten auf Belhamed und Sidi Rezegh zielte. Ziel der 21. Panzer-Division war Belhamed, das der 15. Panzer-Division Sidi Rezegh.

Jene 100 Feindpanzer, die sich dem DAK entgegenstellten, wurden im gruppenweisen Vorrücken und schnellen Feuertakt zurückgedrückt. Bis zum Mittag erreichte das DAK die Höhenstufe südostwärts Sidi Rezegh. Als die Panzer der 7. Britischen Panzer-Division aus der Flanke angreifend diesen Angriff zu stoppen versuchten, blieben 30 Tanks zerschossen liegen.

Als der Abend einfiel, bezog die 15. Panzer-Division bei Sidi Muftah eine Igelstellung, während sich die 21. Panzer-Division im Raum südlich Punkt 175 in einer zweiten Igelstellung zur Nacht einrichtete.

Die in Bir el Gobi liegenden Soldaten der Jungfaschisten-Division hielten dem anrennenden Gegner auch an diesem Tag bewundernswert stand.

Die AA 3 unter Oberstleutnant von Wechmar konnte der 90. Leichten bei der Abwehr des weiteren Durchstoßes der Tobruk-Ausfallkräfte entscheidende Hilfe leisten.

In der Nacht ließ Rommel umgruppieren. Es gelang Generalleutnant Crüwell, die 15. Panzer-Division unbemerkt vom Gegner gegen dessen tiefe Flanke im Osten anzusetzen. Die 21. Panzer-Division rollte, die erreichte Höhenstufe wieder verlassend, in den Raum Belhamed—Zaafran nördlich des Trigh Capuzzo. Doch die Versorgungskolonnen kamen nicht rechtzeitig zu den beiden umgruppierten Divsionen vor, die erst gegen 10.00 Uhr des 22. November munitionieren und auftanken konnten.

Generalleutnant Crüwell befahl Oberstleutnant Cramer, mit seinem Panzer-Regiment 8 die erkannte 4. Britische Panzer-Brigade einzukreisen und zu vernichten.

Die 21. Panzer-Division wurde am Mittag des 22. November durch Rommel persönlich gegen den bei Sidi Rezegh stehenden Feind angesetzt.

Als das Panzer-Regiment 8 auf den Gegner traf, wich dieser zurück. Hans Cramer befahl, hinterherzustoßen. Den ganzen Nachmittag hindurch wurde die Verfolgung fortgesetzt. Als es Abend wurde, schien der Gegner entkommen zu sein, doch

Oberstleutnant Cramer setzte auf die weitere Verfolgung. Er befahl Major Fenski zu sich, und als dieser beim Befehlspanzer eintraf, sagte Cramer: »Fenski, Sie fahren mit Ihrer Abteilung Spitze. Sobald Sie auf Panzerfeind stoßen, melden Sie mir. Gleichzeitig versuchen Sie, den Gegner zum Kampf zu stellen.«

Drei Minuten darauf rollte die I./PR 8 nach vorn und übernahm die Führung. Im offenen Panzerluk stehend, konnte Major Fenski kaum die Hand vor den Augen erkennen. Dennoch ließ er im Schritt und dicht aufgeschlossen weiterfahren.

Es war 18.30 Uhr, als die Spitze der I. Abteilung auf eine große Ansammlung von Panzern und Räderfahrzeugen stieß. Durch sein lichtstarkes Nachtglas suchte Major Fenski die Umgebung ab. Er konnte keine verräterischen Bewegungen entdecken.

»Umstellen. Erste fährt links herum, die Dritte rechts. Zwote Kompanie mir nach!«

Mit der einen Kompanie rollte Major Fenski mitten in diese Feindansammlung hinein, als er sicher war, daß die beiden anderen Kompanien seiner Abteilung diese Ansammlung bereits umfahren hatten.

»Scheinwerfer ein! Beck, weiße Leuchtkugeln schießen!«

Das gleißende Licht der Scheinwerfer und die grellen Leuchtkugeln verwandelten die finstere Wüste und erhellten sie mit streifiger, flackernder Helle.

»Gefangennehmen!« befahl Fenski, als er sah, wie einige Tommys ausbüchsen wollten. Die ersten Feindpanzer warfen die Motoren an und versuchten zu entkommen. Ein MG-Feuerstoß und ein Schuß aus der Panzerkanone des Abteilungskommandeurs ließen sie stehenbleiben.

Als im Nordteil gleich vier Panzer auf einmal ausbrechen wollten, peitschte ihnen der Feuerschlag aus den Panzerkanonen der Ersten und Dritten entgegen. Zwei Panzer standen in Flammen und erhöhten die gespenstische Helle.

Die Kommandanten der deutschen Panzer saßen ab und nahmen — mit MPi bewaffnet — die Engländer gefangen. Es waren 18 Offiziere und 160 Soldaten: der gesamte Stab der 4. Panzer-Brigade und eines der Panzer-Bataillone, die 8. Husaren, mit 35 Panzern und einigen Spähwagen. Mehrere Funkwagen und Befehlswagen kamen hinzu.

Nachdem die Verbindung mit dem Schützen-Regiment 155

und dem Afrika-Regiment 361 aufgenommen war, ging die 15. Panzer-Division in dem erreichten Raum zur Ruhe über.

An diesem Tag war die 21. Panzer-Division auf dem Belhamed durch General Rommel in Richtung Westen zur Achsenstraße angesetzt. Das Panzer-Regiment 5, durch eine schwere Flakbatterie verstärkt, nahm um 13.00 Uhr den Marsch auf. Es schwenkte auf der Achsenstraße nach Süden und rollte bei Abiar el Amar, nur drei Kilometer westlich Sidi Rezegh, den Djebel-Rand empor und drehte nach Osten auf den Flugplatz ein, wo die 7. Support Group lag. Dieser gelang es mit ihrer starken Pak und Artilleriefront, das Panzer-Regiment 5 zunächst zu halten. Doch dann gelang der Durchbruch, obgleich sich das Panzer-Regiment 5 noch nach Süden gegen angreifende Panzer der 7. und 22. Britischen Panzer-Brigade wehren mußte. Der Flugplatz wurde mit Einfall der Abenddämmerung genommen. Der Gegner hatte in diesem Gefecht 19 Panzer und eine Reihe von Geschützen verloren. Die Verluste des Panzer-Regiments 5 beliefen sich auf zehn Panzer.

Diese Chance ausnützend, war das Schützen-Regiment 104 aufgesessen und breit entfaltet auf den Djebel-Rand beiderseits Sidi Rezegh vorgeprescht und hatte ihn genommen.

Die aus Tobruk ausgebrochenen Verbände, die den Befehl erhalten hatten, den Ausbruchsraum in Richtung auf El Duda zu erweitern, diesen Höhenzug zu nehmen und alle Panzer zu vernichten, war auch am 22. November an der Höhe 175 gescheitert, auf welcher die Legionäre des Regiments 361 verteidigten. Oberst Grund, der Regimentskommandeur, und die beiden Bataillonskommandeure Oberstleutnant Harder und Major (später Oberstleutnant) Ryll waren Führer, die bei ihren Männern in den Stellungen lagen und sie zur Hergabe aller Kraft ansornten.

Auch am 23. November wurde diese Höhe abermals angegriffen. Besonders die Stellungen des II./IR 361 waren das Ziel vieler Angriffe. Neben Major Ryll fiel der Bataillonsadjutant, Leutnant Eisfelder, durch Kopfschuß. Die angreifenden Feindpanzer wurden von den Legionären mit Molotow-Cocktails angegriffen. Angehörige des II. Bataillons bemannten die liegengebliebenen Feindpanzer und fuhren damit gegen die feindliche Panzerarmada, Überraschung und völlige Verwirrung auslösend.

Dennoch wurde das Bataillon überrollt. Gegen 15.00 Uhr erhielt Major Ryll einen Schuß aus einem 2-cm-Geschütz in den rechten Ellenbogen. Der linke Finger wurde zerschmettert und der linke Oberarm durch einen Streifschuß gelähmt. Von den vier Kompaniechefs waren zwei gefallen und einer schwer verwundet. Insgesamt verlor dieses Bataillon in den Kämpfen auf der Höhe 175 allein 300 Mann.

Am selben Tag wurden auch Oberstleutnant Harder und Oberst Grund schwer verwundet. Dennoch hatte das Afrika-Regiment 361 entscheidenden Anteil daran, daß die Schlacht am Totensonntag, eben diesem 23. November 1941, zugunsten des DAK beendet werden konnte. Der Gegner zog sich am Abend des 23. November zermürbt aus den Stellungen des Regiments zurück.

An diesem 23. November erlitt gleich zu Beginn das DAK einen schweren Schlag. Als Generalleutnant Crüwell mit seinem kleinen Führungsstab, der Führungsstaffel I, den Gefechtsstand Bir el Giaser eben verlassen hatte, um zur 15. Panzer-Division zu fahren, sollte die Führungsstaffel II 45 Minuten später nachfolgen. Als diese Ia-Staffel gegen 06.30 Uhr antrat, geriet sie hart am Trigh Capuzzo in die hier rastende 6. Neuseeländische Brigade. Sie wurde nach einem kurzen heftigen Gefecht zersprengt, verlor fast alle Funkstellen mit den wichtigen Funkunterlagen und 200 Offiziere und Mann. (KTB des DAK vom 23. November 1941.)

Die 15. Panzer-Division trat um 07.30 Uhr nach Süden an. Als sie wenig später auf abgestellte Fahrzeuge des Gegners stieß, die Front nach Nordwesten eingenommen hatten, wurden diese im Überraschungsangriff überrumpelt. Zwanzig aus Richtung Osten angreifende britische Panzer, die die linke Flanke aufzureißen versuchten, wurden durch die Pak der 15. Schützen-Brigade abgewehrt. Das an der Spitze in breiter Front vorrollende Panzer-Regiment 8 drehte nun nach Westen ein und setzte die Vernichtung der Fahrzeugansammlung fort. Generalmajor Neumann-Silkow, der Divisionskommandeur, schlug General Crüwell, der im »Moritz« — einem großen englischen Befehlswagen, der erbeutet worden war — den Angriff mitfuhr, den Weiterstoß in westlicher Richtung vor. Doch Crüwell wollte die bei Bir el Gobi stehende Division »Ariete« und die in Bir el Gobi verteidigenden Jungfaschisten unterstützen. Der Angriff wurde nach Neuordnung der Kräfte in südwestlicher Richtung fortgesetzt, und um 12.35 Uhr stießen die Panzer der Spitzengruppe auf die Division »Ariete«, zwölf Kilometer nordostwärts Bir el Gobi.

Einzelne Verbände des XXX. Britischen Korps versuchten, dem DAK in die Flanke und in den Rücken zu fallen. Doch da diese Einsätze kleckerweise erfolgten, wurden sie immer wieder unter schweren Verlusten für den Gegner abgewehrt.

In dieser Zeit hatte die 21. Panzer-Division bei Sidi Rezegh gegen die 7. Britische Panzer-Division schwere Abwehrkämpfe zu bestehen. Die Division »Pavia« hielt einen neuerlichen Ausbruch der Feindkräfte aus Tobruk auf, der von 60 Panzern unterstützt wurde.

Es dauerte nach Erreichen der »Ariete« 150 Minuten, ehe das DAK kehrt gemacht hatte, um mit Front nach Norden zum neuen Angriff bereitzustehen, der mit der inzwischen auch herangekommenen 21. Panzer-Division, vor allem deren Panzer-Regiment 5, geführt werden sollte.

In der Angriffsformation mit dem Panzer-Regiment 5 rechts, dem Panzer-Regiment 8 in der Mitte und der Panzer-Division »Ariete« links, dahinter in eben dieser Reihenfolge der Regimentsstab z.b.V. 200 mit dem Kradschützen-Bataillon 15 und dem MG-Bataillon 2 sowie dem Schützen-Regiment 115 hinter dem Panzer-Regiment 8, trat das DAK um 15.00 Uhr an. Starkes Artilleriefeuer aus über hundert Rohren und vieler Pak, die auf Selbstfahrlafetten beweglich waren, schlugen den Angreifern entgegen. Im heftigen Feuer wurden die auf den Fahrzeugen und Panzern aufgesessenen Schützen mehr und mehr dezimiert. Die Division »Ariete« blieb liegen, und im flankierenden Feuer aus Nordwesten erlitt die 15. Panzer-Division schwere Verluste.

General Crüwell gab der 21. Panzer-Division um 15.30 Uhr den Befehl zum Angriff mit den Schützen-Verbänden nach Norden. Die verstärkte 15. Panzer-Division kämpfte sich in eine etwa acht Kilometer breite Feuerfront des Gegners hinein und stieß in zehn Kilometer Tiefe durch.

Gegen 17.00 Uhr erreichte die I./PR 8 den Flugplatz von Sidi Rezegh. Das Schützen-Regiment 104 stieß hier auf die Kameraden. Aber Major Fenski war gefallen, und auch der Regimentskommandeur, Oberstleutnant Cramer, kam mit seinem Befehlswagen in eine gefährliche Situation, als er, weit in den Rücken des Gegners vorstoßend, mitten in eine feindliche Artilleriestellung geriet. Er konnte jedoch trotz mehrerer Treffer auf seinen Panzer das Gros der I./PR 8 wieder erreichen.

Hauptmann Johannes Kümmel, der zum letzten Angriff nach dem Tode von Major Fenski die Führung der I./PR 8 übernommen hatte, drang durch dichte Panzeransammlungen vor. Sie gerieten in eine kritische Situation, die erst bereinigt werden konnte, als es der II. Abteilung unter Hauptmann Wahl gelang, sich durch den Panzer- und Pakfeind zu schlagen und etwas Luft zu bringen.

Aber erst als es gelang, auch noch Schützen nach vorn zu bringen, war der Kampf entschieden. Um dies zu erreichen, mußte die II. Abteilung mitten im Feuerkampf kehrtmachen, zurückrollen und die Schützen aufnehmen. Drei Kompaniechefs, Oberleutnant Wuth, Leutnant Adam und Oberleutnant Körner, fielen in diesem dramatischen Kampf, viele eigene Panzer brannten oder lagen lahmgeschlagen auf dem Gefechtsfeld. Es war mit ein Verdienst der 3./Flak 33 unter Führung des Abteilungskommandeurs, Hauptmann Fromm, daß diese Bewegungen gelangen. Die Flak schoß in den Krisenmomenten die gefährlichsten Feindpanzer zusammen.

Aber noch immer rollte die I./PR 8 allein vorn. Im offenen Luk leitete Hauptmann Kümmel den Verband. In der rechten Hand die Kommandoflagge, führte Kümmel bei ausgefallenem Funk seine Panzer vor, eroberte schließlich den Flugplatz und stellte die Verbindung mit der von Norden angreifenden 21. Panzer-Division her.

Generalmajor Neumann-Sikow, der dem Angriff seines Panzer-Regiments 8 dichtauf gefolgt war, hatte es geschafft.

Auf dem Gefechtsfeld lagen verstreut über 100 Panzer und gepanzerte Fahrzeuge. Über 2000 Gefangene wurden gemacht. Im Flugplatzbereich hatten die Panzer von Oberstleutnant Cramer allein 32 Panzer, 18 Pak und drei Batterien Artillerie vernichtet und 400 Gefangene gemacht.

Die Schlacht am Totensonntag war zu Ende. Der Gegner hatte wieder einen Großverband verloren. Die 5. Südafrikanische Brigade bestand nicht mehr.

Unter diesen Schlägen verlor General Cunningham nach der Meinung der britischen Historiker die Nerven. Er bat General Auchinleck um eine Besprechung. Am selben Abend noch erschien der Oberbefehlshaber im Hauptquartier der 8. Armee. In seiner Begleitung befand sich Air Marshal Tedder. Auchinleck befahl Cunningham, die Offensive »unverzüglich fortzusetzen«.

General Rommel ließ am Abend dieses 23. November 1941 an das OHK funken: »Absicht für den 24. November:

a) Vernichtung der 7. Panzer-Division vollenden.

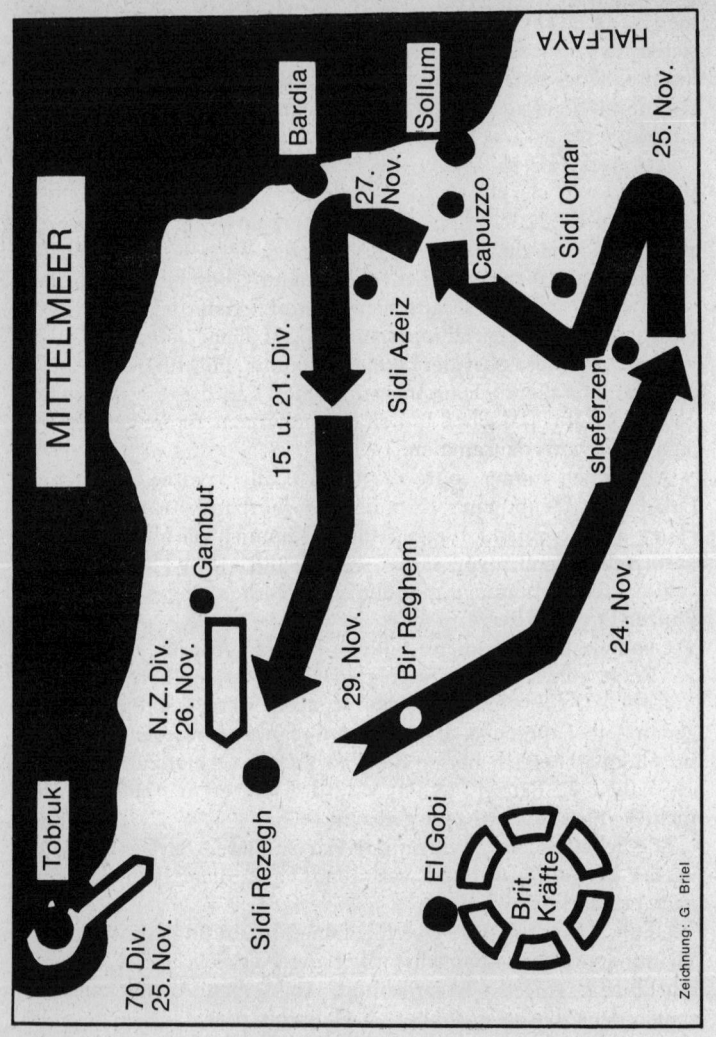

Rommels Angriffsfahrt nach der Schlacht am Totensonntag bei Sidi Rezegh

b) Mit Teilen meiner Kräfte gegen Sidi Omar vorgehen, mit der Absicht, den Feind an der Sollum-Front anzugreifen.«

Daß diese Vorhaben nicht einfach waren, zeigen die Verluste an, die das DAK erlitten hatte. Beim Panzer-Regiment gab es an diesem Morgen des 24. November nur noch elf Panzer II, 16 Panzer III und zwei Panzer IV. Das Panzer-Regiment 8 verfügte über 18 Panzer II, 36 Panzer III und sieben Panzer IV. Beide Regimenter hatten am Vortag insgesamt 72 Panzer verloren.

Da das Schlachtfeld am 25. November in die Hand des Gegners fiel, waren diese Verluste überwiegend Totalverluste, für die es keinerlei Ersatz gab.

Die britischen Panzerverbände konnten jedoch noch auf die in den Depots südlich Saleh stehenden 200 Reserve-Panzer zurückgreifen.

So hatte der Erfolg von Sidi Rezegh für die Panzertruppe Afrika neben dem Sieg auch noch einen zu hohen Preis gefordert.

Vorstoß und Rückzug

Am frühen Morgen des 24. November fuhr Rommel mit seiner Begleitstaffel zur 15. Panzer-Division und befahl Generalmajor Neumann-Silkow, sich zum Angriff bereitzumachen. Im Hauptquartier der Panzergruppe Afrika war Oberstleutnant Westphal zurückgeblieben. Rommel hatte ihm versichert, daß er »die Vernichtung der Reste des Gegners vollenden« wolle und den Briten den Rückzug nach Ägypten abschneiden werde. Spätestens bis zum Abend dieses Tages sei er wieder zurück.

»Sie, Westphal, übernehmen an der Tobruk-Front die Befehlsführung, weil Gause (Generalmajor Gause war Chef des Generalstabs der Panzergruppe Afrika) mit mir fährt. Es kommt darauf an, die Einschließung der Festung auf jeden Fall aufrecht zu erhalten.«

»Es ist gefährlich, mit dem DAK so weit von Tobruk entfernt nach Osten zu marschieren«, gab Westphal zu bedenken. »Zum einen besteht die Gefahr eines weiteren großangelegten Ausbruchsversuchs des Gegners. Zum anderen ist ja erkannt worden, daß die 2. Neuseeländische Division sich von Osten her nähert.«

»Die Masse der Division steht noch nördlich der Sollum-Front. Sie kann noch nicht an diesem Tag in dem Kampf am Einschließungsring teilnehmen«, war Rommels Ansicht.

Rommel zog alle motorisierten Truppen aus dem Festungsring um Tobruk ab. Nur die unbeweglichen Truppen blieben unter der Führung des Arko 104, Generalmajor Böttcher, zurück.

Zunächst befahl Rommel, um 04.00 Uhr bei der 15. Panzer-Division eintreffend, eine Vorausabteilung unter Führung von Oberstleutnant Cramer zu bilden und in Richtung Sidi Omar zu fahren und den zurückweichenden Feind abzufangen. Dies konnte jedoch erst nach der Versorgung der Panzer geschehen. Rommel fuhr zur 21. Panzer-Division weiter, die er um 06.00 Uhr erreichte. Hier meldete ihm Crüwell die Erfolge des Vortages und schlug vor, den geschlagenen Feind zu verfolgen und den Raum zwischen dem Trigh Capuzzo und dem Trigh el Abd zu säubern und die Beute zu bergen.

Rommel befahl jedoch den Angriff des Afrika-Korps in Richtung Sidi Omar, mit dem Ziel der Befreiung der Sollum-Front. Die Bergung der Beute sollte dem Schützen-Regiment 115 und dem Afrika-Regiment 361 zufallen, die sich dann aus diesen Beutebeständen motorisieren könnten.

Das Antreten der beiden Divisionen wurde für 10.00 Uhr befohlen. Die 21. Panzer-Division sollte die Angriffsspitze bilden, und die 15. Panzer-Division sollte folgen.

Die soeben eingehende Meldung der AA 33, daß westlich von Bir Sciafsciuf starker Feind stehe, der mit Teilen auf dem Vormarsch nach Westen sei, wurde zunächst mit der Einrichtung der 15. Panzer-Division gegen diesen Feind beantwortet. Sodann aber wurde befohlen, diesen Gegner links liegen zu lassen und sich zur Verfolgung bereit zu machen.

Das Korps Gambarra, das seit dem Vorabend der Panzergruppe direkt unterstellt war, erhielt Befehl, die Panzer-Division »Ariete« in Richtung Sidi Omar hinter dem DAK herzuschikken.

Der Angriff der 21. Panzer-Division begann um 10.30 Uhr. Spitze fuhren die noch einsatzbereiten 30 Panzer des Panzer Regiments 5. Zunächst wich der Gegner zurück. Als er sich auf der linken Flanke versteifte, mußte das Panzer-Regiment 5 Front dagegen machen.

Südlich am Panzer-Regiment 5 vorbeirollend, überholte Rommel mit dem Korps- und Divisionsstab und allen Räderteilen den Panzerverband, der allein zurückblieb, und erreichte in schneller Fahrt gegen 16.00 Uhr den Grenzzaun bei Gasr el Abid. Von hier aus wurde dieser Verband von Rommel an der Sollum-Front ostwärts vorbei auf den Raum südostwärts des Halfaya-Passes angesetzt. Mit Einbruch der Dunkelheit war die 21. Panzer-Division auf einer Länge von 70 Kilometer auseinandergerissen.

Die 15. Panzer-Division hingegen marschierte im Flächenmarsch vorwärts und richtete sich am Abend 25 Kilometer südwestlich Sidi Omar zur Rundumverteidigung ein.

Es war 17.00 Uhr, als General Crüwell von Rommel den Auftrag erhielt, mit dem DAK und dem Korps Gambarra die Feindkräfte ostwärts der Sollum-Front zu vernichten, indem diese von Osten durch die 21. Panzer-Division, von Süden durch die 15. Panzer-Division und von Westen durch das Korps Gambarra eingeschlossen würden. Beide Panzer-Divisionen sollten den Gegner in die Minenfelder der Stützpunktfront drängen. Die AA 33 solle nach Habata vorgeworfen werden. Ihre Aufgabe sei es, den dortigen Djebel-Aufstieg aus der Küstenebene für den Rückzug und die Versorgung der 8. Armee zu sperren.

Beide Panzer-Regimenter des DAK traten am 25. November getrennt zum Angriff auf Sidi Omar an. Das Panzer-Regiment 5 stieß auf Verbände der 7. Indischen Brigade. In dem folgenden Duell der Panzer beider Seiten erlitt das Panzer-Regiment 5 schwere Verluste. Oberstleutnant Stephan fiel. Major Mildebrath übernahm die Führung des verwaisten Regiments.

Zur gleichen Zeit stieß auch das Panzer-Regiment 8 auf starken Panzerfeind, der im verbissenen Gefecht geschlagen werden konnte.

Die AA 33, die befehlsgemäß versuchte, die britische Versorgungsbasis Habata zu erstürmen und dort zu sperren, wurde vorzeitig von englischen Fliegern erkannt und zerschlagen.

Rommel versuchte nunmehr, die 15. Panzer-Division umfassend anzusetzen. Die mot.-Teile der 15. Panzer-Division rollten in schneller Fahrt westlich um Sidi Omar herum.

Als in dieser Situation 20 britische Panzer angriffen, wurden 16 von ihnen abgeschossen. Es waren Teile der 7. Panzer-Brigade, die hier empfindliche Verluste erlitten, aber auch dem Panzer-Regiment 8 einige Verluste beibrachten.

Als es Abend wurde, hatte Rommel zwar den Trigh Capuzzo westlich Sidi Azeiz erreicht und 30 Kilometer Geländegewinn erzielt, aber die Einschließung des Gegners war mißlungen. Die Angriffe des Panzer-Regiments 5 auf Sidi Omar waren ebenfalls nicht erfolgreich.

Beim Panzer-Regiment 5 waren am Abend dieses Tages von den zwölf noch zur Verfügung stehenden Panzern nur zwei einsatzbereit.

Die Division »Ariete« wurde an diesem Tag von der 1. Südafrikanischen Brigade bei Bir Taieb el Esem, 20 Kilometer südostwärts Bir el Gobi, in einen heftigen Feuerkampf verwickelt, in den auch die 4. Panzer-Brigade eingriff, die von den tapfer kämpfenden Panzern und der Pak der »Ariete« abgewehrt wurde.

Am Abend löste sich die »Ariete« vom Gegner, um Rommels Befehl entsprechend den Weitermarsch nach Sidi Omar fortzusetzen.

Am Abend dieses Tages, der für General Rommel unbefriedigend verlaufen war, versuchte Oberstleutnant Westphal an der Einschließungsfront um Tobruk General Crüwell zu erreichen. In dem Funkspruch wies er darauf hin, daß Generalmajor Böttcher einen durch zwei Panzer-Abteilungen verstärkten Angriff der Neuseeländer zurückgewiesen habe. Der Ia der Panzergruppe bat um die Bekanntgabe der Lage an der Sollum-Front und die Absichten des Befehlshabers Rommel.

Als Generalmajor von Ravenstein, der mit der 21. Panzer-Division im Raum Sidi Rezegh in schwere Kämpfe verwickelt war, einen Alarmruf aus den Nachschublagern des DAK und von deren Versorgungskolonnen erhielt, die auf einer Länge von 20 Kilometer an der Via Balbia standen, rief er Hauptmann Georg Briel, den Kommandeur des Fla-Bataillons 606, zu sich und befahl: »Briel, Sie rollen sofort in die Nachschubbasis und schaffen dort Ordnung. Dazu haben Sie jede gewünschte Vollmacht.«

Major Briel ließ sich diese Vollmacht schriftlich geben, was sich als gute Voraussicht erwies. Wenig später rollte er mit seinen Fla-Waffen über das Schlachtfeld von Sidi Rezegh und erreichte kurz darauf die Via Balbia. Dort sichtete er einen aus Richtung Bardia kommenden neuseeländischen Verband auf dem Djebel-Rand, der parallel zur Via Balbia verlief, in direktem Vorrollen auf Tobruk.

Die Spitzengruppen dieses Verbandes rollten soeben vorsichtig den Djebel-Rand hinunter und fuhren dann genau in Richtung von Briels Trossen weiter.

Dort aber stand Oberleutnant Franz mit einer einzigen 2-cm-Fla-Maschinenwaffe und eröffnete das Feuer. Der Gegner rollte zum Djebel-Rand zurück und fuhr bis zum nächsten Djebel-Abstieg bei Gambut weiter.

Major Briel, der das Gelände kannte, preschte mit seiner Kampfgruppe bereits in schneller Fahrt dorthin, um den Gegner abzufangen. Unterwegs schlossen sich ihm kleine Gruppen Troßleute und dann auch acht Panzer an. Zum Schluß kam noch eine 21-cm-Haubitze, die von Wm. Wolf geführt wurde.

»Mit diesen Waffen«, erklärte Oberstleutnant Briel dem Autor nach dem Krieg, »bildete ich rings um das Weiße Haus von Gambut einen Igel. Alle Waffen waren auf den Djebel-Abstieg gerichtet, an dem der Gegner bald erscheinen mußte. Er kam wie erwartet.«

Es war das Gros der 2. Neuseeländischen Division, die an dieser Stelle den Abstieg versuchte und von der kleinen Kampfgruppe Briel abgewiesen wurde. Die Neuseeländer marschierten auf dem oberen Djebel-Rand in Richtung Tobruk weiter.

Krisenlage am Einschließungsring um Tobruk

Die Kampfgruppe Böttcher, die beiderseits Belhamed und südlich der Via Balbia in den Stellungen lag, wurde am 25. November beinahe pausenlos angegriffen. Die von Panzern unterstützten Infanterie-Brigaden der 2. Neuseeländischen Division versuchten hier durchzubrechen. Generalmajor Böttcher wehrte diese Versuche mit der Artillerie und dem SR 115 sowie dem IR 361 ab. Dennoch verschlechterte sich die Lage am Einschließungsring von Stunde zu Stunde.

Als nach Einfall der Dunkelheit die Neuseeländer abermals angriffen und es ihnen im Verlauf der Nacht gelang, mit Panzerunterstützung den Belhamed zu erobern, und als am frühen Morgen des 26. November auch ein Teil der Tobruk-Besatzung, von 50 Panzern unterstützt, abermals ausbrach, trat eine Krisensituation ein, denn El Duda fiel.

Nur durch einen verbissen und tapfer geführten Gegenstoß

der Bersaglieri der Division »Trieste« konnten die Stellungen im Norden gehalten werden.

Am Nachmittag dieses entscheidenden 26. November brach eine weitere Ausfallgruppe mit 30 Panzern aus Tobruk aus und stellte bis zum Abend die Verbindung zur eigenen Truppe bei Belhamed her.

Die Schützen und Infanteristen der deutschen Belagerungs-Verbände schossen 26 Feindpanzer ab und rieben die Ausgebrochenen auf, deren Reste sich nach Tobruk zurückzogen.

Dennoch behielt der Gegner einen schmalen Durchbruchskorridor in der Hand und hatte damit die Verbindung zwischen der 2. Neuseeländischen Division und der Besatzung in Tobruk hergestellt.

Als schließlich am 26. November alle Versuche, Rommel zu erreichen, fehlschlugen, handelte Oberstleutnant Westphal selbständig. Er mußte das DAK zurückholen, wenn es nicht verloren sein sollte. Sein Funkspruch an das DAK lautete, daß sich dieses unter Aufhebung aller bisherigen Befehle sofort im Eiltempo auf Tobruk zurückziehen solle. Der FT-Spruch kam zur 21. Panzer-Division durch, und Generalmajor von Ravenstein boxte sich nun entlang der Via Balbia wieder nach Westen durch die Truppen der Neuseeländer durch. Als von Ravenstein Rommel erreichte, war dieser perplex. Er argwöhnte zuerst eine Funktäuschung der Engländer. Als er aber am Abend des 26. November beim Stab in El Adem erschien, wußte er bereits, daß Oberstleutnant Westphal, als »operatives Gewissen der Armee«, diesen Spruch hatte absetzen lassen. Daß es richtig war, zeigte Rommels Reaktion. Er ließ Oberstleutnant Westphal zum Ritterkreuz des Eisernen Kreuzes einreichen. Die Zwangslage vor Tobruk hatte diesen Schritt notwendig gemacht.

In den nächsten Tagen wogte der Kampf in der Wüste hin und her. Viele Einzelaktionen wären an dieser Stelle zu berichten, doch sie würden den gesetzten Rahmen dieses Werkes überschreiten. Hier aber noch einige Einzelheiten, die die vielfältigen Möglichkeiten dieses Wüstenkrieges aufzeigen.

Die 15. Panzer-Division war am Nachmittag des 28. November gegen den Flugplatz Sidi Rezegh angesetzt worden. Auf dem Weg dorthin lag der Verbandsplatz der Neuseeländer. Dieser wurde überrollt, und 900 deutsche Kriegsgefangene wurden befreit. Im Lazarett befand sich auch Colonel Kippenberger, der in der Nacht zum 26. November verwundet worden war. Er hatte die 4. Neuseeländische Brigade gegen Belhamed geführt.

In den Abendstunden dieses 28. November war Generalmajor von Ravenstein auf dem Gefechtsstand des DAK gewesen, um Generalleutnant Crüwell zu melden, daß seine 21. Panzer-Division nahte. Als von Ravenstein zurückfuhr, wollte er zunächst zur 15. Panzer-Division, um die dort stattfindende gemeinsame Befehlsausgabe mitzumachen. Als er mit seiner Begleitung im Morgengrauen des 29. November den vereinbarten Punkt erreichte, wurden sie von MG-Feuer empfangen.

Der Kommandeurswagen stand in Flammen. Von Ravenstein und seine Begleitung sprangen hinaus. Sein Fahrer war verwundet. Sie waren mitten in eine gutgetarnte neuseeländische Stellung hineingerollt. General Freyberg begrüßte den Gefangenen höflich und lud ihn zum Frühstück ein.

Der Kampf tobte hin und her, und als Rommel am Abend des 30. November mit General Bastico die Versorgungslage der Panzergruppe besprach, schickten beide dringende Anforderungen nach Italien. An diesem Tag verfügte die 21. Panzer-Division noch über insgesamt 21 Panzer, während die 15. Panzer-Division noch 39 Panzer zur Verfügung hatte.

Demgegenüber war der Bestand der 7. Britischen Panzer-Division, nun unter Generalmajor Gatehouse, 120 Panzer stark. Dennoch mußte die Achte Armee nach Kairo den Verlust von 814 Panzern aller Art melden.

Der Funkspruch Rommels vom 2. Dezember 1941 an das Führerhauptquartier hatte folgenden Wortlaut: »In den ununterbrochenen schweren Kämpfen vom 18. November bis zum 1. Dezember 1941 wurden 814 Panzer und Panzerspähwagen des Feindes vernichtet, 127 Flugzeuge abgeschossen. Die große Beute an Waffen und Munition und Fahrzeugen ist nicht zu übersehen. Die Gefangenenzahl hat 9000 überschritten, darunter drei Generale.«

In den Kämpfen der nächsten Tage zeichnete sich keine Entscheidung ab. Der letzte große Panzerkampf des DAK galt einer Feindgruppe, die sich bei Bir el Gobi sammelte. Die Division Jungfaschisten, die diesen Wüstenflecken bewundernswürdig verteidigt hatte, stieß hier zum DAK. Der Kampf gegen die britische Garde-Brigade begann. Kurz darauf stellte sich dem DAK auch die 7. Panzer-Division der Briten entgegen, und schließlich fielen auch noch Teile der 70. Division aus Tobruk aus und erreichten die Höhenlinie El Duda—Belhamed. Die Kraft der Panzergruppe Afrika reichte nicht mehr aus, den Sieg zu erringen.

Rommel aber hoffte immer noch, mit den Resten der deutschen und italienischen beweglichen Kräfte bei Bir el Gobi eine Entscheidung zu erzwingen, die für die Panzergruppe günstig war.

Am 6. Dezember griff das DAK zum letztenmal in der Winterschlacht an. In einem verbissen geführten Panzerkampf kam der Feind bereits ins Wanken. Nun brauchte nur noch das Korps Gambarra mit der »Ariete« und »Trieste« in den Kampf einzugreifen, um das Zünglein an der Waage zu bilden. Aber das Korps Gambarra, das immer wieder gerufen wurde, kam nicht. General Gambarra hatte das Handtuch geworfen, indem er General Bastico meldete, daß seine Divisionen zu abgekämpft seien, um noch in diesen mörderischen Kampf einzugreifen.

Am 7. Dezember tobte der Kampf weiter. General Neumann-Silkow fiel an diesem Tag. Oberst Menny übernahm den Befehl, bis Generalleutnant van Vaerst eingetroffen war.

Während die Verteidigung der Westfront von Tobruk aufrechterhalten wurde, setzten sich in der Nacht zum 8. Dezember das DAK und das Italienische Korps (mot.) ab. Teile des unbeweglichen XX. Italienischen Armee-Korps und die 90. Leichte waren vorausgerollt und standen mit ihren Spitzen bereits bei Gazala.

Das Kradschützen-Bataillon 15 opferte sich als Nachhut für das DAK auf, bis es am 12. Dezember die Gazala-Linie erreicht hatte.

Der weitere Rückzug konnte beginnen.

*General der
Panzertruppe
Crüwell am
Totensonntag
1941.*

Rommel (links)
und General-
major von Bis-
marck
beobachten
den Angriff.

Rommel mit seinem Stab, irgendwo in der Wüste.

Links oben: Gefangene der indischen Division. Rechts oben: Für sie ist der Krieg zu Ende. Unten: In Mechili geschnappt.

Oben: Me 110, Frühjahr 1942 über der Wüste bei der bewaffneten Aufklärung.
Unten: Auf einem Feldflugplatz bei Derna.

Zwischen zwei Offensiven

Die Verfolgung

Nachdem General Auchinleck den Oberbefehlshaber der 8. Britischen Armee, General Cunningham, durch General Ritchie ersetzt hatte, war der 8. Armee nach anfänglichen Schwierigkeiten schließlich doch noch der Sieg zugefallen. Als die Panzergruppe Afrika zum Rückzug antrat, wäre es nun an Ritchie gewesen, seine schnellste Truppe, das XXX. Korps, sofort an die Fersen der zurückweichenden Divisionen der Achsenstreitkräfte zu heften und diese zu zerschlagen.

Ritchie indessen ließ dieses schnelle Korps zur Vernichtung der feindlichen Stützpünkte an der Grenze und an der Küste bei Halfaya ansetzen und befahl dem XIII. Korps, die Verfolgung zu übernehmen. Zur Verstärkung gab er ihm die 7. Panzer-Division bei.

General Godwin-Austen befahl der 5. Neuseeländischen und der polnischen Brigade, die italienischen Verbände anzugreifen und aufzuhalten, während er die 7. Panzer-Division und die 4. Indische Division zum schnellen Umgehungsmarsch nach Süden um Rommels Flanke herum ansetzte.

Die 4. Indische Division kam mit dem XX. Italienischen Armee-Korps ins Gefecht, und die Versuche der Umgehung des DAK durch die 7. Panzer-Division waren ebenso vergebens.

Als die 5. Indische Brigade am 15. Dezember auf Teile der 15. Panzer-Division stieß, wurde sie schwer geschlagen und verlor allein 1000 Mann an Gefangenen. Die britische Bomberflotte, die in der Lage gewesen wäre, diesen deutschen Rückzug zu stoppen, konnte laut den Eintragungen in der Official History »drei Tage lang keine einzige Bombe auf die deutschen Truppen werfen, die in dem Raum südwestlich von Gazala steckten und ein gutes Ziel geboten hätten«.

Dennoch war der Druck, den Ritchies Truppen auf die Panzergruppe ausübten, so stark, daß sich Rommel am 16. Dezember dazu entschloß, die Gazala-Linie aufzugeben und weiter zurückzugehen.

In Italien war man entsetzt, denn es schien so, als steuere nun auch Rommel einem radikalen Ende entgegen. General Cavallero flog mit Generalfeldmarschall Kesselring von Rom nach Afrika, um Rommel zu bestürmen, nicht zurückzugehen.

Bei Giovanni Berta trafen sie sich, und es gelang Rommel in einem harten Gespräch, Cavallero davon zu überzeugen, daß der Rückzug von Gazala nach Mechili notwendig war.

Als die eigene Luftaufklärung den Vormarsch starker britischer Kolonnen auf der südlichen Flanke meldete, gab Rommel den Befehl, noch weiter nach Westen auszuweichen.

Um 23.00 Uhr dieses denkwürdigen 16. Dezember 1941 erschienen noch einmal Graf Cavallero mit Feldmarschall Kesselring, General Bastico und General Gambarra auf Rommels Gefechtsstand. Sie verlangten die Rücknahme des Rückzugsbefehls von Rommel.

»Der Verlust der Cyrenaika hat schlimmste politische Folgen für den Duce«, beschwor Graf Cavallero Rommel.

»Es ist für uns unmöglich, den Flugplatz von Derna aufzugeben«, sekundierte auch Feldmarschall Kesselring.

»Es bleibt dabei. Meine Befehle sind gegeben und zum Teil schon in der Durchführung. Wenn wir die Panzergruppe nicht völliger Vernichtung preisgeben wollen, bleibt uns nur übrig, uns in der Nacht durch den Gegner durchzuschlagen, der zum Teil bereits hinter uns steht. Ich stehe vor der Frage, zu bleiben, wo ich bin und damit die Panzergruppe zu opfern *und* danach auch noch die Cyrenaika *und* Tripolitanien zu verlieren, oder heute nacht den Rückzug anzutreten, mich durch die Cyrenaika durchzuschlagen und den Raum von Agedabia zu erreichen und wenigstens Tripolitanien zu halten. Es kann nur letzteres mein Entschluß sein.«

Am späten Abend hatte sich bereits das italienische AK mot. unter dem Befehl von Generalleutnant Crüwell in Marsch gesetzt. Die Infanterie-Divisionen marschierten teils zu Fuß, teils aufgesessen in der Küstenniederung zurück.

Bis zum 22. Dezember wurden Beda Fomm und Antelat erreicht.

Daß Rommel sich durchgesetzt hatte, war für das DAK und alle Achsentruppen in Afrika die Rettung. Die Official History bemerkt zu diesem Rommelschen Entschluß: »Wenn General Rommel nicht bei diesem Entschluß geblieben wäre, dann würden die Achsenkräfte zweifellos vernichtet worden sein ... Er verdient höchste Anerkennung dafür, daß er die Lage klar durchschaut *und* daß er sich geweigert hat, von seinem einmal gefaßten Entschluß abzugehen.«

Daß der Rückzug gesichert vonstatten ging, war zu einem Großteil dem Kradschützen-Bataillon 15 zu verdanken, das zu Beginn des Rückzugs eine Gefechtsstärke von 500 Mann hatte und binnen einer Woche über 400 Mann davon verlor. Es war der Führung seines neuen Kommandeurs, Major Ehle, zu verdanken, daß die Männer in einer verschworenen Kampfgemeinschaft zusammenhielten, den verfolgenden Gegner immer wieder abschmierten und so die Rettung der Fußtruppen ermöglichten.

Am 25. Dezember wurde Agedabia erreicht. Hier kam es noch einmal zu einer Panzerschlacht. Die 8. Armee versuchte mit der 1. und 7. Panzer-Division vor der Front und mit der 22. Panzer-Brigade südlich umgehend die deutschen Stellungen auszuheben. Wieder waren es die Kradschützen von Major Ehle und Teile der AA 33, die den Gegner stoppten. Am 27. Dezember begann dann die Panzerschlacht. Die 22. Panzer-Brigade der Briten rollte frisch aufgemöbelt über El Haseiat vor, während das Gros der 8. Armee frontal angriff. Drei Tage lang tobte der Kampf.

Vor der Front selbst hatten die 8,8-cm-Flak von Major Hecht von den Feindpanzern den ersten Zoll gefordert. Hier war das Flak-Regiment 135 in seinem Element. Aus 2000 Meter Distanz wurden angreifende Feindpanzer abgeschossen, lange bevor sie selbst in den Kampf eingreifen konnten.

Als die Panzer dann durchgestoßen waren, als auch aus Süden und Südwesten die Kampfwagen der 22. Panzer-Brigade angriffen, führte General Crüwell die 60 Panzer des DAK zum Gegenangriff. Sie schossen 37 der 90 Panzer der 22. Panzer-Brigade zusammen und verloren in diesen dramatischen Gefechten selber nur sieben.

Ein letzter Versuch der 8. Armee endete wiederum mit dem Verlust von 23 britischen Panzern, während auf deutscher Seite abermals sieben Panzer vernichtet wurden.

Insgesamt wurden 136 abgeschossene Feindpanzer vor der gesamten Front gezählt.

Die frontal angreifenden britischen Divisionen wichen nach Nordosten aus. General Rommel nutzte diese wichtige Ruhepause dazu, die Truppe geordnet und nunmehr geschlossen in die Stellungen bei Marsa el Brega zurückzuführen, nachdem in der Silvesternacht bei Agedabia das Neue Jahr angeschossen wurde. Hier erklang mitten in der Wüste zum erstenmal — sich von Stellung zu Stellung fortpflanzend — das Deutschlandlied.

Am 12. Januar 1942 stand die Panzergruppe »Afrika«, standen auch alle italienischen Truppen in der Marsa-el-Brega-Stellung abwehrbereit.

Die Kämpfe auf den »Inseln« im Sand

Vom Rückmarsch der Panzergruppe Afrika ausgeschlossen waren die deutsch-italienischen Besatzungen der Plätze Sollum, Halfaya-Paß und Bardia wie Inseln im Wüstensand zurückgeblieben. Am 30. Dezember 1941 traten Teile der 8. Armee zuerst auf Bardia an. Unterstützt von Artillerie und Luftstreitkräften, von See aus durch Schiffsgeschützfeuer begleitet, trat der Gegner mit starken Panzerkräften an. Am 2. Januar 1942 fiel Bardia.

Sollum, seit dem 21. November 1941 in deutscher Hand, wurde von einigen Kompanien des Oasen-Bataillons zbV 300 unter Hauptmann Enneccerus mit nur etwa 70 Soldaten bis zum 12. Januar 1942 gehalten. Nach einem wüsten Trommelfeuer griff der Gegner hier am 11. Januar an und wurde abgeschmiert. Am nächsten Tag gelang ihm der Einbruch. Hauptmann Enneccerus mußte den Kampf einstellen, weil die letzte Munition verschossen war. Nach 56 dramatischen Tagen kamen die letzten Soldaten des Oasen-Bataillons heraus aus einer Hölle ohnegleichen.

Auf dem Halfaya-Paß aber hielt sich immer noch die deutsche Verteidigung unter Major Bach. Seitdem die Engländer Untersollum erobert hatten, wurde neben der Verpflegung auch noch das Trinkwasser knapp. General Rommel, der diese prekäre Lage erkannte, schickte von Kreta Versorgungs-Ju 52 herüber, die jedoch bereits in der zweiten Nacht abgeschossen wurden.

Mitte Januar zog sich aus den tiefergelegenen Weststellungen auch der Rest der Division »Savona« unter Divisionsgeneral di Giorgis zur Paßhöhe zurück, wo auch noch Major Pardi mit seiner italienischen Batterie verteidigen half.

Wenig später schickte Major Bach einen Parlamentär zu den Südafrikanern. Diese nahmen die Übergabe unter ehrenvollen Bedingungen an. Am 17. Januar 1942 traten die letzten Verteidiger des Passes zur Übergabe an. Mitten in der Zeremonie schos-

sen Truppen der Free French Forces mit Geschützen in die angetretenen Soldaten hinein. So fielen die letzten Soldaten am Halfaya-Paß nach Waffenstillstand. Die letzte Bastion ostwärts
Marsa el Brega war gefallen.

Der Weg nach Tobruk und El Alamein

Die Versorgungslage

Bereits am 5. Januar 1942 war ein deutsch-italienischer Geleitzug nach Tripolis durchgekommen und hatte neben einer Menge wichtiger Versorgungsgüter auch 50 Panzer und 20 Panzerspähwagen nach Afrika geschafft.

Rommel, alles andere eher als am Ende, sah hierin ein gutes Zeichen und trug sich bereits wieder mit dem Gedanken, daß es möglich sein müsse, in der Zeit der Schwäche des Gegners einen neuen Angriff zu starten. Oberstleutnant i. G. Westphal, der Ia der Panzergruppe Afrika, bestärkte ihn darin, denn noch hatte der Gegner nicht aufgeschlossen, noch war sein Nachschub nicht nachgeführt, noch war er zu keinem geballten Angriff und keiner geschlossenen Verteidigung gegenüber einem neuen Angriffsschlag bereit.

Am 13. Januar 1942 stand Rommels Entschluß fest. Er verkündete in der abendlichen Stabsbesprechung: »Wir greifen wieder an!« Und er begründete diese Absicht mit folgenden Worten: »Wenn wir der 8. Armee bis Februar Ruhe lassen, dann hat sie sich so weit verstärkt, daß nichts mehr sie zu halten vermag. Wir dürfen nicht warten, sondern müssen dem Gegner dieses Konzept verderben.«

Die 10. U-Flottille in Malta, die während des Herbstes das Konvoisterben veranlaßt hatte, wurde von der Luftflotte 2 aus Sizilien mehr und mehr niedergekämpft. Deutsche U-Boote, seit dem Herbst im Mittelmeer, entwickelten sich zu ernstzunehmenden Gegnern gegenüber britischen Überwasserstreitkräften.

Dies alles trug dazu bei, daß mehr und mehr Material nach Afrika übergeführt werden konnte.

Rommel ließ diesen Angriff unter größter Geheimhaltung vorbereiten. Geschickte Propaganda von einem weiteren Rückzug der Panzergruppe Afrika wiegte den Gegner in Sicherheit. Agenten meldeten, daß »Rommel abbaue«. In Rom war man von dieser Absicht entsetzt. General Auchinleck aber war nicht von der Richtigkeit der Agentenmeldungen zu überzeugen. Er befahl eine stärkere Aufklärung.

Am 19. Januar trafen weitere Transporte in Tripolis ein. Nun verfügte Rommel an der Front wieder über 111 Panzer, während 28 im rückwärtigen Gebiet in Reserve standen. Das XX. Italienische Armee-Korps (mot.) konnte 90 Kampfwagen melden.

Am Abend des 20. Januar ließ Rommel in Marsa el Brega Schuppen niederbrennen. Im Hafen wurden Schiffe gesprengt, und die Agentenmeldungen überschlugen sich.

»Rommel trifft Vorbereitungen zum weiteren Rückzug!« so lauteten die Meldungen dieses Tages, die selbst General Auchinleck davon überzeugten, daß der Wüstenfuchs Rommel am Ende sein müsse.

Doch am Morgen des 21. Januar 1942 sah alles ganz anders aus. An diesem Morgen wurde den Soldaten der Panzergruppe Afrika ein Tagesbefehl Rommels verlesen:

»Deutsche und italienische Soldaten!

Ihr habt schwere Kämpfe gegen weit überlegenen Feind hinter Euch. Euer Kampfgeist aber ist ungebrochen. Zur Zeit sind wir zahlenmäßig stärker als der Feind vor unserer Front. Zur Vernichtung dieses Gegners tritt daher die Armee heute zum Angriff an.

Ich erwarte, daß jeder Soldat in diesen entscheidenden Tagen das Letzte hergibt.

Es lebe Italien! Es lebe das Großdeutsche Reich! Es lebe der Führer!«

Der Sturmlauf beginnt

Es war 06.00 Uhr am 21. Januar, als General Rommel mit seiner Kampfstaffel vom Gefechtsstand der Panzerarmee aufbrach. Panzerarmee Afrika hieß die Panzergruppe seit einer halben Stunde, seitdem diese Weisung aus dem Führerhauptquartier in Rastenburg in Afrika eingegangen war.

Rommel fuhr zur Kampfgruppe Marcks, die den Auftrag erhalten hatte, das erste Loch in den Ring der Gegner zu schlagen, durch welches das XX. Italienische Armee-Korps durchstoßen würde.

Zur gleichen Zeit rollte das DAK mit einem »Wüstenschleicher« im weiten Bogen nach Süden bis zur Ausgangsposition,

von der aus es entlang dem Wadi Faregh nach Nordosten vorstürmen und dem Feind in den Rücken fallen sollte.

Als Rommel bei der Kampfgruppe Marcks eintraf, die aus
Teilen der 90. Leichten und Abgaben anderer Divisionen aufgestellt worden war, meldete Oberstleutnant Marcks alles ab-
marschbereit.

»Dann als vorwärts, Marcks«, bemerkte Rommel nach der
Meldung. »Denken Sie daran, Ihr Ziel ist Agedabia.«

»Es rommelt wieder!« riefen die Kradschützen und die auf
den MTW aufgesessenen Schützen einander zu.

Vorn die leichten Spähwagen, unterstützt von den dahinter
rollenden Panzern, die zum Zerschlagen der Widerstandsnester
so weit vorn mitfuhren, ging es rasant vorwärts. Als die ersten
Feindpanzer vor dem britischen Riegel auftauchten, wurden sie
von den deutschen Panzern abgeschossen. Danach erreichte die
Kampfgruppe die Feindstellungen. Eine britische Batterie Feldhaubitzen bei El Giofia wurde überrollt. Um 11.00 Uhr hatte die
Kampfgruppe Marcks die Feindstellungen durchstoßen.

Rommel war inzwischen zum XX. Armee-Korps der Italiener
gefahren und hatte General Zinghales, dem italienischen Pan-
zerexperten, der die Führung übernommen hatte, den Start frei-
gegeben. In schneller Fahrt rollten die italienischen Panzer durch
die Lücke.

24 Stunden nach dem Aufbruch aus der Marsa-el-Brega-Stellung erreichte die Kampfgruppe Marcks Agedabia. Der Kampf
um den Besitz der Stadt dauerte eine Stunde, dann war Agedabia in der Hand der Kampfgruppe.

»Weiterer Vorstoß auf Antelat!« befahl Rommel. Antelat, das
bedeutete 60 Kilometer Fahrt mitten durch das Wüstengebiet.
Die Fahrzeuge fraßen sich im Sand fest.

Kurz nach der Kampfgruppe Marcks hatte auch das MG-
Bataillon 8 Agedabia erreicht. Von hier aus wurde es über die
Antelat-Piste in den Raum Hseir el Aunami, 15 Kilometer westlich Saunu, vorgezogen, wo es Stellungen nach Süden und Südosten bezog. Die 3. Kompanie, verstärkt durch zwei Züge der
2./Panzerjäger-Abteilung 39, zog zu einer 800 Meter vorgela-
gerten Höhe vor und besetzte sie. Als sie eben dort angelangt
war, griffen 20 britische Panzer dort an. Vier Mark IV wurden
von einem Pakzug vernichtet.

Wenig später trat das MG 8 nach Norden an, um den Angriff

des Panzer-Regiments 5 mit nur 25 Panzern und zwei Achtacht in Richtung des feindbesetzten Saunu zu unterstützen.

Kurz vor Saunu stieß diese Gruppe auf einen Verband von etwa 100 Feindpanzern. In diesem folgenden harten Kampf, in dem der Gegner immer wieder violetten Nebel schoß, um sich der Einsicht zu entziehen, wurden insgesamt 32 Feindpanzer abgeschossen. Das MG 8 verhinderte einen Umgehungsversuch des Gegners, und als Rommel erschien und den Befehl gab, den Angriff nach Nordosten fortzusetzen, ging es über das wellige Gelände in Richtung der tiefen Mulde der Wasserstelle Saunu weiter. Als der Rand der Höhenstufe erreicht wurde, sahen die Panzermänner, die auf der rechten Flanke des MG 8 rollten, schräg unter sich eine Versammlung von 50 Panzern und zwei Batterien Feldgeschütze mit einer Masse von Lkw an der Wasserstelle stehen.

»MG 8 geht am Höhenrand in Stellung. Panzer greifen westlich ausholend die Mulde an.«

Als der Kampf begann, gelang es zehn der Feindpanzer, den Höhenrand zu erreichen, wo sie von der Pak der 2./PzJägAbt. 39 abgewehrt wurden. Ein nächster Pulk Feindpanzer überrollte drei Panzerjäger-Kanonen und vernichtete die Zgkws durch Bordwaffenbeschuß.

Das Panzer-Regiment schoß an dieser Stelle eine Reihe weiterer Feindpanzer ab.

Als am Morgen des 24. Januar eine britische Lkw-Kolonne in die Mulde rollte, um sich mit Wasser zu versorgen, wurden fünf Wagen in Brand geschossen und zwölf weitere erbeutet.

Die 3./MG 8 blieb als Sicherung bei der Wasserstelle zurück. Das Gros des Bataillons aber folgte den Panzern des Panzer-Regiments 5 nach Süden in Richtung Maaten el Grara. Hier sollte sie die Kampfgruppe Marcks entlasten.

Die Kampfgruppe Marcks hatte inzwischen Saunu erreicht und von Rommel folgenden Befehl erhalten: »Vorstoß über Saunu hinaus nach Südosten auf Abd el Grara. Von dort Weiterstoß auf Giof el Mater und Angriff in die ostwärtige Flanke der 1. Britischen Panzer-Division.«

Damit war der Kampfgruppe der Auftrag zugefallen, die zwischen Agedabia und Giof el Mater stehende 1. Panzer-Division der Briten abzuschneiden.

Neben der Kampfgruppe Marcks war auch die Kampfgruppe Warrelmann auf Agedabia angesetzt worden. Major Hinrich

Warrelmann, Kommandeur des MG-Bataillons 2 der 15. Panzer-Division, führte seine Kampfgruppe nach Agedabia, wohin die Kampfgruppe Marcks bereits vor ihm durchgebrochen war. Als er hier mit seinem Bataillon und der unterstellten II./Panzer-Artillerie-Abteilung 33 sowie der ebenfalls zugeteilten Kompanie des Kradschützen-Bataillons 15 beim Auftanken war, erschien auch hier Rommel.

»Warrelmann«, sagte er, »Sie sollen nicht auftanken, Sie sollen angreifen!«

»Wenn wir weiter vorstürmen sollen, müssen wir auftanken, Herr General«, erwiderte Warrelmann.

»Gut, wenn das geschehen ist, fahren Sie mit der Kampfgruppe nach Osten. Nach 40 Kilometer Fahrt erreichen Sie das Wüstenfort Antelat. Sie nehmen es und halten es. Es wird sich ostwärts von Agedabia eine große Schlacht entwickeln.«

Damit war neben Marcks auch Warrelmann auf Antelat angesetzt. Die Kampfgruppe rollte am Abend weiter, erreichte nach zwei Stunden das vom Feind verlassene Wüstenfort Antelat und igelte sich dort ein. Im Morgengrauen sah Hinrich Warrelmann, daß ringsumher in alle Richtungen Kampf- und Versorgungstruppen der Briten vorbeizogen. Als zwei englische Flugzeuge zur Landung auf der Piste von Antelat ansetzten, wurden sie mit MG-Feuer abgeschossen.

In dieser Phase des Kampfes erhielt Warrelmann eine Meldung, daß auch auf dem englischen Flugplatz, keinen Kilometer weiter, mehrere Flugzeuge seien. Er setzte eine Kompanie Kradschützen darauf an. Der Gegner aber hatte zur gleichen Zeit eine Panzerspäh-Kompanie darauf angesetzt. Die dort stehenden acht Maschinen, die Warrelmann erbeuten wollte, mußten nun in Brand geschossen werden.

Der feindliche Panzerangriff am Mittag des 22. Januar wurde abgeschlagen. Aus 100 Meter Distanz ließ Major Warrelmann das Feuer erst eröffnen. Binnen kürzester Zeit brannten acht englische Panzer. Der Gegner zog sich zurück.

Am Nachmittag stieß Major Warrelmann mit seiner 4. Kompanie in die Flanke einer großen britischen Kolonne, schnitt sie in der Mitte ab und erbeutete sieben Spähwagen mit einer Reihe Gefangener. Am 23. und 24. Januar wiederholte er diese Flankenstöße und vereinnahmte bis zum Abend des 24. rund 1800 Gefangene. Am späten Abend erhielt der Kampfgruppenführer den Befehl des DAK, am nächsten Morgen gegen 05.00 Uhr zum

Angriff gegen Msus anzutrete nund dort wieder auf das DAK zu stoßen und sich mit ihm zu vereinigen.

Auf dem Weg nach Msus stieß die Kampfgruppe nach 20 Kilometer Marsch auf einen dichten englischen Panzerpulk von 42 Kampfwagen. Warrelmann ließ eine Front bilden, in welcher die Pak in Stellung ging. Die Artillerie wurde dahinter aufgestellt.

Nachdem mehrere Feindpanzer in Brand geschossen waren, drehte dieser Verband in Richtung auf Msus ab.

Mit erhöhtem Tempo rückte die Kampfgruppe hinterher und wurde von einer Abteilung englischer Selbstfahr-Lafetten empfangen, die sich aber nach dem ersten Schußwechsel absetzte.

Als die Kampfgruppe die Höhen von Msus erreichte, kam von rückwärts ein britischer Verband mit zwölf Panzern und vielen Fahrzeugen heran. Die Artillerie machte kehrt und eröffnete das Feuer auf die Engländer. Diese drehten nach Osten ab.

Drei Minuten später tauchte der Spähtrupp auf, den der Kampfgruppenführer ausgeschickt hatte. Er meldete nur sechs Kilometer entfernt eine starke feindliche Panzeransammlung. Sofort setzte Warrelmann eine Kompanie zur kampfstarken Aufklärung an. Als sie den Rastplatz der Panzer erreichte, die in Msus tanken wollten, aber nicht mehr dazu kamen, waren die Fahrzeuge von ihren Besatzungen verlassen worden. 30 Kampfwagen fielen der Kampfgruppe zu.

Auf dem Flugplatz von Msus erbeutete die Kampfgruppe zwölf Flugzeuge und übernahm ein riesiges Versorgungslager.

Als sich die Kampfgruppe soeben zur Verteidigung eingerichtet hatte, rollten in schneller Fahrt drei Panzer und zwei Spähwagen an. Diesmal war es nicht der Gegner, sondern Rommel. Er ließ sich von Warrelmann Meldung erstatten und korrigierte diesen: »Sie haben nicht 24, sondern 26 Panzer abgeschossen, Warrelmann.«

Eine dritte Kampfgruppe wurde unter Oberst Geißler, dem Kommandeur des SR 115, aufgestellt und trat am 21. Januar 1942 mit Sonnenaufgang an. Sie erreichte am anderen Morgen Agedabia und stieß sofort mit Teilen weiter auf Saunu—Antelat vor. Dabei gelang es ihr, einen Teil der 1. Britischen Panzer-Division mit 117 Panzern und Spähwagen, 33 Geschützen, vielen Kfz und über 1000 Soldaten abzuschneiden und zur Kapitulation zu zwingen.

Oberst Geißler hat den Vorstoß der folgenden Tage plastisch

geschildert: »Am 23. Januar stieß das DAK unaufhaltsam bis zum Pistenknotenpunkt Msus vor. Mit höchster Fahrgeschwindigkeit rollten unsere Verbände mit weiter Entfaltung nach Norden ... Es war eine wilde Fahrt, ein atemberaubendes Wettrennen mit dem weichenden Feind. Durch den Sandstaub hindurch sah man mitunter auf gleicher Höhe und in derselben Richtung fahrend, englische Kolonnen, an deren Fahrzeugen wie dichte Trauben Soldaten hingen, die mit zurück wollten.

Während die Engländer auf El Mechili zurückgingen, gelang es einer starken Feindgruppe, den Raum Bengasi zu erreichen und sich hier zu halten. Das Armeeoberkommando entschloß sich daher, zuerst Bengasi zu nehmen und die Cyrenaika vom Gegner völlig freizukämpfen.«

Die Kampfgruppen Marcks und Geißler wurden auf Bengasi angesetzt. Es gelang der letzteren, am frühen Morgen des 29. Januar Maraua, das vom Gegner hart verteidigt wurde, in Besitz zu nehmen.

Die Kampfgruppe Marcks wiederum, die am späten Abend des 24. Januar den Auftrag erhalten hatte, zum Umfassungsangriff von Westen her auf Msus vorzustoßen, während das DAK und das XX. Italienische Armee-Korps von Osten her angreifen würde, trat am frühen Morgen des 25. Januar zu diesem Angriff an. Generaloberst Rommel (soeben zu diesem höheren Dienstgrad befördert) tauchte beim Aufbruch der Kampfgruppe auf und gab dem Oberstleutnant jene für ihn typische Parole mit: »Ausnützen, Marcks, ausnützen!«

Zwei Stunden später stieß die Spitzengruppe auf Feindpanzer, die abgeschossen wurden. Das unterstellte MG 2 kämpfte englische Infanterie nieder, die sich ihnen in den Weg stellte. Als englisches Abwehrfeuer dicht bei dicht in die Kampfgruppe hineinschmetterte, tauchte bald auch Rommel auf.

»Sie fahren mit den schnellen Teilen Ihrer Kampfgruppe auf Msus zu. Wenn der Gegner ausfällt, um Sie fertigzumachen, ziehen Sie sich zurück und locken die britischen Panzer auf alle Pak und Flak, die wir hinter Ihnen als Abwehrring aufbauen.«

Das war ein typischer Rommel-Plan. Minuten darauf rollten die beweglichen schnellen Teile der Kampfgruppe auf Msus zu.

Der Gegner schoß sich schnell auf die Angreifer ein, und als Marcks dicht vor Msus den Befehl zur Umkehr gab und die Kampfgruppe in einem weiten Bogen nach Westen zurückrollte, stürmten die Verteidiger von Msus hinterher. Die Panzer und

Panzerspähwagen des Gegners schossen im Fahren. Ein Krad, dann ein MTW gingen in Flammen auf.

Durch die 8,8-Stellungen des vorgezogenen Teiles des Flak-Regiments 135 fuhr die Kampfgruppe zurück. Als dann der Gegner nahe genug herangekommen war, eröffneten Flak und Pak das Abwehrfeuer. Nach drei Salven waren sieben Feindpanzer vernichtet. Die übrigen drehten, einige wurden noch von der weitreichenden Flak getroffen.

»Hinterher — hinein!« befahl Rommel.

Sie rollten in schnellster Fahrt vorwärts, jagten durch die Feldstellungen des Gegners und erreichten Msus, wo soeben die Sprengungen in den Spritlagern erfolgten und dicke Qualmwolken emporwaberten.

Msus wurde im Handstreich genommen. Riesige Vorratslager fielen der Kampfgruppe in die Hände. Über 600 Kfz, 127 Geschütze und viele andere Fahrzeuge wurden erbeutet. In der Panzerwerkstatt von Msus wurden 50 fertige englische Panzer erbeutet.

»Es geht weiter, Marcks«, befahl Rommel, als die Kampfgruppe aufmunitioniert und aufgetankt hatte. »Ihr nächstes Ziel ist Bengasi. Sie stürmen über El Rhegima und Benina direkt darauf zu.«

Rommel stellte Marcks dazu noch die AA 3 zur Verfügung und sicherte das Eingreifen der Kampfgruppe Geißler zu, sobald diese Maraua in Besitz genommen habe.

Eine Stunde nach ihrem Aufbruch begann ein wüster Ghibli.

Der Sandsturm toste über die Kolonnen dahin. Generaloberst Rommel, der mit der Kampfgruppe fuhr, setzte sich an die Spitze. Er übernahm — mit sicherem Instinkt, wie oftmals zuvor — selber den Lotsendienst. Schließlich begann es zu allem Überfluß auch noch zu regnen. In einem breiten Wadi blieben Kräder und MTW stecken. Erst als der Boden felsiger wurde, ging es wieder rascher vorwärts.

Am Morgen des 28. Januar wurde Ridotta Rhegima erreicht. Bis 16.00 Uhr dieses Tages war Benina genommen und im Handstreich das Flugfeld von Bengasi erobert. Am Ostrand von Bengasi wurde die Kampfgruppe vom Abwehrfeuer der Inder empfangen.

Im Kampf gegen diesen Feindverband wurde Werner Marcks zweimal der Befehlswagen zerschossen. Im Kampf um Coefia und am Ostrand von Bengasi versuchte der Gegner die vordringenden Deutschen so lange zu halten, bis die Vorratslager sämtlich gesprengt waren. Aber das gelang ihnen nicht, und ein Teil der indischen Brigade, die hier zu halten versuchte, ging in die Gefangenschaft. Im Rundfunk in Kairo aber hieß es am nächsten Tag über diesen Angriff: »Generaloberst Rommel, der Schlingel unter den modernen Generalen, hat wieder ein neues Kaninchen aus dem Hut gezaubert.«

Am 30. Januar eroberte die Kampfgruppe Marcks Barce und Tocra. Im weiteren Vorstoß, nachdem auch noch die Kampfgruppe Geißler bei Maraua unterstützt worden war, drangen die Kradschützen in Cirene ein, Giovanni Berta wurde erreicht und in Besitz genommen.

Die 5. Indische Brigade stellte sich bei Martuba zum Kampf. Drei Stunden dauerte die Schlacht, dann wandte sich der Gegner zur Flucht, und Marcks ließ sofort die Verfolgung aufnehmen. Er-Rzem wurde umfahren und Tmimi in Besitz genommen. Die gesamte Cyrenaika war wieder in der Hand der Achsentruppen. Es hatte 17 Tage gedauert, bis Generaloberst Rommel alles wiedergewonnen hatte, was er auf dem langen und langsamen hinhaltenden Rückzug hatte aufgeben müssen.

Als Oberstleutnant Marcks am 5. Februar 1942 aus der Hand von Generaloberst Rommel das Ritterkreuz erhielt, sagte er: »In diesem Symbol stecken Blut, Tränen und Vernichtung. Gleichzeitig aber auch Tapferkeit, Zuverlässigkeit und die selbstlose Einsatzbereitschaft vieler Männer.«

Rommel selbst war in diesen Tagen bei fast allen Verbänden gewesen, die an vorderster Stelle im Kampf standen. Als er sich nach der Vernichtung der 1. Panzer-Division der Briten einen Überblick verschaffen wollte, flog er im Storch über das Schlachtfeld. Er wurde von wütendem Flakfeuer empfangen. Splitter schlugen durch die Bespannung des labilen Vogels. Aber Rommel behielt kühlen Kopf und gab dem Flugzeugführer Weisungen, wie er am besten dem Flakfeuer entkommen konnte. Sein Begleiter, Oberstleutnant i. G. Westphal, sah hoch über dem Storch eine Reihe britischer Hurricanes, aber diese sichteten zum Glück den Storch nicht. Rommel schien einfach unverwundbar zu sein.

Vor der von britischen Truppen besetzten Gazala-Linie richtete sich auch die Panzerarmee Afrika ein, um neu aufzufrischen, die Bestände aufzufüllen und dann abermals zum Sturm anzutreten.

Am 15. Februar flogen Rommel und sein Erster Generalstabs-offizier, Oberstleutnant i. G. Westphal, nach Rom, um Mussolini Bericht zu erstatten. Von dort flogen sie nach Rastenburg zur Wolfsschanze weiter, wo auch Hitler ihren Vortrag hörte.

Hitler jedoch interessierte sich nicht für Afrika. Zu sehr hatte der erste russische Kriegswinter das Ostheer mitgenommen, zu groß war seine Enttäuschung darüber, daß der Koloß Rußland noch nicht gefallen war.

Generaloberst Rommel bat um neue Divisionen.

»Sechs deutsche motorisierte Divisionen, darunter drei Panzer-Divisionen, und wir fegen den Gegner vom afrikanischen Kontinent hinunter«, sagte er Hitler. Dieser wich Rommels Bitten aus.

Rommel bat darum, daß Malta ausgeschaltet werde, von wo aus die ärgste Bedrohung für den deutsch-italienischen Nachschub ausging. Hitler wich auch in dieser Frage aus.

Im Oberkommando der Wehrmacht, das sollte auch Oberstleutnant Westphal im Gespräch mit Jodl am 18. Februar erfahren, starrte alles wie gebannt auf Rußland. Afrika war zu einem kleinen Nebenkriegsschauplatz geworden, seitdem der Krieg mit der UdSSR in ein entscheidendes Stadium getreten und der russische Gegner noch immer nicht vernichtet worden war.

Rommel und sein Erster Generalstabsoffizier flogen nach Rom zurück. Rommel versuchte auch den Duce für seine Pläne zu gewinnen, als deren bedeutendste er vorschlug:

1. Wegnahme von Malta und Beseitigung der schwersten Bedrohung der Nachschubwege für die Panzerarmee Afrika.

2. Eine Offensive mit dem ersten Ziel Tobruk.

Wie hatte sich die Versorgung der Panzerarmee entwickelt? Bestand überhaupt die Möglichkeit, daß in absehbarer Zeit so viel Material nach Afrika kam, daß man mit frischen Kräften und voll aufgefüllten Panzer-Divisionen die Offensive mit dem Ziel Tobruk wieder aufnehmen konnte?

Die Nachschubfrage wird bedrohlicher

Vor Beginn der Winterschlacht war durch starke Sparmaßnahmen und durch die in El Mechili erbeuteten Materialien, die das ganze Jahr über vorhielten, überhaupt erst der Einsatz der deutschen Truppen in Nordafrika sichergestellt worden. Der laufende Bedarf und die Bevorratung für den Angriff auf Tobruk wurde bis November 1941 nur zu 40 Prozent erfüllt. Nur durch drakonische Sparmaßnahmen wurde es möglich, daß die Panzergruppe Afrika die britische Winteroffensive in den ersten 14 Tagen durchstehen konnte.

In diesen zwei Wochen hatte sich die Ausfallquote des Kolonnenraumes auf 60 Prozent gesteigert. Nur die Tatsache, daß immer wieder italienische Versorgungs-U-Boote Derna und Bardia anliefen und ihre gefährlichen Lasten landeten, verhinderte ein Desaster. Dennoch waren die wenigen Vorräte Anfang Dezember aufgebraucht. Lediglich der Rückzug nach Westen war mit diesen wenigen Mitteln noch möglich. Da alle Ausfälle an Panzern, Munition und Gerät nicht ersetzt werden konnten, mußten Sollum, Bardia und der Halfaya-Paß aufgegeben werden.

Ende November wurden neben italienischen Transportern die deutschen Dampfer »Maritza« und »Procida« durch Einheiten der britischen Force K versenkt.

Bis zum 31. Dezember 1941 wurden 13 Transportfahrten italienischer U-Boote durchgeführt. Das Boot »Millo« war mit drei solcher Fahrten das am meisten beschäftigte Boot. Das U-Boot »Carraciolo« wurde auf dem Rückweg von der afrikanischen Küste durch den Zerstörer »Farndale« gestellt und vernichtet.

Der italienische Geleitzug, der vom 29. November bis zum 2. Dezember von Brindisi nach Afrika unterwegs war, wurde durch Bomber und Einheiten der Force K dezimiert. Die zweite Geleitzugoperation wurde durch Kriegsschiffe durchgeführt. Der Kreuzer »Luigi Cadorna« brachte Benzin nach Bengasi und nahm 900 Gefangene nach Italien zurück. Das Motorschiff »Sebastiano Venier«, das Material nach Afrika geschafft hatte, nahm 2000 Engländer an Bord. Es wurde von dem britischen U-Boot »Porpoise« versenkt. Dem italienischen Lazarettschiff »Arno« ist es zu verdanken, daß von den Engländern 1800 gerettet wurden.

Das U-Boot »Upright« versenkte zwei große italienische Transporter in dieser Zeit des Januar.

Anfang Januar 1942 wurde das italienische U-Boot »St. Bon«, das Benzin nach Tripolis bringen sollte, von dem U-Boot »Upholder« versenkt.

Die nächsten drei Geleitzüge waren für Rommel die Initialzündung für seine neuen Pläne. Sie kamen zwischen dem 3. und

6. Januar 1942 nach Tripolis durch. Vom 22. bis 25. Januar kamen fünf Transporter durch, und die Transporte der Operation »K 7« erreichten ebenfalls sicher Tripolis.

Damit war der Nachschub mehr als jemals vorher gesichert.

Malta im Fadenkreuz

In den Frühlingswochen des Jahres 1942 griffen die auf Sizilien stationierten deutschen Kampfflieger mehr und mehr und in immer größeren Massierungen Malta an. Zuerst waren es nur wenige Maschinen, von denen aber achtmal am Tag welche über Malta auftauchten. Die Ju 88 wurden geleitet von den Messerschmitts der III./JG 53 unter Hauptmann Wilcke.

Wieder war — wie über Tobruk — die III./Stukageschwader 1 unter Major Mahlke dabei. Bis zum April erreichten die Bombardierungen Maltas ihren Höhepunkt. Nach der Zerstörung der Flugplätze, die von den Kampfgruppen 606 und 806 aus Catania, dem KG 54 aus Gerbini und dem KG 77 aus Comiso erreicht wurde, griffen auch Jäger und Zerstörermaschinen den Jägerflugplatz Ta Kali an und zerstörten ihn völlig. Nach vier Tagen waren die Flugplätze Maltas nicht mehr benutzbar.

Nach diesem Teil des Angriffs wurde ein Dauerangriff auf einen Alexandria-Malta-Konvoi gestartet. Es war der Versorgungskonvoi MW 10. Supermarina, die italienische Seekriegsführung, hatte dagegen eine Reihe U-Boote eingesetzt und befahl Divisions-Admiral Parona mit einem Schiffsverband, bestehend aus drei Kreuzern und vier Zerstörern, diesen Konvoi anzugreifen. Auch Admiral Iachino wurde mit seinem Verband aus Tarent angesetzt. Er verfügte über das Schlachtschiff »Littorio« und vier Zerstörer, zu denen sich auf See zwei weitere gesellten.

Die starken Deckungskräfte des Konvois verhinderten jedoch in einem langen Gefecht Verluste an Transportern. Doch durch diesen Angriff kam der Konvoi erst bei Tageslicht im Raum Malta an.

Dies war die Stunde des II. Flieger-Korps. Schiff um Schiff wurde schwer gebombt, und als der Kampf vorüber war, kamen ganze 5000 Tonnen Versorgungsgüter von den geladenen 25 900 nach Malta hinein.

Die dritte Phase des Bombardements von Malta begann Ende

März. La Valetta lag im Fadenkreuz der angreifenden deutschen Kampfflieger. Die Werften und Docks waren das Ziel der Angriffe. Diese Angriffe dauerten den ganzen April über an. Bis zum 28. April 1942 wurde Malta als Flotten- und Luftstützpunkt ausgeschaltet. Nun konnte eine Operation beginnen, die schon seit langem in den Planungsspielen durchgeprobt worden war, das Unternehmen »Hercules« — die Eroberung von Malta aus der Luft mit Fallschirmjägern und Luftlandetruppen.

Bereits im April 1942 war General der Flieger Student, der Kommandierende General des deutschen Fallschirmkorps, nach Rom gebeten worden, wo Generalmajor Ramcke seit dem Frühjahr als Berater der jungen Fallschirmjäger-Division »Folgore« tätig war.

Auch hier ging es darum, einen Plan zur Eroberung Maltas auszuarbeiten. Kurt Student machte den ersten Entwurf, nach welchem die Gesamtführung des Unternehmens in den Händen des Comando Supremo liegen sollte. Generaloberst Graf Cavallero, der Chef dieses Oberkommandos, sollte alle Einsätze koordinieren. Mussolini hatte bereits den Einsatz der gesamten italienischen Flotte zugesagt.

Fallschirm- und Luftlandetruppen sollten als Vorhut unter Führung von General Student auf der Insel abspringen und einen Brückenkopf bilden. Das Gros der Truppen würde dann — von der italienischen Kriegsflotte geschützt — im Schiffs- und auch Lufttransport folgen.

Für den Transport schwerer Waffen, beispielsweise von Panzern IV, standen zwölf sechsmotorige Me 323 »Gigant« zur Verfügung. Hinzu kamen 100 Maschinen des Typs GO 242 und 1000 Lastensegler DFS 230.

Aufmarsch und Einschiffung der Truppen sollte auf Sizilien erfolgen. Das II. Flieger-Korps würde zusammen mit der italienischen Luftwaffe den Luftraum überwachen und angreifende Feindschiffe vernichten.

Mitten in diesen Vorbereitungen erhielt Kurt Student ein Fernschreiben, das ihn ins Führerhauptquartier rief. Als er dort eintraf, sagte ihm Generaloberst Jeschonnek, der Chef des Generalstabs der Luftwaffe, daß er am morgigen Tag einen schweren Tag haben werde, weil General Crüwell vom Afrika-Korps am Vormittag bei Hitler gewesen sei und diesem erklärt habe, daß die Kampfmoral der Italiener schlecht sei.

Am nächsten Vormittag entwickelte General Student seinen

Malta-Plan. Hitler stellte mehrere Fragen, die der Kommandierende General des XI. Flieger-Korps (wie das Fallschirm-Korps
aus Tarnungsgründen genannt wurde) zufriedenstellend beant-
worten konnte. Dann nahm Hitler zum Plan selbst Stellung und
erklärte, daß er durchaus durchführbar sei. Er fand aber den
Pferdefuß heraus:

»Schön, Student, die Bildung des Brückenkopfes mit Ihren
Luftlandetruppen ist sichergestellt. Ich garantiere Ihnen dann
aber folgendes: Wenn der Angriff beginnt, läuft natürlich sofort
die britische Flotte aus Alexandria aus. Von Gibraltar kommt die
dort stationierte Streitmacht heran. Dann sollen Sie mal sehen,
was die Italiener tun werden. Alles läuft in die Häfen zurück, die
Kriegsschiffe ebenso wie die Transporter. Und dann sitzen Sie
mit Ihren Fallschirmjägern allein auf der Insel.«

General Student versuchte zu erklären, daß für diesen Fall
Feldmarschall Kesselring vorgesorgt habe und daß dann der
Platz vor Malta zum Grab der britischen Flotte werden würde,
weil die Luftwaffe sie versenken würde. Doch Hitler blieb fest.
Seine Entscheidung lautete: »Der Angriff gegen Malta wird
nicht im Jahre 1942 durchgeführt, sondern später.«

Winston Churchill, der bereits dem neuen Gouverneur der Insel Malta, Lord Gort, gesagt hatte, daß er »die traurige Aufgabe
erfüllen müsse, Malta dem Feind zu übergeben«, konnte aufat-
men.

Die Sommeroffensive, die in Rußland bevorstand, zehrte auch
an den Fliegerkräften, die Malta und die Kriegsschiffe und Konvois der Engländer im Mittelmeer in Atem gehalten hatten. Das
KG 77 wurde durch Hitler persönlich zum Ostkriegsschauplatz
abberufen. Die I./KG 54 verlegte nach Eleusis nahe Athen. Die
Stukas der III./StGeschw. 3, die Zerstörer der III./ZG 26 und die
Nachtjäger der I./NJG 2 wurden von Sizilien nach Afrika übergeführt, um Rommel zur Verfügung zu stehen, wenn dieser aus
dem erreichten Raum der Frühjahrskämpfe im Sommer zur
neuen Offensive antreten würde. Hinzu kam noch die III./JG 53,
die nach Afrika verlegte.

Über ihre Einsätze soll an späterer Stelle berichtet werden.
Doch nun zurück zu den Vorbereitungen beider Seiten für eine
neue Offensive.

General Auchinleck versuchte in den Monaten des Frühjahrs, nach dem Verlust der Cyrenaika, die 8. Armee wieder auf einen Höchststand zu bringen, um dem deutschen Druck standhalten und möglicherweise einen neuen Angriff starten zu können. Doch dies brauchte Zeit — und Zeit schien er nicht mehr zu haben, denn am 2. Mai 1942 schickte Churchill General Auchinleck einen Funkspruch, in dem er auf einen baldigen Angriff drängte. Dieser FT-Spruch schloß mit den Worten: »Wir glauben, daß ein Versuch, die deutschen Truppen im Laufe der kommenden Wochen aus der Cyrenaika zu vertreiben, für die Sicherheit von Malta, an der so vieles hängt, nicht nur unbedingt erforderlich ist, sondern daß darin auch die einzige Hoffnung liegt, eine Schlacht schlagen zu können, solange der Feind noch verhältnismäßig schwach ist und über eine ungenügende Menge von Hilfsmitteln aller Art verfügt.«

Aufgrund dieser Ansporrnung schickte General Auchinleck den Chiefs of Staff, den Stabschefs, ein Telegramm, in welchem er die Gesamtlage in Afrika genau umriß und die Risiken aufzeigte, die sich aus einem neuen Angriff *vor* der völligen Wiederherstellung der Kampfkraft ergeben würden.

Churchills Antwort vom 8. Mai 1942 enthielt den Kernsatz: »Wir stimmen darin überein, daß Sie trotz der von Ihnen erwähnten Risiken richtig handeln würden, wenn Sie den Gegner angriffen und in eine große Schlacht verwickelten, und zwar möglichst noch im Mai und je eher, desto besser . . .

Dabei werden Sie ohne Zweifel auf die Tatsache Rücksicht nehmen müssen, daß der Gegner selbst beabsichtigen kann, Sie Anfang Juni anzugreifen.«

Die Planungen wurden darauf abgestimmt, und General Ritchie, der Oberbefehlshaber der 8. Armee, erklärte am 16. Mai, daß es sein Angriffsziel sei, die gepanzerten Streitkräfte des Gegners in einer Schlacht im Raum Gazala—Tobruk—Bir Hacheim zu vernichten und damit den ersten Schritt zur Eroberung der Cyrenaika zu tun.

Die Verteidigungsstellungen der Briten zogen sich von Ain el Gazala an der Küste etwa 60 Kilometer nach Süden bis nach Bir Hacheim, das als südlichster Eckpfeiler der Gazala-Linie besetzt wurde. Zwischen den Hauptstützpunkten befand sich eine Kette von Stützpunkten, mit bis zu 20 Kilometer breiten Lücken.

General Auchinleck, der am 20. Mai noch einmal bei General Ritchie anfragte, was Rommel wohl planen könne, schlug Ritchie vor, alle verfügbaren Panzer beiderseits des Trigh Capuzzo beisammen zu halten, weil Rommel »mit höchster Wahrscheinlichkeit« einen Scheinangriff auf Bir Hacheim führen würde, um jedoch mit dem Gros seiner Panzerkräfte, dem DAK, in der Mitte anzugreifen, die Minenfelder zu durchfahren, sodann zum Meer einzudrehen und »den Nordteil des Abwehr-Riegels zu umklammern und Tobruk anzugreifen«.

Ritchie war jedoch ebenso wie seine Kommandeure anderer Ansicht. General Norrie meinte, daß der deutsche Angriffsschwerpunkt im Norden liegen werde. Ritchie selbst war beinahe sicher, daß »der schlaue Fuchs Rommel Bir Hacheim nach Süden umgehen« werde. Aus diesem Grund hielt er seine 1. Panzer-Division hinter der Mitte der Verteidigungsstellungen westlich und südwestlich von El Adem bereit und wies der 7. Panzer-Division einen Bereitstellungsraum tiefer im Süden zu.

General Ritchie sollte mit seinen Überlegungen Recht behalten. Was hatte die Panzerarmee Afrika zu diesem neuen Offensivschlag vorbereitet? Welcher Art waren ihre Pläne?

Die Panzer-Armee Afrika plant

Generaloberst Erwin Rommel war sich mit den Kommandeuren seiner Division darüber einig, daß er *eher* angreifen mußte als der Gegner. Am 20. Mai erließ er seinen Angriffsbefehl für die Panzer-Armee Afrika.

»Auftakt der Offensive wird ein Frontalangriff der in der Gazala-Stellung befindlichen italienischen Infanterie-Divisionen sein. Diese Divisionen werden auf die 50. Britische und auf die südafrikanische Division stoßen. Starke Artillerieverbände unter dem Arko 104 werden zur Unterstützung dieses Angriffes beigegeben. Bei Tag und Nacht werden hinter diesen Stellungen im Norden Panzerbereitstellungen vorgetäuscht. Zu diesem Zweck fahren dort Panzer und Fahrzeuge im Kreis herum.

Dadurch soll erreicht werden, daß die britischen Panzerverbände dicht hinter ihren Infanterieverbänden aufschließen.

Bei Tageslicht erfolgen noch alle Bewegungen der motorisier-

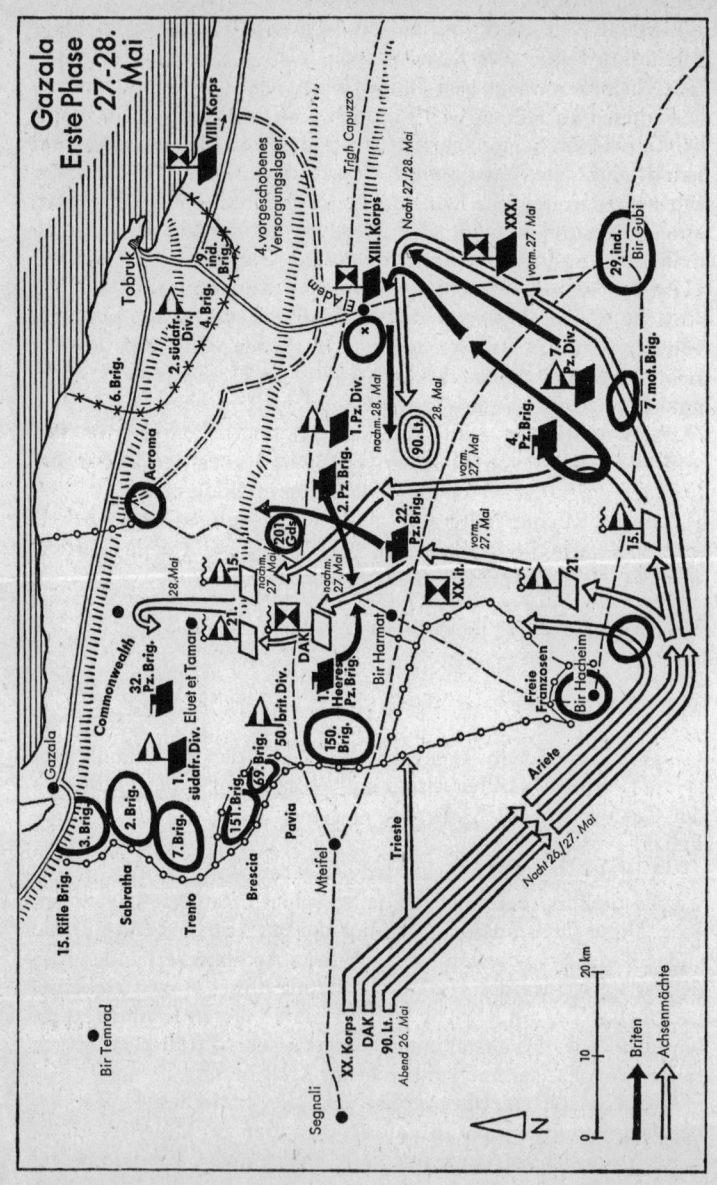

Der Angriff der Panzerarmee Afrika am 26.5.1942 mit dem Wüsten-schleicher des DAK um Bir Hacheim

ten Truppen in Richtung auf diese Angriffsstelle der italienischen Infanterie. Erst nach Einbruch der Dunkelheit wird die
mot.-Gruppe in ihren wirklichen Bereitstellungsraum rollen.

Die Gruppe-mot. besteht aus dem DAK mit der 15. und 321.
PD, dem XX. Ital. Korps. mot. mit den Divisionen »Trieste« und
»Ariete« sowie der diesem Korps unterstellten 90. Leichten, der
wiederum die drei Aufklärungsabteilungen des DAK beigegeben
sind.

Beginn des Vormarsches ist 22.00 Uhr. Er führt um Bir
Hacheim herum. Von dort aus werden das DAK und das XX.
Ital. Korps über Acroma bis zur Küste vorstoßen, um die britischen Divisionen in der Gazala-Stellung sowie die dort versammelten britischen Panzerverbände von ihren Verbindungslinien
abzuschneiden und zu vernichten.

Die 90. Leichte stößt mit den unterstellten Aufklärungs-
Abteilungen in den Raum El Adem—Belhamed und verhindert
dort das Ausweichen der Besatzung von Tobruk sowie das Her-
anführen von Verstärkungen in den Raum Acroma. Die Briten
sollen dadurch auch von ihren Versorgungslagern getrennt werden, die sie im Raum ostwärts Tobruk angelegt haben.

Im Anschluß an die rasche Vernichtung der 8. Armee in der
Marmarica ist die schnelle Eroberung Tobruks geplant.«

Frontalangriff und Wüstenschleicher

Am Morgen des 26. Mai 1942 begann das planmäßige Artilleriefeuer des Arko 104 auf die vorderen britischen Stellungen. Als
dieser erste Feuerschlag weiter zurückverlegte, tauchten Sturz-
kampfbomber des Typs Ju 87 und Ju 88 auf und stießen mit eingeschalteten »Jerichosirenen« auf Tobruk, El Adem, Bir
Hacheim und die anderen Boxes der Engländer herunter und
warfen ihre Bomben. Bei Gambut griffen 60 italienische MC 202
den britischen Flugplatz an und beschädigten eine Reihe der dort
stehenden Maschinen. Über El Adem wurde eine Ju 88 abgeschossen. Das Kampflehr-Geschwader 1 kam zu einigen Erfolgen.

Dann griffen die Divisionen »Sabratha«, »Trento«, »Brescia«
und »Pavia« an. Mit ihnen stürmten die Männer der Schützen-
Brigade 15 (der 90. Leichten) unter Führung von Oberst Menny,

die aus der 90. Leichten herausgelöst worden war, um den italienischen Angriff zu unterstützen.

Die Soldaten des PGR 361 drangen zügig vor und standen bald mitten zwischen den britischen Stellungen und Boxes.

Der Angriff der Panzer-Armee Afrika hatte begonnen. Aber ob dies wirklich die Offensive war oder nur ein Täuschungsangriff, das war dem Gegner noch nicht klar.

Nach Einbruch der Dunkelheit traten das DAK mit der 15. und 21. Panzer-Division in der Mitte, der 90. Leichten mit den drei Aufklärungsabteilungen rechts und dem XX. italienischen Armee-Korps mot. links aus dem Großraum Segnali-Nord zum Vorstoß nach Südosten an. Es ging zügig vorwärts, und bald befand sich dieser gewaltige Panzerzug mitten in einer dichten Sandwolke. Die vorn rollenden Panzer der beiden Divisionen wühlten den Staub auf. 10 000 weitere Ketten- und Räderfahrzeuge verdichteten ihn um ein Vielfaches. Die Wüste, in den Nächten beinahe lautlos, hallte wider vom Getöse der Tausende von Motoren und dem Gerassel der Panzerketten. Dicht hintereinander rollten die Verbände nach Marschkompaßzahl dahin. Die Fahrer fuhren fast blind. Sie wurden von den in den Turmluks der Panzer stehenden Kommandanten durch Zurufe eingewiesen. Auf den Kotflügeln der großen MTW und der anderen Fahrzeuge hockten die »Franzer«. Es kam zu Kollisionen und Havarien. Die beschädigten Wagen wurden zur Seite gekarrt, und schon ging es weiter.

Als es Tag wurde, hatte diese Armada die Schwenkung um den Südflügel der Befestigungsgruppe vollzogen. Bir Hacheim war umrundet. Die Divisionen hatten im Flächenmarsch dicht zusammengehalten. Voraus die Spähtrupps der Aufklärungsabteilungen. Dahinter, in breiter Gefechtsfront, die Panzer-Regimenter. Dahinter wiederum die Artillerie und die jeweiligen Divisionsstäbe. Hinter diesen und seitlich herausgestaffelt fuhren die Schützen-Bataillone, die Pioniere, Panzerjäger, Flak und andere Einheiten.

Zwischen den beiden Panzer-Divisionen fuhr in Höhe der Divisionsstäbe des DAK auch das Generalkommando des DAK unter Generalleutnant Nehring, der seit März in Afrika war und die Führung des DAK übernommen hatte.

Die Schwenkung nach Norden und Nordosten wurde vollzogen. 560 Panzer der Panzer-Armee Afrika, einschließlich jener der Division »Ariete«, rollten durch den Morgendunst. Das Panzer-Regiment 8 war zum erstenmal seit seinem Eintreffen in Afrika voll aufgefüllt und mit allen 150 Panzern in einem Verband beisammen. Jede Abteilung rollte im Breitkeil von insgesamt drei Kilometer Breite und 1,5 Kilometer Tiefe voran. Oberstleutnant Teege führte dieses Regiment.

Plötzlich kam die Meldung durch: »Panzer voraus!«

Aus drei Kilometer Entfernung tauchten sie aus einer flachen Senke auf. »Gefechtsbereitschaft!« wurde befohlen. Es waren Verbände der 4. Britischen Panzer-Brigade, die mit den neuen US-Panzern »General Grant« ausgerüstet worden waren.

»Angriff!« befahl Oberstleutnant Teege. »I. Abteilung greift frontal an.«

Die deutschen Panzer rollten auf Schußweite. Aber noch ehe sie nahe genug herangekommen waren, um mit ihren Kurzrohren erfolgreich zu sein, schlugen die ersten Granaten aus den Rohren der »Grants« ein.

»Feindfeuer unterfahren! Näher rangehen!« befahl Hauptmann Kümmel.

Sie rollten vorwärts, wurden aber gestoppt.

»Artillerie muß her!« rief Kümmel über Sprechfunk zurück, und Teege forderte Artillerieunterstützung an.

Links vom Panzer-Regiment 8 war auch das Panzer-Regiment 5 unter seinem neuen Kommandeur Oberst Gerhard Müller ins Gefecht gerollt. Im Vorstürmen erhielt der Panzer von Major Martin einen Volltreffer.

Oberstleutnant Teege führte nun die II. Abteilung im Bogen um das Zentrum herum. Während Kümmels Panzer ständig ihren Kurs ändernd den Gegner in Atem hielten und dessen Feuer auf sich zogen, gelangte die II./Panzer-Regiment 8 in die Flanke des Gegners und eröffnete überraschend das Feuer. Die ersten Grants brannten, weitere wurde lahmgeschlagen. Und in diesem Augenblick riß Hauptmann Kümmel noch einmal seine schwere Kompanie nach vorn. In wilder Fahrt jagte er direkt auf die aufzuckenden Abschußblitze zu und eröffnete aus nur mehr 600 Meter das Feuer. Nun schlugen die eigenen Granaten durch. Brände flackerten auf. Ein Feindpanzer nach dem anderen brannte. 16 Grants wurden an dieser Stelle abgeschossen, ehe sich die 8. Husaren, der Kern der 4. Panzer-Brigade, absetzten.

In diesem Augenblick rollte der Gefechtswagen des Divisionskommandeurs an den Panzern vorbei. General Gustav van Vaerst stand im Wagen, und Leutnant Max Keil, der die 1./Panzer-Regiment 8 vertretungsweise führte, rief dem Divisionskommandeur zu: »Wohin, Herr General?«

Noch ehe Vaerst antworten konnte, erwiderte sein Adjutant: »Dorthin, Männer, dort vorn fährt Rommel!«

Wenig später schallte Rommels Stimme auch in die Kopfhörer der Panzerkommandanten: »Alles aufschließen und dichtauf folgen!«

Unter Führung von General Nehring ging es weiter nach Norden. Die 90. Leichte (ohne ihre an der Westfront gebundene 15. Schützen-Brigade) schwenkte mit den drei Aufklärungs-Abteilungen genau auf El Adem ein.

Es ging weiter, und Rommels Rechnung schien bereits aufzugehen, als gegen 16.00 Uhr der Gegner aus Osten mit 60 schweren Panzern angriff. Er rollte genau in die Flanke der 15. Panzer-Division hinein. Die Panzer der Division standen aber weit voraus und konnten nicht eingreifen. Eine Panik bahnte sich an.

General Nehring, der sich gerade mit Oberst Wolz, Kommandeur des Flak-Regiments 135 und Führer der Korps-Kampfstaffel, auf einer Erkundungsfahrt befand, sah sich plötzlich von zurückweichenden eigenen Truppen umgeben. Oberst Wolz setzte sofort die Korps-Kampfstaffel mit ihren Achtacht-Kanonen ein. Weit auseinandergezogen fuhren die wenigen Achtacht in dem deckungslosen Gelände vor. Sie machten Schießhalt, wenn ein Gegner auftauchte und schossen von den Rädern. Bald standen die ersten Grant-Panzer schwarzqualmend auf der Plaine. Dann erwiderte die Artillerie des Gegners das Feuer, und es war abzusehen, wann sie die einzelnen deckungslosen Achtacht erwischt haben würde. Wolz brach das Gefecht ab, da er dem DAK folgen mußte, das ebenfalls in heftige Kämpfe verwickelt war.

Sie stießen wenig später auf die Führungsstaffel des Korpsstabes, als sie nach vorn rollten, um sich von der Lage beim DAK zu überzeugen. Durch das heftige Artilleriefeuer waren sie zum Ausweichen gezwungen worden, und dies hatte die Begegnung ermöglicht.

Als wenig später auch eine zurückrollende Flak-Batterie auftauchte, erschien aus dem Staub herauspreschend Rommel bei Nehring und Wolz. Er hielt den Wagen an und rief Wolz zu: »Warum schießen Sie nicht? Die Flak ist an allem schuld, weil sie nicht schießt!«

Oberst Wolz brachte die Batterie zum Stehen. Es waren drei

Geschütze. Die drei Geschütze der Kampfstaffel des DAK kamen hinzu, die dicht hinter ihnen mitgerollt waren.

In je 150 Meter Seitenabstand ließ Wolz die sechs Geschütze in Stellung gehen. Keine Sekunde zu spät, denn gerade tauchten aus dem dichten Staub etwa 1500 Meter voraus die vordersten Panzer eines 35 Kampfwagen starken Pulks auf. Die erste Salve der Flak schmetterte vier Panzer zusammen. Die übrigen hielten und zogen sich dann zurück.

In dieser entscheidenden Situation tauchte Major Gürke, Kommandeur der I./Flak 43, auf und brachte sechs Geschütze der 2./Flak 43 mit, die auf der linken Flanke der schmalen Flakfront eingefügt wurden. Eine halbe Stunde später brachte der Armee-Adjutant die 3./Flak 43 heran, die Rommel selbst geschickt hatte. Damit stand schließlich eine Flakfront auf 3000 Meter Breite. Und zum erstenmal in der Kriegsgeschichte sollte eine Fliegerabwehrwaffe eine Schlacht entscheiden.

Als die nun wieder angreifenden Feindpanzer bis auf 1200 Meter an die Flakfront herangekommen waren, eröffnete diese das Feuer. Sechzehn Flak schossen gleichzeitig. Grant-Panzer platzten, von Volltreffern erwischt, auseinander. Andere blieben lahmgeschlagen liegen und wurden von den nächsten Schüssen vernichtet. Als die rasch einfallende Abenddämmerung niedersank, lagen vor dieser Flakfront 24 abgeschossene schwere Panzer.

Die 4. Panzer-Brigade war am Ende. Sie hatte als Sperr-Riegel vor der 8. Armee gestanden.

Parallel zur Gazala-Linie aber, im Rücken der Gegner, rollte das DAK weiter. Die 21. Panzer-Division erreichte am 28. Mai Acroma und stand mit ihren Spitzengruppen an der Via Balbia. Dann hatten die kampfstarken Spähtrupps das Meer erreicht.

Aber der 29. Mai brachte zugleich für das Gros eine Krisenlage. Bir Hacheim, der südlichste Eckpfeiler der Gazala-Linie, der von 4400 Soldaten der Free French Forces unter General Pierre König gehalten wurde, war noch immer nicht gefallen, und schließlich näherten sich von Osten britische Panzerverbände der 1. Panzer-Division.

In einer Lagebesprechung mit Rommel am Morgen des 29. Mai schlugen sowohl General Nehring als auch die Generalstabsoffiziere Gause, Bayerlein und Westphal einen Durchbruch nach Westen aus der Umklammerung vor.

Die Tatsache, daß bereits der Nachschub an Wasser und

Treibstoff ausgeblieben war und daß man die Verwundeten nicht zurückschaffen konnte, sprach für einen Ausbruch aus einer Lage, die von Tag zu Tag auswegloser werden konnte.

Rommel entschloß sich schweren Herzens, durch eine noch zu erkundende Lücke der Gazala-Stellungen nach Westen durchzubrechen.

Auf der Suche nach dieser Lücke stieß das DAK, an der Spitze General Nehring und sein Chef des Generalstabes, Oberst Bayerlein, auf das britische Wüstenfort Got el Ualeb, das von der 150. Britischen Brigade verteidigt wurde.

Das DAK mußte von Osten her mit verkehrter Front auf dieses britische Bollwerk antreten und es überwinden.

Während des Kampfes um diesen Stützpunkt wurde der Stab des DAK von Tiefffliegern angegriffen. General Nehring kam unverletzt davon, obgleich Splitter in seinen Wagen schlugen.

Der Versuch, dieses Wüstenfort im ersten Anlauf zu überrennen, mißlang. Immerhin standen den 2000 Engländern hier 80 Panzer Mark II der 1. Heerespanzer-Brigade zur Verfügung.

Die Minengasse, die von der Division »Trieste« geräumt worden war, lag unter ständigem Artilleriefeuer.

Zur gleichen Zeit kämpfte auch die britische Garde im Festungsbereich Knightsbridge verzweifelt gegen den Ansturm der 90. Leichten mit den AA 3, AA 33 und der neu zusammengestellte AA 580 unter Rittmeister von Homeyer.

General Ritchie, der Oberbefehlshaber der 8. Armee, funkte nach Kairo: »Rommel weicht!«

Aus Kairo kam die Antwort von General Auchinleck zurück: »Bravo, Eight Army! Geben Sie ihm den Rest!«

Got el Ualeb hielt dem ersten Sturmangriff stand.

Nunmehr rollte das Panzer-Regiment 5 los. Zwölf Panzer des Panzer-Regiments 5 wurden von der britischen Pak abgeschossen.

Die Kampfstaffel Kiehl, die danach den Durchbruch zu erzwingen versuchte, blieb ebenfalls im dichtesten Feindfeuer liegen und erlitt Verluste.

Nunmehr fuhren General Nehring und Oberst Bayerlein nach vorn, um die Hauptwiderstandsnester zu erkunden und in die Karte einzuzeichnen, um sie nachher von der Artillerie unter Feuer nehmen zu lassen.

»Wir sollten das III. Bataillon des Schützen-Regiments 104 —

die alten Kradschützen von K 15 — darauf ansetzen«, schlug Bayerlein seinem Kommandierenden General vor.

Nehring war einverstanden. »Gut, schicken Sie Melder zu von Bismarck. Er soll alles veranlassen.«

Generalmajor von Bismarck, der Kommandeur der 21. Panzer-Division, kam mit dem Bataillonskommandeur Major Ehle nach vorn und wies diesen in das Gelände ein. Noch während sie miteinander sprachen, tauchten britische Tiefflieger auf. Ihr Kanonen- und MG-Feuer peitschte zwischen die Männer. Curt Ehle wurde verwundet, und Hauptmann Reissmann übernahm die Führung des III./SR 104. Er hatte nunmehr den Auftrag, Got el Ualeb zu erobern. Es selbst sagte darüber: »Alles kam auf schnelles Bereitstellen, rasches Vorstoßen und ein größtmögliches Tempo an.«

Um 04.30 Uhr des 1. Juni stand das Bataillon mit einer Reihe von Unterstellungen an Pionieren, Artillerie und Flak bereit. Oberst Crasemann, der anstelle des am 26. Mai verwundeten Generalleutnants van Vaerst das Kommando der 15. Panzer-Division übernommen hatte, sah den sofortigen Angriff vor, doch dieser verzögerte sich, da die unterstützenden Waffen noch nicht herangekommen waren.

Nachdem die Artillerie das Feuer eröffnet und sich eingeschossen hatte, griff das Bataillon aufgesessen an. Es war genau 07.15 Uhr. Die Hälfte der Einbruchsentfernung rollte man aufgesessen vor. Als die Männer bis auf 300 Meter herangekommen waren, erkannten sie erst die frontalen Stellungen hinter den leichten Drahtrollen-Hindernissen. Das Feindfeuer setzte ein. Unter diesem Feuer arbeiteten sich die Männer um Hauptmann Reissmann nun in kurzen Sprüngen vorwärts. Im Schutz der eigenen 2-cm-FlaMW räumten die Pioniergruppen zwei Minengassen für die beiden Angriffsgruppen.

Der Einbruch nach Got el Ualeb gelang um 08.00 Uhr durch den Zug von Oberleutnant Köppe von der 11./SR 104. Vorwärtsstürmend erreichte diese Kompanie die Höhe des Djebels und konnte ihre Pak bald nachziehen.

Aus MG, Granatwerfern und Gewehren wurden diese erreichten Punkte unter starkes Feindfeuer genommen.

Eine Viertelstunde nach Einbruch der 11. gelang auch der 9. Kompanie in ihrem Abschnitt der Einbruch.

Ein mit zwei Mark II angesetzter englischer Gegenstoß wurde

unter Abschuß der beiden Panzer abgewehrt. Nun aber lag der Angriff ebenso fest wie die anderen vorher geführten.

In dieser Krisenlage kam Major Beil, Kommandeur der II./AR 155, in die vorderste Linie und suchte den feindlichen Schwerpunkt des Widerstandes zu erkunden. Im stärksten Feindfeuer gelang es ihm, diesen Punkt zu finden. Er gruppierte seine Artillerie um, die nunmehr aus allen verfügbaren Rohren auf diesen feindlichen Kern niederhämmerte.

Als gegen 08.35 Uhr ein eigener Stuka-Angriff in die Tiefe des feindlichen Werkes erfolgte und mehrere Feindbatterien durch Sturzangriff direkt ausgeschaltet wurden, bahnte sich eine Erfolgsmöglichkeit an.

Generaloberst Rommel war zum rechten Zug nach vorn gekommen und begleitete von diesem Augenblick an den weiteren Angriff persönlich. Im Handgranatenkampf, nach verbissenen Einzelgefechten, ergab sich der Gegner. Got el Ualeb war gefallen, der Weg nach Westen für das DAK frei, der Umklammerungsring der Briten durchbrochen.

Aber das DAK verfügte nur noch über 130 Panzer, und Bir Hacheim hielt noch immer.

In der Nacht zum 2. Juni wurden die 90. Leichte und die Division »Trieste« von Rommel gegen diesen südlichen Eckpfeiler angesetzt. Rommel selbst wollte sie führen.

»Jungens«, sagte Generalmajor Kleemann den Männern des I./SR 115 der 90. Leichten, als er ihnen den Befehl zum Angriff gemeinsam mit der »Trieste« auf Bir Hacheim befahl, »dies ist für euch ein besserer Spaziergang.«

Doch dieser »bessere Spaziergang« hatte viele Opfer im Gefolge. Als Rommel vor Bir Hacheim eintraf, ließ er zunächst »mit dem Taschentuch wedeln«, um die Verteidiger zur Übergabe aufzufordern. Als dies ignoriert wurde, meinte er: »Also, dann Angriff!«

Die Soldaten der 90. Leichten und der »Trieste« stürmten abermals, wieder vergeblich. Generaloberst Rommel ließ Stukas anfordern.

Die I./StG. 3 griff mit 22 Maschinen an und schlug einige der 1200 kleinen Kampfstände zusammen. Die in Gambut und El Adem aufsteigenden britischen Jäger, darunter elf »Tomahawks« der 5. SAAF, griffen an, und letztere meldeten zehn Abschüsse. Captain Botha allein drei und eine vierte gemeinsam mit Commander Beresfoord. Aber auf der Verlustliste der Stukas standen nachher »nur« vier Besatzungen. Die anderen waren trotz schwerer Blessuren durchgekommen.

Feldmarschall Kesselring kam aus Rom nach Bir Hacheim geflogen, um Rommel zu sagen, daß man diesen Stützpunkt nur mit Hilfe der Flak knacken könne.

Die Kampfgruppe Wolz unter Oberst Alwin Wolz wurde gebildet. Sie bestand aus zusammengefaßten Flak-Batterien des Regiments 135, der AA 3 und der Panzerjäger-Abteilung 33. Diese Kampfgruppe griff von Westen her an. Durch die Sandschleier eines ausbrechenden Ghiblis gedeckt, kamen sie bis dicht an die Stützpunkte heran, bevor der Gegner aus allen Löchern schoß. Der Angriff des 4. Juni blieb ebenfalls liegen.

Am Morgen des nächsten Tages kam Rommel zu Oberst Wolz und befahl der Kampfgruppe, nach Bir Scerrara nordostwärts Bir Hacheim zu verlegen. Als Wolz dort am Nachmittag eintraf, hatte Rommel für ihn einen ganz anderen Auftrag.

»Starker Feind hat heute die ostwärts Got el Ualeb stehende Division ›Ariete‹ angegriffen. Der Feind wurde abgewehrt. Das DAK, Wolz, geht zum Gegenangriff über. Sie treten dazu von hier aus an, stoßen rechts der 15. PD entlang vor, nehmen den Trigh Capuzzo, ostwärts von Bellefaa, in Besitz und verlegen dadurch dem Gegner den Rückzug.«

Mit der Kampfgruppe Wolz fuhr auch Rommel vor. Ostwärts von Bir Harmat stießen sie gegen 18.30 Uhr auf den Gegner.

Im überschlagenden Einsatz ließ Wolz angreifen. Die vier Flak-Batterien schlugen im letzten Büchsenlicht dieses Tages in die Panzeransammlungen des Gegners hinein.

Gleichzeitig mit ihnen war auch die 15. Panzer-Division angetreten und stand im Panzerkampf links der Kampfgruppe Wolz.

Der Kampf ging auch bei Nacht und bis in den 6. Juni hinein weiter. Nunmehr drehten die Reste der feindlichen Panzer-Kampfgruppe ab. Auf dem Gefechtsfeld blieben über 50 abgeschossene britische Panzer zurück. Der Feind war geschlagen, und einmal mehr war es Erwin Rommel gelungen, eine weitere Feindgruppe zu isolieren und zu zerschmettern.

Am 6. Juni wurde das Fla-Bataillon 606 unter Führung von Hauptmann Georg Briel mit einigen anderen unterstellten Einheiten nach Bir Hacheim verschoben. Zu Briel stieß das PG-Bataillon »Kayser« und Teile der Panzerjäger-Abteilung 605.

Mit diesen Einheiten versuchte Briel am 7. Juni die Festung

Bir Hacheim im Frontalangriff zu nehmen. Aber auch dieser Versuch scheiterte.

Der Versuch der Kampfgruppe Kiehl am frühen Morgen des 8. Juni schlug ebenfalls fehl. Zwei Batterien von Oberst Wolz schossen Schnellfeuer. Die sofort von Wolz persönlich nachgeworfenen 2-cm-FlaMW, die durch eine von Pionieren in der Nacht geräumte Minengasse vorgingen, wurden angenagelt und gruben sich soweit wie möglich ein. Rommel selbst brach diesen Angriff ab und ließ durch den Pionierführer des DAK, Oberst Hecker, eine Kampfgruppe bilden. Als Hecker bemerkte, daß seine Kräfte für einen Angriff nicht ausreichten, unterstellte Rommel ihm noch den Sonderverband 288 unter Oberst Menton, der eigentlich für den Einsatz im Irak vorgesehen war. Dazu wurde ihm noch die Kampfstaffel Kiehl und eine Batterie Achtacht zugeführt.

Oberst Hecker griff am frühen Nachmittag mit zwei Gruppen Bir Hacheim an. Dieser Angriff wurde von britischen Jagdbombern aufgehalten. Dann geriet er noch zu allem Überfluß in ein Minenfeld. Von den elf zur Unterstützung des Angriffs vorrollenden Panzern der Kampfstaffel Kiehl wurden sechs abgeschossen.

Als der Abend einfiel, hatte sich die Kampfgruppe Hecker mit beiden Gruppen bis auf 500 Meter an das Hauptwerk herangeschoben. Die Gebirgsjäger der Gruppe Menton erreichten einen breiten Graben. Sie sprangen hinein und überwältigten die Verteidiger.

Am frühen Morgen des 9. Juni sollten noch einmal Stukas angreifen. Oberst Hecker fuhr in das Minenfeld hinein, um deren Angriff beobachten zu können. Doch die Stukas kamen nicht. Dafür wurde der Wagen Heckers bemerkt und unter Feuer genommen. Beim schnellen Zurückfahren rollte er auf eine Mine. Hecker wurde verwundet. Als Rommel bei ihm eintraf, sagte ihm der Pionier des Ersten Weltkrieges: »Geben Sie mir ein Bataillon Panzergrenadiere, und ich schaffe es.«

Oberst Bayerlein brachte Rommel — der schon entschlossen war, Bir Hacheim auszusparen — dazu, das SR 115 unter Oberstleutnant Baade einzusetzen.

Der Angriff begann am 10. Juni und am Abend waren die Männer des SR 115 in das Stellungssystem eingedrungen.

Die in der Nacht dieses 10. Juni ausbrechende Festungsbesatzung stieß auf die Kampfgruppe Briel, die durch einen Gefange-

Oben: Das Bildgerät des Fernaufklärers wird klargemacht.
Unten: Maschine der I./JG 27.

*Hans-Joachim
Marseille.*

*Hans-Arnold
Stahlschmidt
am Leitwerk
seiner Bf 109.*

Geburtstagsparty
am 20. 3. 1942
in Umm Er Rzem
für General Crüwell.
Von links:
Oberst Menny,
Oberst Bruer, ein
Nachrichtenoffizier
des DAK, General-
major von Bismarck,
Hauptmann
Johannes Kümmel,
Oberst Gerhard
Müller, Oberst-
leutnant Pfeiffer,
Oberst Herbert
Ewerth.

Generaloberst
Rommel begrüßt
Oberst Müller
in Umm Er Rzem.

Rommel auf dem
Weg zur sIG
(mot.) 707 bei
Gazala.

Rommel bei der
sIG 707 angelangt.

nen von dem Ausbruch wußte. Hauptman Briel ließ alle Rohre auf die Ausbruchsstelle richten. Er berichtete dem Autor nach dem Krieg über diese Nacht: »Ich ließ alle nur verfügbare Leuchtspurmunition in die Magazine und Gurte füllen. Auf mein Leuchtzeichen hin eröffneten wir das Feuer. Zu einer besonderen Überraschung wurden hier die ersten sechs MG 42, die einige meiner Männer vom OHK organisiert hatten.

Um Mitternacht hörten wir stärkere Motorengeräusche aus Bir Hacheim. Ketten rasselten dazwischen. Als der Gegner Nebelgranaten schoß, um sich unsichtbar zu machen, stieß ich meinen Gefechtsmelder, den Gefreiten Batz, an.

›Los, LG schießen!‹

Strahlendhell wurde das Gelände von den Sternbündeln ›Grün‹ mit rotem Vorsignal beleuchtet. Im selben Augenblick war die Hölle los. Der künstliche Nebel nützte den Legionären des Generals König nichts. Zum erstenmal erscholl an dieser Stelle das Belfern der MG 42 mit ihren 25 Schuß in der Sekunde.

An anderer Stelle des weiten Einschließungsringes kam es zu erbitterten Nahkämpfen mit den ausbrechenden Legionären. Nur die Hälfte der Ausbrechenden konnte den Umklammerungsring durchbrechen und sich zu den Linien der 7. Englischen Brigade durchschlagen.«

Am anderen Morgen drangen die Schützen von Oberstleutnant Baade in die Festung ein. Er fand noch etwa ein Dutzend Sanitäter und zirka 500 Verwundete.

Der Kampf um Bir Hacheim war zu Ende. Generaloberst Rommel handelte unverzüglich. Rommel riß nun — vor wenigen Tagen noch fast am Ende — das Steuer herum. Er gab seinen nächsten Befehl, und dieser lautete: »Tobruk! Alles auf Tobruk!«

Tobruk binnen 24 Stunden erobert

Während der Kampf um Bir Hacheim tobte, hatte der Gegner am 6. Juni bereits versucht, bei Bir el Harmat einen tödlichen Schlag zu landen. Seine 2. und 22. Panzer-Brigade griffen hier nach einstündiger Artillerie-Feuervorbereitung die Division »Ariete« an. Die 10. Indische und die 201. Garde-Brigade schlossen sich diesem Angriff an.

Zur Täuschung hatte man auch den nach Norden anschließenden Abschnitt der 21. Panzer-Division unter Feuer genommen. Dann griff hier zunächst die 4. Panzer-Brigade und schließlich auch noch die 2. Britische Panzer-Abteilung an, um die deutschen Kräfte zu teilen.

Die Division »Ariete« mußte unter dem übermächtigen Druck zurückweichen, bis sie von der Armeeartillerie aufgefangen wurde, wo der britische Angriff zum Erliegen kam.

Das Panzer-Regiment 8 fuhr sofort einen Gegenstoß auf Bir el Tamar, wohin auch Rommel mit der Kampfgruppe Wolz gefahren war.

Am nächsten Tag hatte die 21. Panzer-Division Gelegenheit, den angreifenden Gegner empfindlich zu treffen. Der Feind wich nach Osten aus, und die Division stieß sofort nach; sie ließ dem Gegner keine Zeit, sich wieder zu setzen.

General Ritchie hatte darauf gesetzt, die Panzer-Armee Afrika in mehreren Abnutzungschlachten dezimieren und schließlich ganz ausschalten zu können. Seine Rechnung war — trotz anfänglicher guter Möglichkeiten — nicht aufgegangen. Daß dies so war, wurde vom Official History bestätigt:

»General Rommel hatte die Stärke der zur Verteidigung ihrer Stellungen notwendigen Truppen sehr genau geschätzt und gehofft, die Briten würden ihre Kräfte erschöpfen, was auch wirklich geschah. Mit dem ihm eigenen raschen Blick für den Verlauf einer Schlacht erkannte er sehr bald, daß der Plan des Gegners mißlungen war, und er zeigte seine Fähigkeiten, als er diesen Vorteil sofort ausnutzte.«

Da die deutschen Streitkräfte nach dem Fall von Bir Hacheim frei waren, setzte Rommel die Panzer-Armee sofort nach Nordosten an. Das nächste Angriffsziel hieß El Adem mit seinem strategisch so wichtigen Flugplatz. Auf diesen Wüstenflecken setzte der Oberbefehlshaber der Panzer-Armee die 15. Panzer-Division, die Panzer-Division »Ariete« und die Division »Trieste« an.

Zur gleichen Zeit wurde der 21. Panzer-Division befohlen, nördlich des Höhenzuges von Sidra zu einem Scheinangriff anzutreten und gemeinsam mit der »Ariete« die britischen Kräfte bei Knightsbridge zu binden. In einer Art von Fächerbewegung sollte der Kern der britischen Verteidigung umgangen und eingeschlossen werden.

Bis zum Abend des 11. Juni wurde der Raum zehn Kilometer südlich El Adem erreicht.

In dieser kritischen Situation waren die beiden britischen Kommandeure nicht einer Meinung. Während General Norrie die Panzer-Brigaden unter dem Befehl der 1. Panzer-Division vereinigte, um den Gegner mit starken Kräften zu stoppen, war aber Rommel bereits mit der 15. Panzer-Division von Süden her zum Sturm auf die 2. und 4. Britische Panzer-Brigade angetreten und hatte der 21. Panzer-Division Weisung gegeben, den Gegner im Rücken zu packen.

El Adem und der Trigh Capuzzo wurden in Besitz genommen. Der Untergang der britischen Panzerverbände stand auf des Messers Schneide.

»Am Morgen des 12. 6.«, so schreibt Rommel in seinem KTB, »hatte ich mich mit meiner Kampfstaffel auf einen Höhenzug südostwärts El Adem begeben und von dort aus den Verlauf des Kampfes beobachtet, der zwischen der 90. Leichten und den Indern entbrannt war. Ununterbrochen griffen britische Bomberverbände an und machten der Division schwer zu schaffen. Als ich im Verlaufe des Vormittags versuchte, zur 15. PD zu gelangen, wurden unsere Fahrzeuge von Norden *und* Süden heftig beschossen und mehrere Stunden im Gelände festgehalten. Erst am Nachmittag erreichte ich deshalb die 15. PD, die ich sodann beim Angriff nach Westen begleitete. Bei dieser Gelegenheit wurden wir am Abend von eigenen Stukas mit Bomben belegt.

Bayerlein, ich und der Fahrer kamen aber noch einmal mit heiler Haut davon.«

Bei der Eroberung von El Adem durch die 90. Leichte erlitt die dort verteidigende 29. Indische Brigade schwere Verluste.

Am Nachmittag dieses, den weiteren Verlauf des Kampfes um Tobruk entscheidenden Tages, funkte General Ritchie nach Kairo: »Wir haben Rommels Stoß zur Küste keine wirksame Panzerkraft mehr entgegenzusetzen. Kommen die Deutschen aber ans Meer, so sind unsere beiden kampfkräftigsten Divisionen in der Gazala-Stellung, die 1. Südafrikanische und die 50. Britische, abgeschnitten und verloren.«

Sir Claude Auchinleck flog sofort von Kairo ins HQ der 8. Armee nach Gambut.

»Setzen Sie den Kampf im Raum Gazala—El Adem fort, bis Rommel die Luft ausgeht«, befahl er General Ritchie. Und bevor er wieder nach Kairo zurückflog, kabelte er nach London: »Atmosphäre hier gut. Die Lage wird ruhig und entschlossen beurteilt. Moral der Truppe gut. Feindabsichten sind anscheinend nicht nach Plan gelaufen.«

Der britische Kriegspremier antwortete: »Ich begrüße Ihre Entscheidung, zu kämpfen, außerordentlich. Ihr Erfolg hängt nicht nur von den Waffen, sondern auch von Ihrer Willenskraft ab. Gott segne Sie alle. Churchill.«

Am 13. Juni ging die Schlacht um die Gazala-Linie zu Ende. Als sich die 201. Garde-Brigade aus Knightsbridge zurückziehen mußte, wo bis dahin der Kern der Verteidigung gelegen hatte, und als die der Brigade unterstellten Panzerverbände bei diesem Rückzug weitere schwere Verluste erlitten, war Rommel, war die Panzer-Armee Afrika Herr des Schlachtfeldes. Nur ein Punkt blieb noch zu klären: Tobruk!

Durch das Vorfeld — in die Festung

Als General Ritchie am 14. Juni das Stichwort »Freeborn« ausgeben ließ, räumten auch die 1. Südafrikanische und die 50. Britische Infanterie-Division ihre Stellungen und gingen in Richtung Tobruk zurück.

Die 15. und 21. Panzer-Division der Panzer-Armee Afrika traten an diesem Morgen zum Angriff nach Norden an, um das Vorfeld freizuschlagen und eine Ausgangsposition für Tobruk zu gewinnen. Die 90. Leichte stieß direkt nach Osten vor, auf der ostwärtigen Flanke von den Divisionen »Ariete« und »Trieste« gedeckt. Generaloberst Rommel fuhr den Angriff in seinem Befehlswagen mit. Mitten durch einen Ghibli ging es im Schritt vorwärts, und am frühen Morgen des 15. Juni 1942 erreichte die Spitzengruppe der 15. Panzer-Division das Meer.

Die 21. Panzer-Division wurde nach Osten abgedreht, um gemeinsam mit der 90. Leichten El Adem, Batruna und El Hatian anzugreifen, in denen sich der Gegner noch hielt. El Adem fiel sofort. Bei Batruna mußten die Panzer des Panzer-Regiments 5 zuerst die Widerstandsnester sturmreif schießen, ehe die Grenadiere des 90. Leichten den Stützpunkt erstürmen konnten. 800 Mann britischer Truppen wurden hier geschnappt. Vor El Hatian blieb die 90. Leichte liegen. Oberstleutnant Panzenhagen hatte versucht, mit seinem Infanterie-Regiment 361 im Handstreich durchzustoßen, vergeblich. Auch den ganzen 16. Juni hindurch gelang es nicht, diese waffenstarrende Festung zu nehmen. Sie fiel erst am Morgen des 17. Juni.

Die 21. Panzer-Division war ab dem 16. Juni auf El Duda und Belhamed angetreten und hatte beide britische Stützpunkte genommen. Am 17. Juni setzte Generaloberst Rommel die 90. Leichte auf die wenigen noch haltendenStützpunkte des Gegners an. Der »Ariette« und dem DAK gab er Befehl, Gambut anzugreifen. Gambut fiel am 18. Juni und noch am selben Tag war der gesamte Raum zwischen Gambut und Tobruk vom Feind frei. In Gambut waren 15 startbereite britische Flugzeuge erbeutet worden. Wichtig für Rommels Plan, Tobruk zu nehmen, war die Tatsache, daß die im Großraum Gambut liegenden britischen Feldflugplätze nunmehr vom Gegner verlassen worden waren und demzufolge von hier aus auch keine Jagdflieger mehr gegen die Tobruk angreifenden deutschen Stukas zur Verfügung standen.

Mit der 4. Panzer-Brigade, die General Messervy Rommels Panzern entgegensetzen konnte, war am 17. Juni der letzte britische Panzerverband entscheidend geschlagen worden. Die 90 noch einsatzbereiten Panzer dieser Brigade waren von den beiden deutschen Panzer-Regimentern 5 und 8 dezimiert worden. Am Abend dieses Tages gelang es noch, den Stab dieser Brigade zu fangen und dazu einige Einheiten der 20. Indischen Brigade.

Bis zum Morgen des 19. Juni gelang es Generaloberst Rommel, seine Verbände in den Bereitstellungsräumen südostwärts Tobruk zu versammeln. Die 90. Leichte erhielt Befehl, weiter nach Osten auf Bardia vorzustoßen.

Die vorstoßende 90. Leichte setzte auf ihrem Sturmlauf durch die Wüste immer neue Befehls-Funksprüche ab, um dem Gegner einen rasanten Vorstoß der gesamten Panzer-Armee Afrika nach Osten — unter Aussparung von Tobruk — vorzutäuschen. Dieses Manöver gelang, denn am Nachmittag setzte die 8. Armee einen Funkspruch an Kairo ab: »Achtung! Rommel führt Stoß auf ägyptische Grenze!«

Die Täuschung war gelungen. Zur weiteren Täuschung trat das XXI. Italienische AK vor der Westfront Tobruks ebenfalls zum Täuschungsangriff an. Das DAK und das XX. Italienische Korps (mot.) jedoch führten den Hauptangriff aus Südosten direkt auf Tobruk.

Es war 05.00 Uhr am 20. Juni 1942, als Generaloberst Rommel mit Oberstleutnant von Mellenthin aus seinem Stab nordostwärts von El Adem auf einer Anhöhe stand und auf den Auftakt wartete: die Fliegerangriffe, die um 05.20 Uhr beginnen sollten.

Genau zur festgesetzten Zeit tauchten jene 80 Stukas auf, die vor allem die Befestigungswerke im Einbruchsraum knacken sollten. Und dann erschienen 100 Bomber, bis an die Grenze ihrer Belastbarkeit vollgeladen mit Bomben. Die Hindernisse aus Flächendraht wurden zerschmettert. Minenfelder gingen hoch und waren damit unschädlich gemacht. Oberstleutnant Mellenthin berichtete über seinen Eindruck von der Bombardierung: »Über dem angegriffenen Frontabschnitt erhob sich eine graue Rauch- und Staubwolke. Während unsere Bomben in den englischen Verteidigungsanlagen detonierten, vereinigte sich die deutsch-italienische Artillerie zu einem ungeheuren, gut zusammengefaßten Feuerschlag.«

Danach rollten ab 05.30 Uhr die 21. Panzer-Division, geführt von Generalmajor von Bismarck, und die 15. Panzer-Division unter Oberst Crasemann auf die Einbruchsstelle zu. Oberst Menny führte die 15. Schützen-Brigade selbständig neben den Panzern vor, und hinzu kamen die Grenadiere des Infanterie-Regiments 361 unter Oberstleutnant Panzenhagen.

Das Panzer-Regiment 5 unter dem einarmigen Oberst Müller, der den Ehrennamen »Panzer-Müller« trug, kämpfte sich einen Weg durch die feindlichen Panzerkräfte. Das Panzer-Regiment 8 stand ihm in nichts nach. Als beide Regimenter die Straßenkreuzung bei Sidi Mahmud erreichten, hatten sie insgesamt bereits über 50 Feindpanzer abgeschossen. Bis zum Abend wurde das Fort Gabr Gasem erreicht. Eine halbe Stunde später kapitulierte die Besatzung von Fort Pilastrino. Der Abstieg zur Stadt wurde erreicht, und Panzenhagens Fremdenlegionäre stürmten zum Flugplatz, der vom II./IR 361 unter Hauptmann Klärmann in Besitz genommen wurde. Klärmann entschloß sich hier zum Weiterstoß in Richtung Hafen. Als es Nacht wurde, hatten seine Grenadiere den Hafen von Tobruk fest in der Hand und einige tausend Gefangene gemacht.

Eine jener kleinen Stoßgruppen, für die Rommel berühmt war, wurde von der 1./Flak 617 unter Hauptmann Josef Hißmann gebildet. Sie stand zunächst als Divisionsreserve der 21. Panzer-Division in der Nähe von Generalmajor von Bismarck bereit. Als flankierendes DG-Feuer in die Schützen-Bataillone hineinschmetterte, schossen Hißmanns 2-cm-Fla-Waffen diese MG-Nester zusammen. Am Nachmittag griff Hißmann die in den Djebeln ostwärts des Hafens stehende und aus allen Rohren feuernde Artillerie des Gegners an. Die Batterien wurden zum Schweigen gebracht, ein Oberst mit seinem gesamten Stab wurde gefangen genommen.

Danach rollte die Kompanie in die Stadt hinein. Major a. D. Hißmann gab dem Autor einen lebendigen Bericht von der darauf folgenden Begegnung mit Generaloberst Rommel.

»Wir stießen unterwegs auf Rommel, der schon wieder ganz vorn bei seinen Soldaten war. Ich meldete und lieferte den englischen Oberst bei ihm ab. Als ich wieder einsteigen wollte, rief Rommel hinter mir her:

›Sie haben ja einen Platten, Hißmann!‹

›Ich weiß, Herr Generaloberst! Aber Tobruk geht vor!‹

›Fahrens, fahrens!‹ rief Rommel mir zu, und ich fuhr los.«

Der Kampf in der Stadt begann. Als Hißmann, auf der ersten Selbstfahr-Lafette seiner Kompanie stehend, um eine Ecke bog, rollte er direkt auf eine englische Panzerwerkstatt zu. Aus 300 Meter eröffnete ein Panzer das Feuer. Beim ersten Schuß bereits spürte Hißmann den Einschlag der Granate. Dicht unter seinen Füßen sprang eine Stichflamme empor. Ein MG fiel in das Feuer des Panzers ein. Beide, Panzer und MG, wurden nach schnellem Schußwechsel ausgeschaltet. In der Werkstatt fielen Hißmann eine Reihe fahrbereiter englischer Panzer in die Hände.

Am nächsten Morgen, mit dem ersten Büchsenlicht, fuhr Josef Hißmann auf Befehl von Generalmajor von Bismarck zusammen mit dem Bataillonsarzt Dr. Sydow zum hier haltenden Gegner hinüber und forderte ihn zur Übergabe auf. Der Gegner sagte nur »all right«, und der Kampf war zu Ende.

Am frühen Morgen des 21. Juni rollte auch Generaloberst Rommel an der Spitze seiner Kampfstaffel nach Tobruk hinein. Er schreibt darüber in seinem Tagebuch:

»Etwa 6 km westlich Tobruk traf ich auf der Via Balbia um 09.40 Uhr auf General Klopper, Kommandeur der 2. Südafrikanischen Division und Kommandant der Festung (seit dem 14. 5.).«

Tobruk war binnen 24 Stunden gefallen. 33 000 Soldaten des britischen Empire gingen hier in die Gefangenschaft. Nun lag der Weg nach Ägypten offen und frei vor den Divisionen der Panzer-Armee Afrika, wenn Rommel nur wollte. Und ob er wollte! In seinem Tagesbefehl vom 21. Juni kam dieses Wollen unzweifelhaft zum Ausdruck:

»Soldaten!

Die große Schlacht in der Marmarica hat mit der raschen Erstürmung Tobruks ihre Krönung gefunden. Insgesamt wurden über 45 000 Gefangene gemacht, über 1000 Panzer, fast 400 Geschütze vernichtet oder erbeutet . . .

Jetzt gilt es, den Gegner vollends zu vernichten. Wir wollen nicht eher ruhen, bis wir die letzten Teile der 8. Armee zerschlagen haben. In den nächsten Tagen fordere ich nochmals große Leistungen von Euch, damit wir unser Ziel erreichen.«

Vorstoß auf Marsa Matruk

»Es war ein großer Augenblick für Rommel, und keine Schicksalsgöttin flüsterte ihm zu, daß er einen größeren Sieg nicht mehr erleben sollte.«

Diese Worte in der Official History sollen am Beginn dieses Abschnitts stehen. Wohl gab es noch einige kleinere Erfolge, aber das ersehnte Ziel — Alexandria oder möglicherweise sogar Kairo — wurde nicht mehr erreicht.

Rommel war entfesselt. Für ihn kam es nun darauf an, diesen Sieg auszunutzen. Auf der anderen Seite des Zaunes hatte General Auchinleck den Oberbefehlshaber der 8. Armee, Ritchie, ablösen lassen und selbst die Führung übernommen.

Am 22. Juni erreichte Rommel Bardia, wo die vordersten Verbände rasteten. Hier gab er der 90. Leichten den Befehl, zum Angriff nach Osten anzutreten. Die 90. Leichte sollte die Spitze übernehmen, gefolgt von den beiden Panzer-Divisionen und dem XX. Italienischen AK (mot.).

Rommel hatte durch erbeutete Dokumente des Gegners erfahren, daß der Gegner sich bei Marsa Matruk festsetzen sollte. Dies wollte er verhindern und befahl daher rücksichtslose Verfolgung. Mit drei Kampfgruppen stieß Rommel in den Raum Marsa Matruk vor. Doch schon am 24. Juni litten die Verbände unter Kraftstoffmangel, und erst als die britische Versorgungsbasis Habata erreicht wurde, konnte aufgetankt werden. Die Nachschubstraßen waren nun über 1500 Kilometer lang geworden. Bis zum 25. Juni war der Raum 50 Kilometer westlich Marsa

Matruk erreicht. Es war in diesen kritischen Tagen für den Bestand der 8. Armee immer wieder die Royal Air Force, die die Spitzengruppen der Panzer-Armee unter Generalfeldmarschall Rommel (zu diesem Rang nach dem Sieg über Tobruk ernannt) aufhielten.

Mit der 90. Leichten im Norden, der 21. Panzer-Division in der Mitte und der 15. Panzer-Division im Süden wurde der Angriff fortgesetzt. Die mot.-Divisionen des XX. Italienischen AK lagen wegen Spritmangels fest.

Am Morgen des 26. Juni kam es 40 Kilometer südwestlich Marsa Matruk zum Kampf gegen starken Panzerfeind. In Marsa Matruk selbst hatten sich die 10. Indische Division und Teile der 5. Indischen und der 50. Britischen Division festgesetzt.

Im Kampf gegen den Panzerfeind wurden von beiden Panzer-Regimentern 18 Feind-Kampfwagen abgeschossen. Der 2. Neuseeländischen Division gelang es jedoch, sich von Westen her durch den Sperr-Riegel der 90. Leichten nach Marsa Matruk hinein durchzuboxen.

Am 27. Juni versuchten Teile der in Marsa Matruk liegenden britischen Verbände nach Osten durchzubrechen. Im Feuer der herangekommenen Teile der Division »Littorio« und der von Rommel eingesetzten Kampfstaffel Kiehl wurde dieser Ausbruch teilweise verhindert. Ein Großteil der Neuseeländer jedoch, die ebenfalls, und zwar nach Süden, ausbrachen, konnte entkommen.

Am frühen Morgen des 28. Juni befand sich Rommel an der Ausbruchstelle und befahl den Angriff mit der 90. Leichten, der AA 580 und einigen kleineren Kampfgruppen, sowie dem Sonderverband Menton und Teilen der beiden italienischen Korps, auf Marsa Matruk.

Stukas eröffneten um 17.00 Uhr diesen Angriff. Die Soldaten unter Oberstleutnant Panzenhagen waren es, die die ersten Bunker knackten und Gräben aufrollten. Die Kampfgruppe Briel schoß einige ausfallende Feindpanzer ab. Im letzten Ansprung wurde der Hauptstützpunkt des Gegners von den Legionären genommen. Am frühen Morgen des 29. Juni war Marsa Matruk in der Hand der Angreifer.

Abermals setzte Generalfeldmarschall Rommel sämtliche motorisierten Kräfte zum Vorstoß auf Fuka an. Am 29. Juni gab er außerdem der Kampfgruppe Briel einen Sonderauftrag. Es war um 11.00 Uhr, als Georg Briel Rommel gegenüberstand und

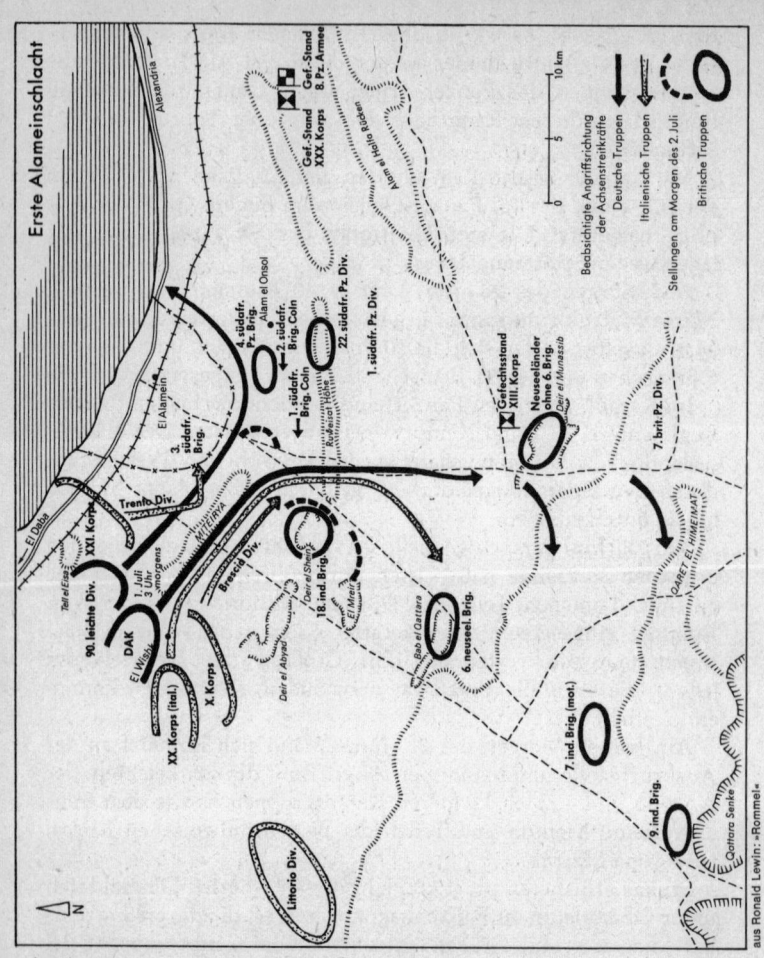

Erste Alameinschlacht

Alexandria

Gef.-Stand 8. Pz. Armee

Gef.-Stand XXX. Korps

Alam el Halfa Rücken

10 km

5

0

Beabsichtigte Angriffsrichtung der Achsenstreitkräfte

Deutsche Truppen

Italienische Truppen

Stellungen am Morgen des 2. Juli

Britische Truppen

El Alamein

4. südafr. Pz. Brig.

Alam el Onsol

2. südafr. Brig.-Coln

1. südafr. Brig.-Coln

22. südafr. Pz. Div.

1. südafr. Pz. Div.

3. südafr. Brig.

Gefechtsstand XIII. Korps

Neuseeländer ohne 6. Brig.

Deir el Munassib

7. brit. Pz. Div.

Trento Div.

Tell el Eisa

El Dbba

XXI. Korps

RUWEISAT

1. Juli 3 Uhr morgens

MREIR

Brescia Div.

Deir el Shein

18. ind. Brig.

Deir el Abyad

El Mreir

Bab el Qattara

6. neuseel. Brig.

7. ind. Brig. (mot.)

QARET EL HIMEIMAT

90. leichte Div.

DAK

El Wischka

X. Korps

XX. Korps (ital.)

Littorio Div.

9. ind. Brig.

Qatara Senke

N

aus Ronald Lewin: »Rommel«

Die erste Alamein-Schlacht, Julikämpfe 1942

dieser dem hochgewachsenen Kommandeur der Kampfgruppe den Einsatzbefehl gab: »Vorstoßen auf Alexandria, Briel. Anschließend gemeinsames Kaffeetrinken im Hotel Sheppard in Kairo.«

Fünf Minuten nach Erhalt des Befehls rollte die Kampfgruppe los. Sie erreichte nacheinander die gesteckten Ziele Alam Hiwig, den Raum fünf Kilometer westlich Fuka. Um 18.02 Uhr dieses Tages hatte die Kampfgruppe das Endziel, 25 Kilometer vor El Daba, erreicht und erhielt nach Vollzugsmeldung den Befehl: »Weiter bis El Daba vorstoßen!«

Um 22.10 Uhr ließ Briel funken: »El Daba genommen — stoße weiter vor. Eventuell bis Sidi Abd el Rahman.«

In einer gespenstischen Nachtfahrt, vorbei an britischen Feldflugplätzen und Nachhutlagern, wurde gegen Mitternacht Sidi Abd el Rahman erreicht. Die Kampftruppe Briel hatte bis hierher 120 Kilometer zurückgelegt.

Am anderen Morgen erhielt Briel einen weiteren Funkspruch Rommels: »Vorstoß anhalten. Rückwärts in die aufschließende 90. Leichte eingliedern und weitere Befehle abwarten.«

Am Nachmittag dieses Tages hatte Generalfeldmarschall Rommel alle Kommandeure und Befehlshaber der Panzer-Armee zwischen El Duda und Sidi Abd el Rahman um sich versammelt und gab den Befehl aus, den alle erwarteten: »Vorstoß in schärfstem Tempo über El Fajade auf Kairo!«

Der Kampf um El Alamein

Mitten im Sandsturm rollten die Divisionen des DAK durch schwieriges Gelände nach Nordosten. Um 02.30 Uhr des 1. Juli fuhr Feldmarschall Rommel von seinem Gefechtsstand nahe El Duba zum Gefechtsstand des DAK, um sich mit General Nehring zu besprechen. Dann fuhr er mit Teilen der Kampfstaffel zur Höhe 31 vor, wo der neue Armeegefechtsstand eingerichtet werden sollte.

Der Feindstützpunkt Deir el Abyad stellte sich als unbesetzt heraus. Aber bei Deir el Shein stand der Gegner mit starken Kräften. Es war die frische 18. Indische Brigade, die hier verteidigte. Sie hielt sich trotz ihrer Kampfunerfahrenheit prächtig und stoppte den deutschen Vorstoß bis zum Abend. Dafür bezahlte sie mit ihrem Untergang und gab gleichzeitig der britischen Führung die Chance, die übrigen Auffangstellungen mit Pak und Flak auszubauen.

Rommel, der bei der 90. Leichten den Angriff mitmachte und selbst die Kampfstaffel Kiehl dorthin führte, als der Hilferuf der 90. Leichten durchgetastet wurde, stand mit dem Chef des Stabes, Oberst Bayerlein, mitten im Feuer der südafrikanischen Artillerie. Er berichtete darüber: »Von Norden, Osten und Süden heulten britische Granaten heran. Leuchtspurgeschosse der britischen Flak schwirrten durch den Verband. Im schwersten Feuer blieb der Angriff liegen. Schleunigst zogen wir Fahrzeugansammlungen auseinander und gingen in Deckung. In unserer Nähe krachte Einschlag auf Einschlag. Zwei Stunden lagen Bayerlein und ich im Gelände.«

Die Kämpfe entlang der Front von El Alamein gingen in den nächsten Tagen weiter. Der Durchbruchsversuch des 2. Juli bis zur Küste sah die Panzer-Divisionen 15 und 21 in erbittertem Kampf gegen etwa 100 Feindpanzer und zehn Artillerie-Batterien. General Auchinleck führte hier persönlich. Der Angriff drang nicht durch. Er wurde am 3. Juli wiederholt und blieb nach einigen Anfangserfolgen wiederum im Feuer der massierten britischen Artillerie liegen.

Rommel kam am Abend dieses 3. Juli zu der Überzeugung, daß die Truppe einige Ruhetage brauchte, um sich selbst wieder in Form zu bringen und Waffen und Gerät einsatzklar zu machen.

An diesem 3. Juli hatte die RAF nicht weniger als 900 Einsätze geflogen, viermal soviel, wie die deutsche Luftwaffe in Afrika an diesem Tag schaffte.

Am Abend dieses 3. Juli verfügte Rommel noch über 26 einsatzbereite Panzer, während die 4. und 22. Britische Panzer-Brigade deren 100 in den Kampf werfen konnte. Feldmarschall Rommel meldete am Abend, daß seine Divisionen noch Gefechtsstärken von 1200 bis 1500 Mann hätten.

Der unendlich lange Nachschubweg ließ alles knapp werden: das Wasser ebenso wie die Verpflegung, die Munition wie die Kraftstoff-Vorräte.

Aus den rückwärtigen Diensten mußte Rommel Soldaten abziehen. Sein Bericht darüber lautet: »In diesen Tagen mußte ich den letzten deutschen Soldaten aus Zelt- und Erholungslagern an die Front beordern, denn die Situation begann außerordentlich kritisch zu werden.«

Bis zum 8. Juli konnten wieder insgesamt 50 Panzer im DAK einsatzbereit gemacht werden. Auch die einzelnen Truppenverbände waren so dezimiert, daß Rommel bemerkte: »Man ersieht aus meiner Aufstellung, daß die Verbände den Namen Divisionen nicht verdienen.«

Dennoch war der Oberbefehlshaber optimistisch. Am 9. Juli wurde beim Angriff des DAK mit der italienischen Panzer-Division »Littorio« das Werk Quaret el Abd erstürmt. Als hier Rommel auf General von Bismarck stieß, kamen beide überein, daß es möglich sein müsse, von hier aus weit nach Osten vorzuprellen und auf diese Weise die Feindstellungen von El Alamein zu Fall zu bringen.

Doch diese Zuversicht war nicht fest gegründet, wie der englische Angriff am Morgen des 10. Juli zeigte, in welchem die 9. Australische Division die italienischen Stellungen auf dem Tel el Eisa aushob und mit ihren Stoßgruppen dicht am Gefechtsstand der Panzer-Armee Afrika vorbeirollten. Die Division »Sabratha« ging verloren. Es gelang Oberstleutnant von Mellenthin, aus den Soldaten des Stabsquartiers und Teilen des Infanterie-Regiments 382 der 164. Leichten Division, die gerade mit ersten Teilen aus Kreta herübergeschafft worden war, eine Kampfgruppe zusammenzustellen und den Gegner zu halten.

Doch am nächsten Tag wurden auch noch Teile der Division »Trieste« vernichtet. Der Tel el Eisa fiel in die Hand des Gegners. Gegenangriffe verpufften, und am 14. Juli gab Rommel hier, im Nordabschnitt, seine Angriffsabsichten auf.

Zwischen dem 14. und 17. Juli versuchte General Auchinleck die Stellungen der Panzer-Armee am Ruweisat-Rücken aufzurollen. Der Angriff der 2. Neuseeländischen Division am frühen Morgen des 15. Juli schlug fehl. Rommel hatte in aller Eile Verstärkungen zusammenziehen und die 4. und 5. Brigade der Neuseeländer auflaufen lassen. Die Division verlor 1405 Mann.

Am 17. Juli stieß ein englischer Angriff auf die Divisionen »Trento« und »Trieste«. Der Einbruch wurde abgeriegelt und im Gegenangriff das verlorengegangene Gelände zurückgewonnen.

Am Abend des 21. Juli griff die 5. Indische Division im Abschnitt Deir el Shein an. Die Neuseeländer traten gleichzeitig auf El Mreir an. Der Angriff blieb hängen, und im Gegenangriff verlor die 23. Panzer-Brigade 87 Kampfwagen. Die 2. Panzer-

Brigade, die ihr zu Hilfe eilen wollte, opferte dabei ebenfalls 21 Panzer.

Der nächste Angriff des 22. Juli, von den Australiern bei Tel el Eisa geführt, drang nicht durch. Die Valentine-Tanks wurden aufgehalten, sie verloren 23 Kampfwagen.

Der letzte dieser Vorstöße zu Ende des Monats Juli, mit dem Auchinleck mit der südafrikanischen und der australischen Division bei Mitireiya durchbrechen wollte, war erfolgreich. Doch beide Verbände verloren insgesamt tausend Soldaten.

Nach diesen schweren Kämpfen auf beiden Seiten trat eine Ruhepause ein, und durch die Feindnachrichten erfuhr Feldmarschall Rommel, daß der Gegner sich mehr und mehr auffrische und daß Nachschub an Waffen und Soldaten zur Front kamen. Es war nur noch eine Frage der Zeit, wann die 8. Armee wieder antreten würde.

Auf deutscher Seite war inzwischen die 164. Leichte von Kreta nach Afrika verlegt worden. Die Fallschirm-Brigade Ramcke, für den Einsatz gegen Malta aufgestellt, wurde nach Afrika übergeführt und richtete sich in den Stellungen vor El Alamein ein, und zwar in der Quattara-Senke.

Die 8. Britische Armee sollte in General Gott einen neuen Oberbefehlshaber erhalten. Als er sich am 7. August 1942 über der Front im Flugzeug aufhielt, um die Linien abzufliegen, wurde die Maschine abgeschossen. Sein Nachfolger wurde General Bernard Law Montgomery. Dieser brachte auch gleich den neuen Kommandierenden General des XIII. Korps mit. Sein Name war Generalleutnant Brian Horrocks.

Feldmarschall Rommel befand sich in dieser Zeit in einer äußerst schwierigen Lage. Er war an die Grenzen seiner Nachschublinien gelang und konnte den Offensivschwung nicht mehr beibehalten. Rommel wollte dieses Dilemma lösen, indem er sich dazu entschloß, den südlichen Abschnitt der Alamein-Front anzugreifen, dort durchzubrechen und bis Kairo und an den Suezkanal durchzustoßen. Dies war von drei sich ihm bietenden Möglichkeiten die schwierigste.

Ein Rückzug kam für ihn nicht in Frage, obgleich dieser die leichteste Möglichkeit gewesen wäre, die Schwierigkeiten abzubauen.

Rommel wußte andererseits genau, daß die Amerikaner den Briten durch enorme Waffenlieferungen, vor allem Panzer, unter die Arme greifen würden. Die ersten Panzer und Geschütze waren bereits am 21. Juli in Kairo eingetroffen.

40 A-20-Bomber, die für Rußland bestimmt waren, wurden nach Ägypten umgeleitet, und es war noch kein Ende der Hilfeleistungen abzusehen, darunter auch Sherman-Panzer.

Rommel hingegen hatte nach wie vor unter Nachschubsorgen zu leiden. 16 000 Mann Sollstärke fehlten allein den deutschen Divisionen der Panzer-Armee Afrika. Vom 1. bis zum 20. August 1942 verbrauchte die Panzer-Armee Afrika ungefähr das Doppelte von dem, was über das Mittelmeer im Schiffs- und Lufttransport angeliefert werden konnte.

Das Fehlen von 200 Panzern war gravierend. Nicht weniger jenes von 175 Spähwagen und Aufklärungsfahrzeugen und 1500 allgemeinen Fahrzeugen.

Eines gelang Rommel jedoch zu erreichen: Am 16. August wurde sein Unterstellungsverhältnis unter Generaloberst Bastico aufgehoben. Es sollte lediglich ein Verbindungsstab unter General Barbasetti di Prun aufgestellt werden, um für die italienischen Truppen Verwaltungsaufgaben zu übernehmen.

Neben der Brigade Ramcke war auch die italienische Fallschirmjäger-Division »Folgore« — für Malta vorgesehen — nach Afrika übergeführt worden.

Rommel glaubte angreifen zu müssen, wenn er den Gegner noch vor seiner vollendeten Auffüllung aller Kräfte vernichten sollte. Er sah dafür die Vollmondnächte Ende August als günstigsten Angriffszeitpunkt vor. Sein Angriffsplan war ähnlich dem vom Mai, als er um Bir Hacheim herummarschiert war. Er wollte die Stellungen im Norden halten, im Mittelabschnitt einen Scheinangriff auf den Ruweisat-Rücken starten und daneben mit dem DAK unter General Nehring am rechten Flügel den Durchbruch erzwingen. Dazu standen die 15. und 21. Panzer-Division und einige schnelle Verbände der 90. Leichten zur Verfügung.

Um diesen Plan erfüllen zu können, mußte das DAK in der Nacht etwa 50 Kilometer durch unbekanntes und dazu noch vermintes Gelände zurücklegen.

Die Ziele waren: Für die 21. Panzer-Division unter Generalmajor von Bismarck Vorstoß auf Alexandria und Umgehung der Stadt; für die 15. Panzer-Division und die 90. Leichte direkter Vorstoß auf Kairo; Nachführung des XX. Italienischen Korps (mot.) zur Ablösung der deutschen Verbände und weiterer Vor-

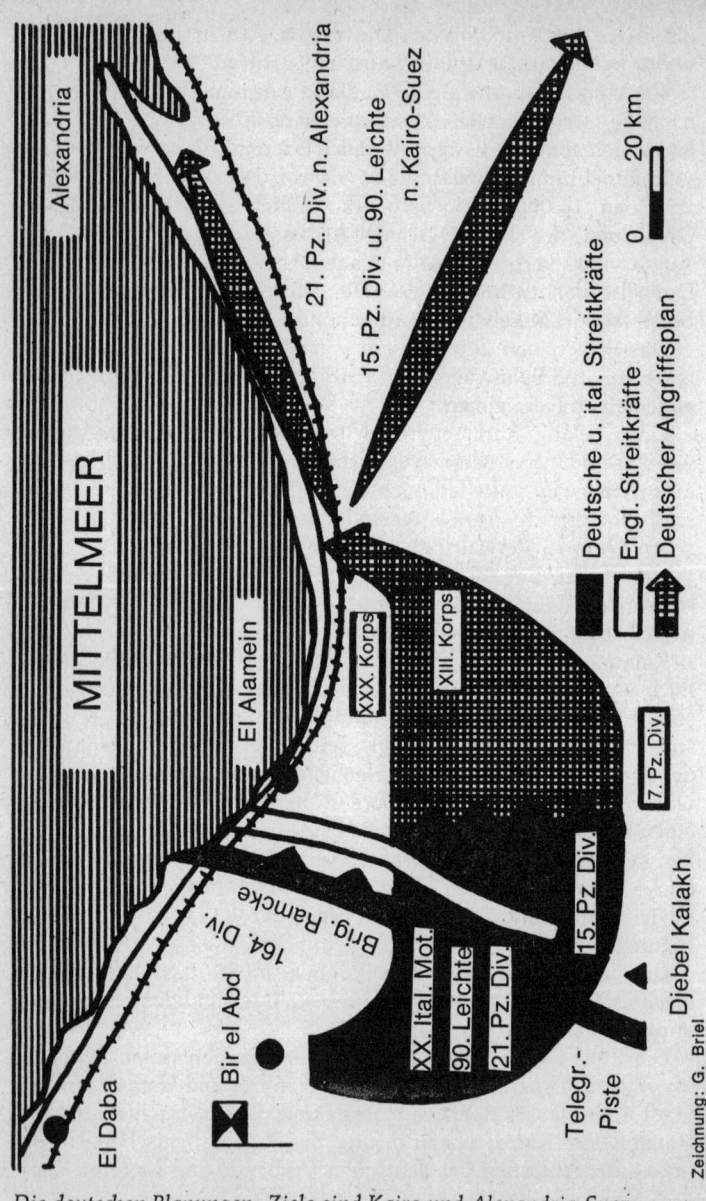

Die deutschen Planungen: Ziele sind Kairo und Alexandria-Suez

Map labels:

Alexandria

MITTELMEER

21. Pz. Div. n. Alexandria

15. Pz. Div. u. 90. Leichte
n. Kairo-Suez

Deutsche u. ital. Streitkräfte
Engl. Streitkräfte
Deutscher Angriffsplan

0   20 km

El Alamein

XXX. Korps

XIII. Korps

7. Pz. Div.

Bir el Abd

164. Div.

Brig. Ramcke

15. Pz. Div.

XX. Ital. Mot.
90. Leichte
21. Pz. Div.

El Daba

Telegr.-
Piste

Djebel Kalakh

Zeichnung: G. Briel

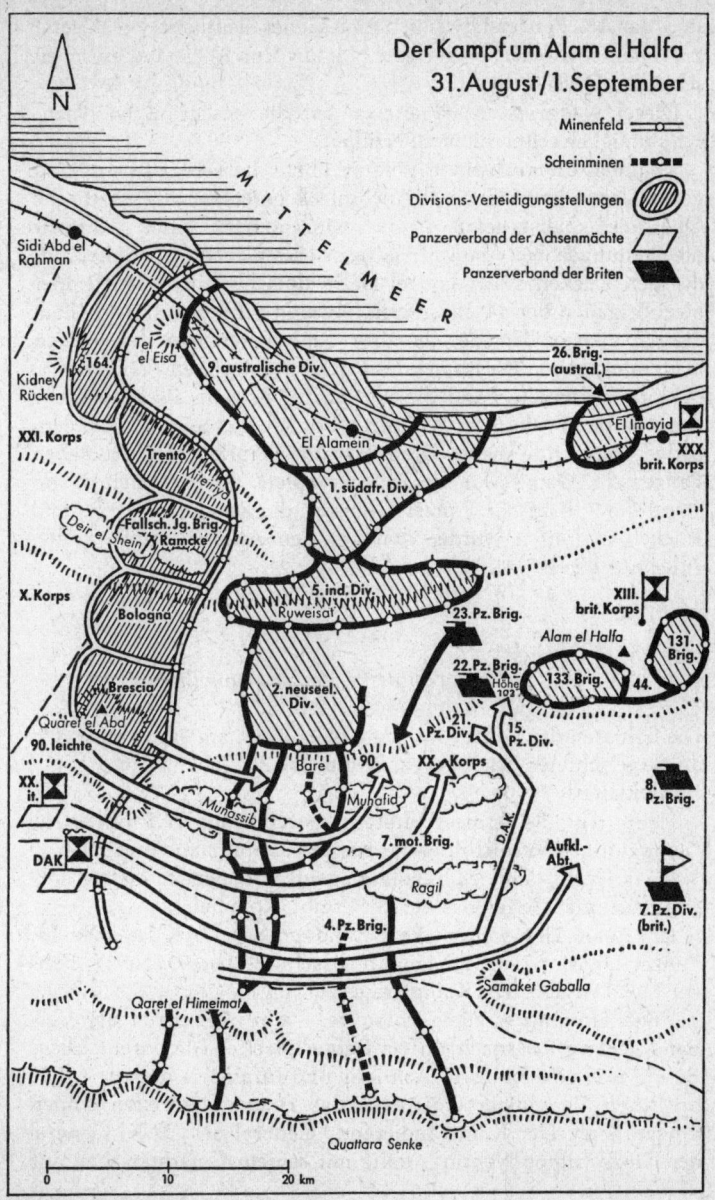

Der Kampf um Alam el Halfa
31. August / 1. September

Minenfeld
Scheinminen
Divisions-Verteidigungsstellungen
Panzerverband der Achsenmächte
Panzerverband der Briten

MITTELMEER

Sidi Abd el Rahman

164
Tel el Eisa
9. australische Div.

Kidney Rücken

XXI. Korps

Trento
Minerva

Deir el Shein
Fallsch. Jg. Brig.
Ramcke

X. Korps

Bologna

El Alamein

1. südafr. Div.

5. ind. Div.
Ruweisat

26. Brig.
(austral.)

El Imayid
XXX.
brit. Korps

XIII.
brit. Korps

23. Pz. Brig.

22. Pz. Brig.
Höhe 102

Alam el Halfa

131. Brig.

133. Brig.
44.

su Brescia

Quaret el Abd

90. leichte

XX.
it.

DAK

2. neuseel. Div.

Bare
90
Munassib
Muhafid

21. Pz. Div.

15. Pz. Div.

XX. Korps

7. mot. Brig.

D.A.K.

Ragil

8. Pz. Brig.

Aufkl.-Abt.

7. Pz. Div. (brit.)

4. Pz. Brig.

Qaret el Himeimat

Samaket Gaballa

0   10   20 km

Quattara Senke

Die Kämpfe um den Alam Halfa, 31. 8. bis 1. 9. 1942

stoß der 15. Panzer-Division unter Generalleutnant van Vaerst auf Suez sowie Sicherung des Niltales durch die italienischen schnellen Divisionen.

Dieser weitgespannte Plan war für die beschränkten Nachschubmöglichkeiten nicht zu erfüllen.

Rommels Plan sah einen Vorstoß über Alam el Halfa vor. Und genau damit hatte General Auchinleck gerechnet. Der britische Oberbefehlshaber der 8. Armee, Montgomery, baute nunmehr die Stellungen bei Alam el Halfa in einem rechten Winkel auf, der den Rücken von Alam el Halfa umschloß. Er brachte hier zwei Brigaden der 44. Infanterie-Division in Stellung. Dazu kam die 22. Panzer-Brigade, die ihre Tanks zwischen den beiden Stützpunkten am Westhang des Rückens eingruben.

Nördlich davon stand die 23. Panzer-Brigade als bewegliche Reserve bereit, und die 8. Panzer-Brigade richtete sich an dem ostwärtigen Ende dieses Dreiecks zum Empfang der deutschen Panzer ein. Damit war die Falle komplett, denn südlich davon stand die 7. Britische Panzer-Division, die Rommels Flanke und Rücken angreifen würde, wenn er den Angriff wagen sollte. Alles war bereit.

Das Sechstagerennen — Anfang vom Ende

Die Soldaten der Panzer-Armee Afrika lasen am 30. August den an sie gerichteten Tagesbefehl Rommels:

»Soldaten!

Heute tritt die Armee, verstärkt durch neue Divisionen, zur endgültigen Vernichtung des Feindes erneut zum Angriff an.

Ich erwarte, daß jeder Soldat meiner Armee in diesen entscheidenden Tagen das Letzte hergibt. Rommel.«

Um 20.00 Uhr rollten die Divisionen des DAK los. Die 15. Panzer-Division verfügte am Abmarschtag über 70, die 21. Panzer-Division über 120 Kampfwagen.

Zunächst ging es zügig vorwärts. Dann aber geriet der Verband gegen Mitternacht in ein tiefgestaffeltes Minenfeld. Diese Sperre war von Panzern, Artillerie und Infanterie gesichert. Die britischen Verteidiger eröffneten das Feuer. Die ersten Minen gingen hoch. Der Kommandierende General des DAK, General der Panzertruppe Nehring, rollte mit seinem Gefechtswagen auf eine Mine. Er wurde verwundet. Oberst Bayerlein entging dem Tode, weil ein Funkgerät die Splitter aufgefangen hatte. An der Spitze der 21. Panzer-Division fiel Generalmajor von Bismarck. Die RAF flog bereits ihre Einsätze und belegte die liegengebliebenen Teile des DAK mit Bomben. Im ersten Büchsenlicht des 31. August tauchten Schlachtflieger auf.

Oberst Bayerlein, der das DAK übernommen hatte, konnte es wenig später an Generalleutnant Gustav van Vaerst übergeben. Dieser übergab die Divisionsführung wieder an Oberst Crasemann, der die 15. Panzer-Division bereits geführt hatte.

Den ganzen 31. August hindurch dauerten diese Kämpfe mitten in dem tiefgestaffelten Minenfeld an. So wurde Rommels Plan, in der ersten Nacht 50 Kilometer zurückzulegen, zunichte gemacht.

Die »große Lösung«, die Rommel vorgeschwebt hatte, kam nun nicht mehr in Frage. Die Panzer-Armee Afrika mußte früher als geplant nach Norden einschwenken, und durch dieses Einschwenken stieß sie auf den Alam el Halfa, der — wie dargelegt — von starken Kräften gehalten werden sollte.

Mitten im Ghibli begann gegen 13.00 Uhr der Angriff auf diesen Höhenrücken. Es ging zunächst gut vorwärts, aber die Divisionen des XX. Italienischen AK blieben liegen.

Am 1. September wurde der Angriff durch die 15. Panzer-Division fortgesetzt. Hans Kümmel, inzwischen Major und Kommandeur der I./PR 8, konnte den Gegner mit seinen Panzern zurückdrücken und bis dicht südlich zur Höhe 132 vorstoßen. Dann lag er wegen Treibstoffmangels fest. Nun sollte das Panzer-Regiment 5 der 21. Panzer-Division angreifen, doch es war vor starken britischen Verteidigungsstellungen liegen geblieben.

Am Abend mußte Feldmarschall Rommel den Angriff auf den Alam el Halfa einstellen. Schrittweise gingen die Divisionen in ihre Ausgangsstellungen zurück. Montgomery, der eiskalte Rechner, verfolgte Rommel nicht. Er blieb, wo er war.

Der versprochene Treibstoff für die Panzer-Armee traf nicht ein. Die 5000 Tonnen, die am 3. September geliefert werden sollten, kamen nicht. 2500 Tonnen davon waren bereits mit dem Transportschiff gesunken, und 1500 Tonnen lagerten noch in Italien. Nur 1000 Tonnen waren unterwegs.

Der Rückzug begann am 3. September, und in der Frontlinie von Ras Shiag an der Küste über Tel el Eisa, Deir el Shein westlich Deir el Munassib bis hinunter zur Quattara-Senke richtete sich die Panzer-Armee Afrika ein.

Das Sechstagerennen hatte 2910 Mann, 49 Panzer, 55 Feldgeschütze und Pak sowie 395 Fahrzeuge aller Art gekostet.

Alam el Halfa war zum Wendepunkt des Krieges in der Wüste geworden. Rommel hatte, ohne die Luftüberlegenheit zu besitzen, die Panzerschlacht geführt und verloren. Er sagte zu dieser entscheidenden Phase des Krieges in Afrika: »Derjenige, der selbst mit modernen Mitteln gegen einen in der Luft völlig überlegenen Gegner ankämpfen muß, kämpft wie ein Buschneger gegen moderne europäische Truppen, mit denselben Chancen und unter den gleichen Bedingungen.«

Die Fronten erstarrten, und Rommel, seit 18 Monaten ununterbrochen in Afrika, unter einer Halsentzündung leidend, die chronisch zu werden drohte, erhielt nunmehr Gelegenheit, nach Deutschland zu fliegen und eine lange schon vom Arzt verordnete Kur anzutreten.

Der Gegner würde nicht vor November zu seiner dann erwarteten Offensive antreten können, das bewiesen die Feindnachrichten.

Am 19. September 1942 wollte Rommel nach Deutschland. General der Infanterie Stumme sollte ihn — aus Rußland kommend — während der Zeit seiner Abwesenheit vertreten. Rommel konnte jedoch erst am 22. September abfliegen und erreichte über Derna die Adriastadt Forli, wo er mit Mussolini zusammentraf. Am 29. September stand er im Führerhauptquartier Rastenburg Hitler gegenüber. Dann erst konnte er seine Kur bei Wien antreten.

Adler über der Wüste

Mit Beginn der Novemberkämpfe 1941, deren Höhepunkt die Panzerschlacht am Totensonntag bei Sidi Rezegh war, hatte Generalmajor Fröhlich in Derna große Schwierigkeiten. Der Gegner hatte im Herbst seine Luftstreitkräfte erheblich verstärkt und war den Achsen-Verbänden in der Luft erheblich überlegen. Ihre Kampfkräfte kamen jedoch am Tage höchst selten über das deutsch-italienische Gebiet. Nur die Aufklärer erschienen regelmäßig.

General der Flieger Fröhlich berichtete dem Autor aus dieser Zeit den interessanten und turbulenten Ablauf der Geschehnisse.

»Bei der Turbulenz der Ereignisse in diesem Zeitabschnitt mußte der Aufklärung des Gefechtsfeldes besonderes Augenmerk zugewandt werden. Diese Aufgabe fiel den Zerstörern zu. In Staffelstärke angesetzt, hatten sie — in geringer Höhe fliegend — den Feind in der Bereitstellung oder im Anmarsch ausfindig zu machen und mit Bordwaffen anzugreifen. Es wurde von mir angestrebt, in möglichst kurzer Zeit und ebenso kurzen Intervallen Zerstörer über dem Kampfgebiet zu haben.

Aufgrund der Zielerkundung durch die Zerstörer erfolgte jeweils der Einsatz der Stuka-Verbände. Jäger flogen Schutz über dem Kampfgebiet und betrieben zugleich auch Gefechtsaufklärung. Die vorhandene Gruppe Ju 88 wurde ebenfalls zu Naheinsätzen herangezogen.

Mitte November gab es einen schweren Gewitterregen, der zwei Tage andauerte. Nachdem die Sanddecke des Bodens von dem Regen durchtränkt war, verwandelte sich die wannenartige Umgebung des Wadis in große Wasserbecken, die sich nach der Wadisohle zu entleerten. So kamen plötzlich große Sturzwogen die Wadis herab und rissen alles mit sich fort. Zeltlager der Luftwaffe in den Wadis von Derna wurden innerhalb von Minuten überflutet. Dabei ertranken einige Soldaten.

Diese Wetterkatastrophe hatte auch den Flugplatz von Derna übel mitgenommen. Das Rollfeld stand zum Teil unter Wasser.

Doch abgesehen von diesem Unwetter gab es während dieses Kampfabschnittes ständig brauchbares Flugwetter.«

Dreimal mußte Generalmajor Fröhlich während des Rückzuges im Dezember unmittelbar vor dem Gegner starten, der bereits an den Flugplätzen vorbeigestoßen war.

Während dieser Rückzugskämpfe war Oberfeldwebel Otto Schulz einer der erfolgreichsten Jäger. Am 30. November war er mit zwei Abschüssen erfolgreich. Darunter befand sich der bekannte britische Pilot Neville Duke, der bei Tobruk mit einer Bauchlandung davonkam. Duke kam mit dem Leben davon und blieb unverletzt. Er war bei der »Stuka-Party« des 4. Dezember dabei, als 21 Hurricanes der 1. SAAF-Squadron und der 274. Squadron auf einen großen Pulk Ju 87 mit deutschem und italienischem Jagdschutz stießen, und holte eine MC 200 und eine Ju 87 herunter. Sieben Ju 87 und drei Bf 109, dazu zwei G-50 und eine MC 200 wurden abgeschossen.

Einer der bedeutendsten Zerstörerflieger war in diesem Zeitraum Major Kaschka, Kommandeur der III./ZG 26. Er hatte sich in der Schlacht bei Sidi Rezegh immer wieder ausgezeichnet. Bei seinem letzten Anflug vernichtete er eine feindliche Lkw-Kolonne mit zwei Spähpanzern. Nach den letzten Ergebnissen der Forschung wurde er am Nachmittag des 4. Dezember gegen 14.00 Uhr von Sergeant Dodds abgeschossen. Neben der Abschußstelle landete sofort Oberleutnant Wehmeyer, um dem Kommandeur Hilfe zu leisten. Major Kaschka aber lag im Sterben. Sein Bordfunker, Unteroffizier Mühlhäuser, war bereits tot.

Am nächsten Tag fand die zweite »Stuka-Party« statt. 25 »Tomahawks« der Staffeln 112 und 250 stießen südlich von El Adem auf einen großen Pulk von etwa 40 Stukas, die von 30 Jägern gesichert wurden. Während die 112. Squadron die Jäger in einen wilden Luftkampf verwickelte, griffen die »Tomahawks« der 250. Staffel die Ju 87 an und erzielten insgesamt 15 Ju-87-Abschüsse. Allein von Flight Lieutenant Caldwell wurden fünf Ju 87 abgeschossen. Bei diesem Luftkampf wurde der spätere Testpilot Neville Duke abermals abgeschossen und landete mit einem Bauchrutscher.

Fünf »Tomahawks« wurden von den deutschen Jägern unter Führung von Hauptmann Redlich abgeschossen.

Am 6. Dezember war Oberfeldwebel Schulz mit zwei Luftsiegen und Leutnant Marseille ebenfalls mit zwei Erfolgen dabei. Hans Arnold Stahlschmidt hatte Mitte November drei »Boston«-Bomber abgeschossen. Dann wurde er Gruppenadjutant. Erst im neuen Jahr sollte er wieder in eine Maschine klettern dürfen.

Am 13. Dezember mußte Oberfeldwebel Albert Espenlaub nach einem Luftkampf über El Adem in der Wüste notlanden. Er geriet in Gefangenschaft und wurde bei einem Fluchtversuch erschossen. Er hatte in Afrika 14 Luftsiege erzielt.

Immer wieder tauchte nun der Name Schulz in der Abschußliste auf, so am 15. Dezember, am 20. Dezember (mit drei Abschüssen) und laufend im Januar.

Weihnachten feierten die Jagdflieger von »Neumanns bunter Bühne«, der I./JG 27, in Agedabia. Die Stimmung war mies, und erst als Leutnant Stahlschmidt mit einer Flasche Cognac, dem Weihnachtsgeschenk des Kommandeurs für die 3. Staffel, ins Zelt trat, besserte sich die Stimmung schlagartig.

Der Rückzug ging weiter. Bis Mitte Januar war der Raum El Agheila erreicht. Auf den Plätzen von El Agheila und am Arco dei Fileni standen zu dieser Zeit das gesamte JG 53, eine Gruppe Ju 88, eine Zerstörergruppe und drei Stuka-Gruppen zur Verfügung.

Nach der Einrichtung der Kommandobehörde Oberbefehlshaber Süd unter Generalfeldmarschall Albert Kesselring endete das Unterstellungsverhältnis des Fliegerführers Afrika unter das X. Flieger-Korps. Nunmehr war Generalmajor Fröhlich direkt dem OB-Süd unterstellt. Am 1. Januar 1942 wurde Fröhlich zum Generalleutnant befördert.

Nach mehreren Luftsiegen wurde Oberfeldwebel Schulz am 13. Januar 1942 nach einem Einsatz südlich von Agedabia vermißt. Aber er kehrte am nächsten Tag zu Fuß zurück.

Mitte Januar verfügte die Royal Air Force über 97 einsatzbereite Jagdflugzeuge und 28 Kampfflugzeuge. Von den in Reparatur befindlichen Maschinen konnten 25 Jagdmaschinen und 28 Bomber bis zum 17. Dezember 1941 klargemacht werden. Damit war die Zahl der einsatzbereiten Maschinen auf 122 Jäger und 56 Kampfflugzeuge gestiegen.

Die deutschen Jägereinheiten verfügten zusammen mit der Jabo-Staffel und der 7./ZG 26 über 83 Maschinen, von denen am 15. Januar 1942 26 einsatzbereit waren.

Am 21. Januar 1942, dem Beginn der deutschen Offensive, wurde zugleich eines der abenteuerlichsten Flugunternehmen in Afrika gestartet.

Der Angriff auf Fort Lamy am Tschadsee in Zentralafrika, rund 2500 Kilometer von den südlichsten Stützpunkten und Feldflughäfen der Panzer-Armee Afrika entfernt, wurde von Generalleutnant Fröhlich vorbereitet. Mit seinem Stab arbeitete er die Route mit den Zwischenlandeplätzen aus.

Am 21. Januar startete die He 111 mit fünf Mann Besatzung an Bord zum Feindflug ins Ungewisse. Hauptmann Theo Blaich, Leutnant Bohnsack, Feldwebel Geißler, Unteroffizier Wichmann und Kriegsberichter Leutnant Dettmann flogen zunächst zu dem winzigen italienischen Feldflugplatz in der Oase Hun. Dort kam noch Major Conte Vimercati-Sanseverino an Bord. Er war am 20. Januar bereits mit einer »Savoia« hier eingetroffen. In dieser »Savoia« hatte er den Sprit für den Rückflug der He 111 von Hun nach Norden mitgebracht.

Es wurde sofort wieder gestartet, und am Nachmittag dieses 21. Januar ließ Hauptmann Blaich die Gefechtsstände besetzen. Unter der He 111 tauchte Fort Lamy auf mit seinem Flugplatz und dem riesigen Brennstoff-Depot für die britischen Streitkräfte in Afrika.

»Reihenwurf!« befahl Blaich.

Die Abwurfvorrichtung war vom Bombenschützen bereits auf Reihenwurf gestellt worden. 16 Bomben zu je fünfzig Kilogramm hingen in den Halterungen. Sie purzelten nacheinander in die Tiefe. Und während die Maschine eindrehte, um die Wirkung der Bomben zu beobachten, hämmerten sie der Reihe nach in die Hallen und Depots hinein. Riesige Explosionswolken stoben empor. Dicker schwarzer Qualm waberte in die Höhe. Der gesamte hier gelagerte Treibstoff flog in die Luft oder brannte. Insgesamt gingen dem Gegner hier 400 000 Liter Flugbenzin verloren, hinzu kam der Verlust des gesamten Treiböls. Allein zehn Flugzeuge wurden am Boden zerstört. Diese eine He 111 hatte einen sagenhaften Erfolg errungen. Fort Lamy war für viele Wochen völlig lahmgelegt.

Die He 111 hatte — verfolgt vom Flakfeuer des überraschten Gegners — auf Nordkurs gedreht. Vier Stunden vergingen. Die Sonne sank. Und Campo Uno, wo sich die »Savoia« mit dem Sprit befand, war noch immer nicht in Sicht gekommen.

»Wir müssen heruntergehen, Herr Hauptmann!« meldete der Flugzeugführer.

»Fertigmachen zur Landung. Wichmann, funken Sie SOS!«

Der Funker tastete die SOS-Meldung und den vermutlichen Standort durch. Dann landete die Maschine sicher in der Wüste, etwa 120 Kilometer südlich von Agedabia. Der Versuch, mit der Funkstelle des Fliegerführers Afrika Kontakt aufzunehmen, gelang nicht auf Anhieb. Aber Wichmann gab nicht auf, und 48 Stunden später hatte er Kontakt. Der Unteroffizier am Horchempfänger C beim Fliegerführer schrieb die Meldung auf.

Generalleutnant Fröhlich ließ sofort alles zur Rettungsaktion bereitmachen. Doch ein aufkommender Sandsturm verhinderte den Start.

Bei der notgemeldeten Maschine tobte der Sandsturm ebenfalls, und die sechs Männer erhielten an diesem Tag zweimal jeweils einen Viertelliter Wasser. Am Sonntag, dem 25. Januar, ließ Hauptmann Blaich als »Sonntagsüberraschung« einen Viertelliter zusätzlich ausgeben.

Aber auch der Montag verging, ohne daß ein einziges Flugzeug in Sicht gekommen wäre. Am Dienstag, dem 27. Januar, wurde der letzte Tropfen Wasser ausgegeben. Genau drei Minuten darauf sichtete Leutnant Bohnsack ein Flugzeug.

»Leuchtkugeln schießen — los, schnell, schnell!« rief er.

Leuchtkugeln stiegen in den Himmel. Die Maschine drehte genau auf sie ein und setzte zur Landung an. Es war eine italienische »Ghibli S 1«, ein kleiner Nahaufklärer, der sich bis hierher vorgewagt hatte. Funker Scorzone sprang aus der Maschine und kam auf die Männer zugerannt, in der Hand zwei volle Zweiliter-Feldflaschen mit Wasser.

»Wir kommen morgen früh wieder und bringen euch Sprit. Das Lager Uno ist nur eine halbe Flugstunde entfernt«, sprudelte der kleine Italiener hervor und rannte zu seiner Maschine zurück.

»Ich habe mir Engel immer größer vorgestellt und mit Flügeln an den Schultern. Nun weiß ich aber, wie ein wirklicher Engel aussieht«, meinte Funker Wichmann, und befreiendes Gelächter stieg in den abendlichen Wüstenhimmel empor, in den sich auch die »Ghibli S 1« hinaufschraubte, um noch vor Einfall der Dunkelheit das Lager wieder zu erreichen.

In den frühen Morgenstunden des 28. Januar tauchte aber zuerst eine Ju 52 über dem Lager der Männer bei der He 111 auf. Kommandant der Maschine war Oberleutnant Becker von der

Wüstennotstaffel. Er war um Mitternacht ohne Befehl in Agedabia gestartet und hatte sie ebenfalls selbständig gefunden.

Mit den drei Fässern Sprit, die Becker mitführte, wurde die He 111 betankt und startete.

So endete dieses grandiose Abenteuer mit einem durchschlagenden Erfolg.

Luftduelle unter heißer Sonne

Der Januar 1942 zog vorüber. Mit den Kameraden der deutschen Fliegerwaffe standen die Verbände der Regia Aeronautica der italienischen Luftwaffe im Einsatz. Vom Arco dei Fileni, aus den Horsten bei Tamet, Sorman und Castelbenito stiegen sie auf und warfen sich in die Luftschlacht über der Wüste.

Leutnant Marseille erzielte am 8. Februar 1942 vier Abschüsse und war damit mit insgesamt 40 Abschüssen der erfolgreichste Jagdflieger Afrikas geworden. Oberfeldwebel Otto Schulz folgte mit 37 Abschüssen, zu denen er am 12. Februar einen und tags darauf zwei weitere hinzufügte.

Der 15. Februar 1942 wurde für Otto Schulz ein denkwürdiger Tag. Um 17.00 Uhr griffen acht »Kittyhawks« der 94. Squadron und zwölf der 112. Squadron den Flugplatz Martuba im Tiefflug an.

Als sie über den Platz hinwegfegten, rannte Oberfeldwebel Schulz zu seiner Maschine, die gerade gewartet wurde. Binnen dreißig Sekunden startete er und holte nacheinander binnen zehn Minuten fünf »Kittyhawks« herunter. Genau zwanzig Minuten nach dem Start kehrte Schulz zum Flugplatz zurück, fünfmal wackelnd.

Generalfeldmarschall Kesselring erschien ein paar Tage darauf auf dem Flugplatz Martuba und überreichte Schulz das Ritterkreuz des Eisernen Kreuzes.

Der 22. Februar sah die deutsche Jagdwaffe im Angriff weit nach Osten herausgesetzt. Ziele waren Sidi Barrani und Marsa Matruk. Um sie zu erreichen und sicher zurückzukommen, mußten Zusatztanks angebracht werden.

Am 24. Februar erhielt Hans-Joachim Marseille das Ritterkreuz. Er schrieb an seine Eltern: »In aller Eile: Habe gestern das Ritterkreuz bekommen, bin sehr stolz. In Liebe Euer Jochen.«

Am 22. Februar wurde Stahlschmidt von einer »Kittyhawk« von unten herauf angegriffen und abgeschossen. Mit raucherfüllter Kabine gelang es ihm, die Bf 109 in den Sand zu schmeißen. Mit versengten Augenbrauen kam er heraus.

Drei Tage später startete er wieder. Gemeinsam mit Feldwebel Käppler flog er Geleitschutz für einen Bf-109-Aufklärer. Sie erreichten Bir Hacheim. Die hohe Staubwand eines Ghibli versperrte ihnen die Sicht. Als sie den Aufklärer verloren, beschlossen sie in Richtung Bir el Gobi zu fliegen. Plötzlich sahen die beiden Flieger unter sich eine Lkw-Ansammlung. Von Gobi aus rollten weitere Fahrzeuge heran.

»Angriff, Käppler!« rief Stahlschmidt über die Bord-Bord-Verständigung.

Sie stießen hinunter, brausten im Tiefflug über die Kolonne hinweg und schossen aus MG und Kanonen. Plötzlich ein hartes Geklacker in der Maschine von Stahlschmidt. Brandiger Gestank durchzog die Kabine, die Scheibe verölte sofort, und der Motor, obgleich mit normalem Ladedruck geflogen, sprang brüllend auf Höchstleistung. Stahlschmidt jagte über die Fahrzeuge hinweg und gab Käppler durch: »Habe Motorschaden!«

Leicht hochziehend und die Kabine abwerfend, jagte er nur wenige Meter über die Lastwagen dahin. Die Rechte am Knüppel, die Linke zum Schutz gegen das heiße sprühende Öl vorgestreckt, spürte er, wie die Maschine aufsetzte und dann mit donnerartigem Krachen mitten durch einen Lkw hindurchjagte und ihn in zwei Teile schnitt.

Leutnant Stahlschmidt sprang aus der Maschine. Soldaten in grünen Uniformen kamen auf ihn zu.

»Italiani?« fragte er.

Aber es waren Polen. Einer von ihnen schlug ihm den Gewehrkolben in den Rücken. Der Leutnant wurde zu Boden geschleudert, wieder hochgerissen und mit Knüppeln geschlagen. Ein Pole riß ihm die Auszeichnungen von der Jacke. Dann wurde er in ein Erdloch gestoßen.

Wenig später wurde er von einem polnischen Offizier abgeholt und in Richtung Gazala gefahren. Es war eine alptraumhafte Odyssee, die Hans-Arnold Stahlschmidt erlebte.

In der folgenden Nacht gelang ihm die Flucht. Vierundzwanzig Stunden lang schlug er sich durch das Gelände, bis er in der nächsten Nacht auf einen deutschen Vorposten stieß. Er hatte insgesamt 60 Kilometer zu Fuß zurückgelegt. Mit Jubel wurde er von seinen Kameraden empfangen.

Als das Jahresfest der Gruppe Neumann gefeiert wurde, hatte diese 278 Abschüsse erzielt.

Im April wurde Marseille Oberleutnant und übernahm die 3. Staffel. Hauptmann Hohmuth übernahm die I. Gruppe und Major Neumann wurde Geschwaderkommodore.

Als der Verlegungsbefehl nach Gazala eintraf, hatte Marseille bereits 60 Abschüsse. Nach seinem 100. Luftsieg erhielt er Urlaub, der ihm befohlen wurde. Hans-Arnold Stahlschmidt wurde Kapitän der 2. Staffel. Der Juli wurden seine großen 31 Tage, an denen er insgesamt 25 Feindflugzeuge abschoß.

Daß aber auch immer mehr eigene Kameraden nicht vom Flug über der Wüste zurückkehrten, dafür sorgte die Western Desert Air Force der Engländer, die im März in drei Jäger-Wings gegliedert wurde. Es waren die 239. Wing mit vier Squadrons »Kittyhawks«, die 243. Wing mit vier Squadrons »Hurricanes« und die 233. Wing mit zwei südafrikanischen und zwei englischen Squadrons, die mit »Kittyhawks« und »Tomahawks« ausgerüstet waren.

In der »Schlacht von Martuba«, als eine britische Commando-Gruppe den südlichen Flugfeldbezirk angriff, wurde eine Reihe von Maschinen vernichtet. Aber dieser Commando Raid ging binnen sechs Stunden im Feuer unter. Am nächsten Morgen wurden von den mit dem ersten Büchsenlicht aufgestiegenen Jägern alle noch intakten Fahrzeuge dieser Gruppe abgeschossen.

Die 2. SAAF-Squadron, die immer wieder zu neuen Feindflügen startete, erhielt am 25. April einen schweren Schock, als sie von Bf 109 angegriffen wurde. Die hinzukommende 4. SAAF wurde in diesen entfesselten Luftkampf hineingezogen. Beide Staffeln verloren insgesamt zehn Maschinen, von denen zwei eine Bruchlandung machten.

Am 30. April tauchten bei der 145. Squadron die ersten »Spitfires« in Afrika auf und nahmen von nun an an den Luftkämpfen teil.

Einer der größten Erfolge der britischen Flieger in diesem Zeitabschnitt war die Vernichtung von 15 Ju 52 und zwei BF 110 am 12. Mai. Wing Commander Mayers führte den angreifenden Verband gegen die aus Kreta kommenden deutschen Transportmaschinen.

Mit Beginn der deutschen Offensive am 26. Mai 1942 mußten die 18 Squadrons der Wüsten-Luftwaffe der Briten weiter und weiter zurückgehen. Über Bir Hacheim errangen sie im Luftduell gegen Ju 87 eine Reihe von Erfolgen.

In einer 30 Kilometer südlich Tmimi notgelandeten Ju 87 befand sich am 4. Juni Generalfeldmarschall Kesselring. Die acht Bf 109 der II./JG 27, die für die drei Ju 87 des Pulks Jagdschutz flogen, umkreisten den Raum so lange, bis ein Fieseler Storch den OB-Süd aufgenommen hatte.

Doch nun zurück zu den deutschen Fliegern.

Bis zum Rückzug

Für die neue Offensive Rommels war der Fliegerführer Afrika, nunmehr Generalleutnant Hoffmann von Waldau, mit neuen Einheiten und Verbänden ausgestattet worden. So kamen allein in der ersten Maihälfte 40 Ju 87, 30 Bf 109 und 15 BF 110 von Sizilien nach Afrika. Damit war die Gesamtstärke der Luftwaffe auf 260 Maschinen angestiegen.

Die Jagdfliegerkräfte der Regia Aeronautica waren auf insgesamt sechs Verbände aufgestockt worden, und zwar auf zwei Gruppen und vier Staffeln.

Der Kampfraum war im Juli über El Alamein und Marsa Matruk.

Der August begann mit zwei Abschüssen durch Leutnant Stahlschmidt. Die Oberfeldwebel Sawallisch, Bendert und Stiegler sowie Leutnant Remmer hatten im August ihre große Zeit. Bendert, Stiegler und Sawallisch gelang es am 12. August, als Alarmschwarm startend, zwischen Alam el Kadim und Alam el Halfa in einem wüsten Luftkampf gegen vier Pulks zu jeweils vier Maschinen und 15 Jagdschutz fliegenden »Curtiss«, zwölf Feindflugzeuge abzuschießen. Oberfeldwebel Bendert war mit drei »Hurricanes« und zwei »Curtiss« daran beteiligt.

Am 23. August kehrte Marseille aus dem Urlaub zurück. Das Geschwader lag auf dem Flugplatz Torbya zwischen Marsa Matruk und El Alamein. Er reihte sich wieder in die Phalanx der Kameraden ein, von denen Stahlschmidt am 28. August seinen 39. und 40. Abschußerfolg erzielte.

Am 1. September kam es zu einem dramatischen Luftkampf

der Adler über der Wüste. Oberleutnant Marseille schoß in einem bis dahin noch nicht dagewesenen Luftkampf zwischen 11.55 und 12.05 Uhr acht Feindjäger ab. Am selben Abend startete er noch einmal und errang zwischen 18.47 und 18.53 Uhr fünf Abschüsse.

Am 7. September stieg Oberleutnant Stahlschmidt nach 59 Luftsiegen und über 400 Feindflügen in Afrika zu einem Frontflug südlich El Alamein auf. Geraume Zeit später rief ein Leutnant von Stahlschmidts Staffel Marseille an. Dieser hörte wortlos zu. Dann rief er den anderen zu: »Ich fahre zum Platz! Stahlschmidt ist weggeblieben.«

Marseille fand die Kameraden, die mit Stahlschmidt diesen Einsatz geflogen hatten, im Geschwadergefechtsstand. Einer glaubte, den Absturz der brennenden Maschine des Kameraden gesehen zu haben, ein anderer eine Bauchlandung, ein dritter einen Fallschirm.

Marseille bat den Kommodore, zu einem Suchflug starten zu dürfen. Major Neumann aber befahl: »Die erste und zwote Staffel starten!«

Unverrichteterdinge kehrten die Maschinen zurück. Hans-Arnold Stahlschmidt blieb verschollen.

Der Kampf ging weiter.

Am 15. September 1942 erfolgte der erste Stuka-Einsatz westlich El Alamein. 15 Bf 109 der III./JG 27 stellten dazu den Jagdschutz. Sie gerieten mit 20 »Curtiss« und acht »Spitfires« in einen Luftkampf. Ein deutscher Jäger wurde abgeschossen. Leutnant Schroer schoß von 12.40 Uhr bis 12.55 Uhr drei Feindflugzeuge ab, Oberleutnant Althoff ein viertes.

Am Nachmittag starteten abermals Stukas zum Einsatz gegen die Verteidigungslinien westlich El Alamein. Diesmal waren 43 Maschinen des gesamten Geschwaders 27 dabei. Es kam zu turbulenten Luftkämpfen, in denen Marseille sieben Abschüsse erzielte. Unteroffizier Krainik war mit vier Abschüssen und Leutnant Schroer mit drei Abschüssen beteiligt. Insgesamt wurden 20 der »Curtiss«, »Kittyhawks« und »Spitfires« abgeschossen. Drei eigene Maschinen gingen verloren.

Marseille hatte damit seinen 151. Abschuß erzielt und war einer der drei erfolgreichsten Jagdflieger der Luftwaffe geworden. Er wurde zum Hauptmann befördert und war mit seinen 22 Jahren der jüngste Hauptmann der Luftwaffe.

Die Stuka-Staffeln flogen in diesem Zeitabschnitt, während

sich die Bodentruppen zu einem neuen Schlagabtausch rüsteten, beinahe pausenlos ihre Einsätze. Diese »Artillerie aus der Luft«, wie sie genannt wurde, versuchte die erkannten Feindstellungen an den Knotenpunkten zu zerschmettern. Sie wurden von Bf 109 und den MC 202 begleitet.

Der 30. September wurde — was die deutschen Jagdflieger anging — zu einem schwarzen Tag. Nachdem »Beaufighters« der 272. Squadron am Morgen zwei He 111 und eine Ju 88 abgeschossen hatten, startete gegen 10.47 Uhr Hauptmann Marseille mit acht Maschinen zum »Hochschutz für Stukas gegen El Alamein und anschließender freier Jagd«. 15 weitere Maschinen der III./JG 27 und zehn der III./JG 53 folgten nach.

Bei diesem Einsatz flog Hauptmann Marseille zum erstenmal eine neue Bf 109 G-2. Seine Staffel hatte keine Feindberührung. Als sie zurückflogen, entstand in Marseilles Maschine ein Schmierstoffbrand. Es entwickelte sich starker Rauch, der die Kabine verdunkelte.

Marseille flog zu den deutschen Linien zurück, erreichte sie auch. Er warf das Kabinendach ab, um mit dem Fallschirm auszusteigen und legte die Bf 109 mit einer halben Rolle auf den Rücken. Die Maschine ging sofort in einen steilen Rückengleitflug über. Nach etwa 200 Meter verließ Marseille die Maschine. Sein Körper schlug gegen das Leitwerk. Er wurde bewußtlos, stürzte in waagrechter Lage ab und schlug flach auf den Boden. Hans-Joachim Marseille war tot.

So wurde der September für vier der erfolgreichsten Jagdflieger der I./JG 27 das Ende. Neben Marseille und Stahlschmidt waren es noch Steinhausen und Hoffmann, die im Luftkampf fielen.

Auch der Monat Oktober 1942 war in der Hauptsache eine Angelegenheit der Stukas und Jäger. Die Zerstörer flogen Aufklärungseinsätze und Tiefangriffe gegen Wagenkolonnen hinter der britischen Front.

Als am 8. und 9. Oktober die Flugplätze bei El Daba und Fuka durch starke Regenfälle überschwemmt waren, flog die Wüsten-Luftwaffe einige Angriffe, um die am Boden festgenagelten deutschen Maschinen zu erwischen. Die RAF flog allein am 9. Oktober über 500 Einsätze. Von deutscher Seite kam es zu 102 Einsätzen. Als britische Jäger den Platz von El Daba im Tiefflug angriffen, starteten in Fuka 19 Bf 109 im Alarmstart. Mit den in der Luft befindlichen Bf 109 waren insgesamt 45 Maschinen an dem folgenden Luftkampf beteiligt, die zwölf Feindjäger ab- schossen. Drei Bf 109 gingen verloren.

Die britische Bomberflotte griff am frühen Nachmittag in die Kämpfe ein. 18 Bomber und 15 Minuten darauf 30 weitere warfen ihre Bomben ab. Der Gefechtsstand der III./JG 53 wurde voll getroffen. Um 17.00 Uhr tauchten 50 weitere Bomber über El Daba auf, von »Spitfires« als Höhendeckung begleitet. In Hoch- und Tiefangriffen versuchte die Wüsten-Luftwaffe hier eine Entscheidung zu erzwingen. In den Annalen der britischen Luftwaffe ging dieser Tag als »Daba Prang — Vernichtungsschlag auf Daba« ein. Britischerseits glaubte man, mindestens 15 deutsche Maschinen am Boden vernichtet zu haben. Hinzu kamen zehn im Luftkampf abgeschossene Gegner. Der Fliegerführer Afrika meldete zehn Flugzeuge am Boden zerstört und zwanzig beschädigt.

Italienische Jäger, die in die Kämpfe eingriffen, schossen zehn Briten ab, deutscherseits wurden 16 Feindflugzeuge abgeschossen.

Die britische Luftoffensive aber begann am 19. Oktober 1942. Sie war der erste erkennbare Vorbote der britischerseits vorbereiteten Offensive. In den nächsten drei Tagen versuchte die Western Desert Air Force, die deutschen Flugplätze lahmzulegen, um die Bodentruppen somit vor deutschen Luftangriffen zu schützen.

Am Mittag des 20. Oktober waren es 25 »Baltimore«-Bomber, die von über 30 »Kittyhawks« der Staffeln 3. RAAF, 112. und 250. begleitet wurden. Deutsche und italienische Jäger warfen sich ihnen entgegen. In den Luftkämpfen gingen elf britische und elf deutsch-italienische Jäger verloren. Durch eine dichte Wolkendecke war die Lufttätigkeit am 21. Oktober etwas behindert. Aber am 22. Oktober wurden die deutschen Plätze dreimal angegriffen.

Auch am 23. Oktober gingen die Großangriffe der Wüsten-Luftwaffe weiter. Deutschen Aufklärern gelang es nicht, diesen dichten Riegel zu durchbrechen, und so konnten in der Nacht zum 23. Oktober die britischen Sturmtruppen nach vorn kommen und blieben den ganzen Tag über unentdeckt.

Die britische Luftwaffe in der Wüste hatte am Abend des 23. Oktober 1942 605 Jäger, 254 leichte und mittlere Bomber und 61 schwere Bomber zur Verfügung.

Deutscherseits konnte diesem Aufgebot ein Verband von ins-

Rechts: Treffen mit Generaloberst Bastico, dem italienischen Oberbefehlsha-
ber in der Wüste.

Unten: Der Befehlswagen
ist liegengeblieben, Rom-
mel schaut interessiert
den »Wiederbelebungsver-
suchen« zu.

Oben: Generalleutnant Seidemann, letzter Fliegerführer Afrika in Tunesien.

Links: Rommel als Generalfeldmarschall.

Rechte Seite: Der Tag, an dem Rommel Generalfeldmarschall wurde: 21. 6. 1942, nach der Eroberung von Tobruk.

Links oben: Generalleutnant Friedrich Weber, Kommandeur der 334. Infanterie-Division. Rechts oben: Generalleutnant Borowietz, Kommandeur der 15. Panzer-Division in Tunesien. Unten: Generaloberst von Arnim (links) mit Generalmajor Weber bei Pont du Fahs.

gesamt 347 Jägern, 72 Stukas und 171 mittlere Bomber gegen-
übergestellt werden. Davon waren über die Hälfte italienische
Maschinen. Von der Gesamtzahl waren etwa zwei Drittel einsatzbereit.

Der Entscheidungskampf in und über der Wüste konnte beginnen.

Von El Alamein
bis zur Mareth-Stellung

Die Schlacht um El Alamein

In der Stellung von El Alamein hatten die deutsch-italienischen Truppen sich im Laufe der Wochen auf einer Breite von 60 Kilometer eingerichtet. Und zwar lagen fünf italienische Divisionen und die 164. Leichte AD eingegraben in der Frontlinie. Dahinter als Reserve und Eingreifverbände die drei schnellen Divisionen: die 90. Leichte westlich El Daba an der Küstenstraße, die 15. Panzer-Division »Littorio« südlich Sidi Abd el Rahman, und die 21. Panzer-Division mit der Panzer-Division »Ariete« im Südabschnitt der Front.

Der Armee-Pionierführer, Oberst Hecker, hatte vor den deutschen Linien und zwischen ihnen — zwischen dem Tel el Eisa im Norden und der Quattara-Senke im Süden — einen einzigen Teufelsgarten aus Minensperren anlegen lassen.

Alles stand bereit in der Erwartung des Gegners. Doch daß er in der Nacht zum 24. Oktober kommen könnte, das fürchtete keiner der deutschen Soldaten in der Front.

Um 21.40 Uhr des 23. Oktober 1942 wurde auf einer Frontbreite von zehn Kilometer aus etwa 1000 britischen Geschützen ein Trommelfeuer eröffnet, wie es die Wüste noch nicht erlebt hatte. Genau 20 Minuten hämmerten alle britischen Waffen auf diesen schmalen Abschnitt nieder. Dann verlegte das Feuer weiter zurück, und die britischen Sturmtruppen stürmten durch die Gassen in den Minenfeldern vorwärts. Die 1. und 10. Panzer-Division des Gegners versuchten eine Bresche in die deutsche Front zu schlagen. Bei Himeimat im Süden griff die 7. Panzer-Division an. Die britische Offensive war eröffnet.

Die 9. Australische und die 51. Schottische Division eröffneten das zehntägige Ringen um El Alamein, während das Trommelfeuer fünf Stunden lang anhielt.

Durch dieses Feuer wurden sämtliche deutschen Nachrichtenverbindungen vernichtet. Eine Stunde nach Mitternacht durchbrachen die britischen Verbände die Front im Abschnitt des italienischen IR 62. Zwei Bataillone der im Sommer aus Kreta übergeführten 164. Leichten wurden ebenfalls in den Untergangswirbel an der Einbruchsstelle hineingezogen.

Als der Morgen graute, entschloß sich Rommels Stellvertreter, General der Infanterie Stumme, nach vorn zu fahren.

»Nehmen Sie einen Begleitwagen und eine Funkstelle mit!« bat Oberst Westphal, der stellvertretende Chef des Stabes der Panzer-Armee Afrika, der für den in Urlaub befindlichen Oberst Bayerlein diese Position übernommen hatte.

Doch General Stumme verzichtete darauf. Er fuhr mit Oberst Büchting zum Gefechtsstand der 90. Leichten. Als beide Männer die Höhe 28 erreichten, wurden sie von Feindpak und mit MG beschossen. Oberst Büchting, Armeenachrichtenführer, fiel durch Kopfschuß. General Stumme erlag einem Herzschlag. Den Oberbefehl über die Panzer-Armee Afrika übernahm bis zu Rommels Rückkehr General Ritter von Thoma.

Oberst Westphal hatte bereits die erste Lagemeldung an das Oberkommando des Heeres abgesetzt. Er erhielt wenig später aus dem Führerhauptquartier einen Funkspruch mit der Frage, um was es sich handele, und antwortete: »Die lange erwartete britische Großoffensive hat begonnen. Rückkehr von Generalfeldmarschall Rommel notwendig.«

Rommel wurde in seinem Kuraufenthalt sofort von Feldmarschall Kesselring angerufen. Zweimal rief Hitler an, der Rommel beim zweiten Anruf bat, sofort nach Afrika zu fliegen. Rommel hatte dafür bereits alles vorbereiten lassen. Er wußte, was ihn dort erwartete, und er hat dies in seinen persönlichen Aufzeichnungen festgehalten: »Ich wußte, daß ich in Afrika keine Lorbeeren mehr ernten würde, denn ich hatte durch meine Offiziere erfahren, daß das geforderte Mindestmaß an Versorgung bei weitem nicht erfüllt worden war. Wie sich bald aber zeigte, machte ich mir keine Vorstellung, *wie* schlecht die Lage in Afrika in bezug auf die Versorgung wirklich stand.

Als Rommel am 25. Oktober um 11.00 Uhr in Rom eintraf, orientierte ihn General Rintelen über die Lage in Afrika. Er flog sofort weiter und stand wenig später Oberst Westphal gegenüber, der ihm den Lagevortrag hielt.

Am 24. Oktober hatten die Truppen der 8. Armee ständig im Südabschnitt der Front angegriffen, wo die 15. Panzer-Division unter Generalleutnant van Vaerst stand. Die Kampfgruppe Süd führte Oberst Teege, der Kommandeur des Panzer-Regiments 8. Als hier der Gegner die Front der Italiener durchbrach, eröffnete die 1./PzArtRgt. 33 das Feuer. Oberleutnant Orth visierte die Feindpanzer persönlich an und leitete das Feuer seiner Batterie. Die ersten Feindpanzer brannten und blieben liegen. Als der Angriff stand, trat die I./PR 8 unter Hauptmann Stiefelmayer zum Gegenstoß an. Es gelang den deutschen Panzern, im überschlagenden Einsatz den Gegner in eines der breitflächigen Minenfelder zu drücken.

Binnen kurzer Zeit lagen hier 35 abgeschossene und auf Minen gerollte Panzer des Gegners brennend und zerschlagen fest. Der Durchbruchsversuch war gescheitert.

General Montgomery verlegte den Angriffsschwerpunkt nach Norden, nachdem die 15. Panzer-Division auch am 25. Oktober einen schweren britischen Panzerangriff abgewehrt und abermals über 30 Feindpanzer vernichtet hatte. Das Panzer-Regiment 8 aber verlor 88 Panzer in diesen zwei Tagen. Ein einziger weiterer Großangriff des Gegners hätte auch den Rest von 31 Panzern vernichten können.

Feldmarschall Rommel zog nun am frühen Morgen des 26. Oktober alle beweglichen Kräfte — außer der 21. Panzer-Division — im Nordabschnitt zusammen. Er wollte einen harten Gegenstoß starten. Als er durch die Funkaufklärung erfuhr, daß Montgomery alles an Kräften nach Norden warf, ließ auch Rommel die 21. Panzer-Division nach Norden marschieren und dirigierte die Hälfte der Artillerieverbände nach dem Nordabschnitt.

Durch diese blitzschnelle Reaktion gelang es ihm, das im Norden der Front klaffende Loch zu schließen. Am frühen Morgen des 28. Oktober griff im Norden die soeben eingetroffene 21. Panzer-Division, geführt von Generalmajor von Randow, über die dort noch haltenden Teile der 15. Panzer-Division hinweg an. Mit seinem Ia, Major i. G. von Heuduck, führte der Divisionskommandeur. Dicht hinter ihm rollten die Panzer des Panzer-Regiments 5, die von Oberstleutnant Mildebrath vertretungsweise geführt wurden. Mit dem Rest seiner Panzer schloß sich Oberst Teege dem Gegenstoß an.

Trotz des starken Pak- und Artilleriefeuers drang dieser Angriff durch. Im Duell mit dem Gegner wurden eine Reihe von Feindpanzern abgeschossen. Aber der neu zur Front gelangte

US-Panzer »Sherman« war an Kampfkraft den deutschen Kampfwagen überlegen.

In den nächsten Tagen wurden alle Verbände und Einheiten in den Abwehrkampf hineingezogen. Der Gegenangriff der 90. Leichten auf die verlorengegangene Höhe 28 drang nicht durch. Der Gegner hatte sich dort mit Pak, Artillerie und Panzern verstärkt. Die 15. und 21. Panzer-Division griffen mit der »Ariete« gemeinsam die britischen Stellungen zwischen den Minenfeldern L und J an. Am Abend des 28. Oktober wurde das DAK dort bei der Infanterie eingeschoben, wo diese hohe Verluste erlitten hatte.

Das GR 125 der 164. Leichten AD wurde nahezu vernichtet. Seine Reste konnten sich absetzen, als die 90. Leichte zu einem Entsatzangriff antrat.

Am 29. Oktober gruppierten die Briten um. Der Chef des britischen Nachrichtendienstes, E. T. Williams, hatte Montgomery Meldungen über die Verlagerung der gepanzerten Truppen der Deutschen nach Norden übergeben. Montgomery entschloß sich zu einem Täuschungsangriff im Norden. Er setzte jedoch die 2. Neuseeländische Division mit einem Schwenk nach Südwesten genau auf den Tel el Aqqaqir an, wo die »Littorio« stand. Die 51. Highland-Division griff südlich davon Teile der »Trieste« an. Der Tel el Eisa wurde hart südlich von der 9. Australischen Division umgangen.

Südlich der 51. Highland-Division schloß sich nach Osten zurückgesetzt die 1. Südafrikanische Division an. Gegenüber dem Deir el Shein mit den nördlich und südlich davon stehenden Divisionen »Bologna« und »Brescia« stand die 4. Indische Division, und am südlichsten Punkt der Front war die 50. Britische Division aufmarschiert, deren 151. Brigade jedoch den Neuseeländern zur Verstärkung beigegeben war.

Der 30. Oktober verging mit kleineren Scharmützeln und Gefechten. Die Fuka-Stellung wurde durch Stabsoffiziere erkundet, um den Plan einer Verteidigung bei Fuka zu untermauern.

In der Nacht zum 31. Oktober war die 21. Panzer-Division von Rommel aus der Front herausgelöst worden. Der Feldmarschall wollte wenigstens eine Panzer-Division als Reserve und zum beweglichen Einsatz zur Verfügung haben, um Einbrüche bereinigen zu können. Dafür sollte die Division »Trieste« in die Front eingeschoben werden.

Noch während dieser Umgruppierungen wurden die Stellungen des GR 125 im Nordabschnitt mit starkem Artilleriefeuer belegt. Südostwärts davon griff unmittelbar darauf die 9. Australische Division an und stieß dem GR 125 in die rechte Flanke. Gleichzeitig stießen starke Panzerkräfte hart nördlich der Höhe 28 nach Norden und erreichten die Küstenstraße. Dort stießen sie auf das GR 361 unter Oberstleutnant Panzenhagen.

Panzenhagen hielt mit seinen Männern diesen Einbruch auf und kämpfte die durchgebrochenen Feindpanzer nieder. Damit schuf er die Möglichkeit für Rommel, mit der AA 33, die Rommel persönlich führte, einen Gegenstoß zu unternehmen und dann die 21. Panzer-Division nachzuführen, die den Gegner zurückwarf.

Nunmehr fuhr Rommel nach Sidi Abd el Rahman. Ostwärts der Moschee richtete er seinen Gefechtsstand ein. Hier beauftragte er um 10.00 Uhr General Ritter von Thoma mit der Führung eines Gegenangriffs, der von der 21. Panzer-Division und Teilen der aus der Front herausgelösten 90. Leichten geführt werden sollte.

»Der Gegenangriff wird durch einen Stuka-Angriff und durch einen massierten Artillerie-Feuerschlag vorbereitet«, entschied der Oberbefehlshaber.

Um 12.00 Uhr kam der Angriff in Gang. Trotz des schweren feindlichen Artilleriefeuers und der Bombenangriffe der Wüsten-Luftwaffe gelang es im Kampf gegen starken Panzer- und Infanteriefeind die Verbindung zum GR 125 aufzunehmen, die beiden eingeschlossenen Bataillone zu entsetzen und den Gegner nach Süden bis über die Bahnlinie zurückzuwerfen.

Als Rommel am frühen Morgen des 1. November mit Ritter von Thoma, dem Kommandeur der 90. Leichten, Generalmajor Graf Sponeck, und dem Chef des Generalstabes der Panzer-Armee, Oberst Bayerlein, auf der Höhe 16 stand, erkannte er im Gelände des Bahnhofes etwa 47 abgeschossene Feindpanzer. Am Bahnhof flatterte eine Rotkreuz-Fahne, und die eigene Artillerie hatte das Feuer eingestellt, um dort die Bergung der Verwundeten zu ermöglichen.

Der Gegner verfügte immer noch über rund 800 Panzer, die er nun zu seinem entscheidenden Unternehmen »Supercharge« aufmarschieren ließ. Ihnen standen 90 deutsche und 140 italienische Panzer gegenüber.

In völliger Verkennung der Tatsachen hatte der Generalstabschef der italienischen Wehrmacht, Graf Cavallero, in einem

Funkspruch die Glückwünsche des Duce zur gelungenen Abwehrschlacht übermittelt und zum siegreichen Abschluß der Kämpfe aufgefordert.

Der englische Großangriff »Supercharge« brach in der Nacht zum 2. November 1942 los. Drei Stunden dauerte das Artilleriefeuer. Nachtbomberangriffe mit allen verfügbaren Maschinen folgten. Dann traten alle einsatzbereiten Divisionen an.

Beim GR 200 beiderseits der Höhe 28 stieß die britische Panzerstreitmacht durch und kam weit nach Westen, ehe auch die Reserven der 90. Leichten eingesetzt wurden, die diesen Durchbruch zum Stehen brachten.

Die massierten britischen Panzerverbände, die mit über 400 Kampfwagen südwestlich der Höhe 28 durchbrachen, überwanden die Front der 15. Panzer-Division und erreichten schon nach Tagesanbruch die Telegrafenpiste.

Das DAK trat am Vormittag zum Gegenangriff an. Von den beiden Panzer-Divisionen wurden Erfolge erzielt, die jedoch mit dem Verlust vieler Panzer bezahlt wurden, dennoch gelang es, eine vier Kilometer breite Einbruchsstelle, in welche der Gegner nach seinen Panzern nicht weniger als 15 Artillerie-Regimenter hineinschleuste, abzuriegeln.

Alle Artillerie und die Flak schossen mit Schnellfeuer, ohne auf die knappe Munitionslage zu achten.

Die 21. Panzer-Division von Norden und die 15. Panzer-Division von Süden konnten noch einmal den Stillstand dieser stählernen Vernichtungslawine erreichen.

Am Abend dieses verlustreichen 2. November aber schob der Gegner seine Panzer aus der zweiten Linie nach vorn. 400 neue Panzer schoben sich an die Front. Ihnen standen noch 35 einsatzbereite Panzer des DAK gegenüber.

Nun war für Feldmarschall Rommel der Augenblick gekommen, den Rückzug anzutreten. Die Panzer-Armee Afrika war zerschlagen, und jeder weitere Tag des Widerstandes würde unter Umständen das völlige Ende bedeuten.

Am Morgen des 3. November 1942 befahl Feldmarschall Rommel, den Rückzug anzutreten. Hitler aber befahl am Mittag dieses Tages der Panzer-Armee Afrika, den Kampf bis zum bitteren Ende fortzusetzen.

»Siegen oder sterben!« lautete die Formel.

Rommel zögerte nun mit dem Rückzug. Als aber am 4. November Feldmarschall Kesselring auf dem Gefechtsstand der

Panzer-Armee Afrika erschien, stimmte dieser nach eingehender Beratung mit Rommel und dem Ia der Panzer-Armee, Westphal, darin überein, daß Hitlers Haltebefehl vom Vortag undurchführbar sei. Rommel und Kesselring meldeten dies gleichzeitig dem OKW. Anschließend fuhr Rommel zum Gefechtsstand des DAK und befahl das Ausweichen der deutsch-italienischen Panzer-Armee auf die Fuka-Linie.

Der Rückzug begann. Mitten in die Absetzbewegungen hinein ging der letzte Funkspruch der Division »Ariete« ein. Er lautete folgendermaßen: »Feindliche Panzer südlich der ›Ariete‹ durchgestoßen. Damit ist die Division umfaßt. Sie befindet sich etwa fünf Kilometer nordwestlich Bir el Abd. Panzer der ›Ariete‹ kämpfen bis zum Ende.«

Am Abend des 4. November waren die Divisionen des XX. Italienischen Korps (mot.) vernichtet. Den Briten war es damit gelungen, eine 20 Kilometer breite Bresche in die Abwehrlinien zu schlagen.

Auf breiter Front ging in der Nacht zum 5. November der Rückzug in die 100 Kilometer zurückliegende Fuka-Linie weiter. Er wurde zu einem Todesrennen gegen britische Panzer und Nachtbomber. Am frühen Morgen des 5. November hatte der Stab der Panzer-Armee Afrika die Drahthindernisse des Flugplatzes von Fuka erreicht. Im Verlauf dieses Tages traf auch der Großteil des DAK, der 90. Leichten und Reste des XX. Italienischen Korps (mot.) hier ein.

Die Nachhuten des DAK kämpften verzweifelt gegen die scharf nachdrängenden 200 britischen Panzer, denen weitere 200 Schützenpanzer folgten.

Für einen Tag konnte gehalten werden. Dies gab einer Reihe von Einheiten und Verbänden die Chance des Entkommens, so auch der Brigade Ramcke, die auf der südlichen Flanke der Alamein-Front in der Quattara-Senke zurückgelassen werden mußte, weil sie nicht mehr motorisiert war.

Generalmajor Ramcke hatte bereits am 2. November den ersten Funkspruch erhalten, sich vom Feind zu lösen und zwischen Duweir el Tarfa- und dem Deir el Quatani-Minenriegel neue Stellungen zu beziehen. Im Fußmarsch verlegten die Fallschirmjäger in den 30 Kilometer entfernten Raum. Als hier am Abend ein erneuter Befehl zur Umgruppierung eintraf und der Brigade befahl, sich vom Gegner abzusetzen und westlich von Fuka neue Stellungen zu beziehen, begann eine unvergleichliche Odyssee.

Hundert Kilometer Luftlinie waren zu überwinden, ohne Fahrzeuge und durch unwegsame Wüste, immer eines Luftüberfalls der Wüsten-Luftwaffe gewärtig. Die Brigade schien der Vernichtung anheimgegeben.

Als die Brigade Ramcke sich absetzte, griff der Gegner an, um sie in der Bewegung zu kassieren. Die zurückgebliebene Panzerjäger-Abteilung schoß die nachfolgenden Panzer ab und schuf etwas Luft.

Im Befehlswagen fuhr Generalmajor Ramcke mit dem Ia, Major Kroh, Major Fenski und Oberleutnant Wetter zur Erkundung voraus. Auf einem Plateau stießen sie auf ein britisches Panzer-Regiment. Sie dirigierten die Brigade nach Süden in die Wüste hinein. Hier wurde sie am anderen Morgen von britischen Aufklärern gesichtet. Eine Stunde später griffen Panzer an, um abermals von den Panzerjägern abgeschossen zu werden. Auf der gesamten Länge des Marschweges dieses Tages wurden vorprellende Feindpanzer abgeschossen und blieben als Rauchmarkierungen liegen.

In der Nacht des 5. zum 6. Dezember stießen die Brigade-Einheiten auf eine lange, rastende britische Fahrzeugkolonne.

»Kleine Kampftrupps bilden und heranschleichen. Gleichzeitige Überrumplung des Gegners«, befahl Ramcke.

Sie schlichen heran, jeder Trupp nahm sich einen Lastwagen oder Jeep vor. Dann peitschte der Abschuß des Leuchtsignals, und alle sprangen gleichzeitig auf und stürmten die Wagen.

Der Gegner war völlig überrascht. Er wurde einfach in der Wüste zurückgelassen. In den Wagen, mit denen die Fallschirmjäger der Brigade Ramcke in Richtung Fuka rollten, befanden sich Munition, Wasser und Verpflegung.

Als sie am Morgen des 7. November auf eine deutsche Aufklärungs-Abteilung stießen, hatten sie es geschafft. Ramcke meldete sich während der Befehlsausgabe Rommels bei seinem Oberbefehlshaber mit den Worten: »He leevet noch!«

Rommel hatte inzwischen Fazit ziehen lassen. Von den drei italienischen Armeekorps war nur das X. aus der Hölle entkommen und befand sich auf dem Rückmarsch südlich Fuka. Das XX. und XXI. AK waren teils vernichtet und teils auf dem Rückzug gefangen genommen worden.

Die zu Kampfgruppen zusammengeschmolzenen Divisionen des DAK und die 90. Leichte, die ebenfalls dezimiert war, besaßen dennoch eine gewisse Kampfkraft. Das Panzergrenadier-

Regiment »Afrika«, einige ad hoc zusammengestellte Kampfgruppen und Teile der 164. Leichten AD waren noch intakt.

Während die 15. Panzer-Division und die 90. Leichte am 7. November den zur Verteidigung befohlenen Raum südwestlich Fuka erreichten, war die 21. Panzer-Division südwestlich von Quasaba liegengeblieben, weil sie keinen Kraftstoff mehr hatte. Sie mußte sich in dem erreichten Raum einigeln.

Gegen diesen Abwehrriegel rollten 60 Feindpanzer an, um der 21. Panzer-Division »den Rest zu geben«. Mit letztem Einsatz wurde der Gegner aufgehalten, und als der Kampf auf des Messers Schneide stand, rollte Hauptmann Voß, bis vor kurzem noch Rommels Ordonnanzoffizier, nun aber Chef der AA 580 und Führer der aus Fuka zurückrollenden Nachhuten, diesem Verband in den Rücken. Der Feindverband wurde vernichtend geschlagen. Der Großteil seiner Panzer blieb zerschrottet liegen.

Eine der wichtigsten Hilfen aber wurde der Panzer-Armee Afrika aus dem Lande selbst zuteil, als es am 6. November zu regnen begann. Der Regen dauerte 48 Stunden an. Diese gewaltigen Regenfälle bedeuteten selbstverständlich auch für die Panzer-Armee eine Behinderung, aber sie war auf der Flucht. Die britischen Verbände hingegen blieben einfach stehen und warteten diese Sintflut ab.

Die Treibstoffsituation der Panzer-Armee war verheerend geworden. Zwar waren am 4. November 5000 Tonnen Benzin und Treiböl in Bengasi angekommen, aber sie kamen nicht zur Front.

Mühsam wurstelten sich die Achsenstreitkräfte nach Westen durch. Sie erreichten mit den Spitzengruppen bereits den Halfaya-Paß und Sollum.

Am Nachmittag des 7. November mußte die 21. Panzer-Division ihre noch einsatzbereiten Panzer sprengen. Die gesamte Panzer-Armee Afrika verfügte noch über vier Panzer.

Als es dem Gegner gelang, mit Panzern südlich an Marsa Matruk vorbeizustoßen, gingen die Achsenstreitkräfte auf Sidi Barrani zurück. Die 90. Leichte kämpfte mit dem Mut der Verzweiflung als Nachhut.

Am Morgen des 8. November 1942 empfing die Funkstelle des Armeeoberkommandos einige Funksprüche und Nachrichten über ein Geschehnis, das der Armee nun wie ein Alptraum im Nacken sitzen sollte.

Die Alliierten waren in Westafrika an drei Punkten gelandet. Im Gefechtsstand des DAK sagte Rommel zu Oberst Bayerlein:

Übersichtskarte Tunesien

»Der Feldzug ist verloren, Bayerlein. Afrika ist verloren. Wenn man das in Rastenburg und Rom nicht rechtzeitig einsieht und Maßnahmen zur Rettung meiner Soldaten trifft, dann wird eine der tapfersten Armeen in die Gefangenschaft wandern. Wer wird dann aber Italien gegen eine anschließend drohende Invasion verteidigen?«

Rommel bat, nachdem der gesamte Umfang der Feindlandungen bei Casablanca, Oran und Algier bekannt geworden war, daß Marschall Cavallero und Feldmarschall Kesselring nach Afrika kommen möchten. Er wollte ihnen einen Bericht darüber geben, was hier geschehen war und ihren Bericht erwarten, wie man Tunesien verteidigen und außerdem die Panzer-Armee, mit der er bis Marsa Matruk zurückweichen wollte, versorgen könne. Er schreibt darüber in seinem Tagebuch: »Weder Cavallero noch Kesselring kamen nach Afrika. Deshalb entschloß ich mich, Hptm. Berndt am nächsten Tage ins Führerhauptquartier zu schicken, um dort unsere Lage vortragen zu lassen.«

Während bereits die Invasion rollte und sich rund 105 000 alliierte Soldaten aus den Anlandehäfen Tunis näherten, während man kompanieweise Soldaten nach Tunis schickte, um das schlimmste zu verhindern und der weichenden Panzer-Armee Afrika den Rücken freizuhalten, jagten britische Panzer die zurückweichenden deutschen Kolonnen.

Marsa el Brega wurde erreicht, und am 23. November war das Gros in El Agheila angekommen. El Agheila sollte gehalten werden. Doch es ging weiter zurück. Rommel hatte einen gutdurchdachten Vorschlag gemacht. Er hatte bei verschiedenen folgenden Besprechungen mit Bastico, Cavallero und Kesselring die Gabes-Schlucht (zwischen der Küste und den südlichen Salzseen) als zu haltende Auffanglinie vorgeschlagen. Die Flanken dieser Stellung waren geschützt. Sie war nicht sehr breit und konnte mit den geringen Kräften, die den Rückzug überstanden hatten, besetzt werden.

Während Montgomery nunmehr über den langen Nachschubweg versorgt und wieder aufgefüllt werden mußte, konnte die Panzer-Armee wesentlich verstärkt werden. Dann würde sie nach Westen Front machen und Eisenhowers Stellungen in Tunesien angreifen und vernichten. Danach würde die Panzer-Armee Afrika kehrt machen, sich umgruppieren und Montgomery zurückwerfen.

(Der Militärhistoriker Ronals Lewin hat in seinem Werk über

Rommel darüber geurteilt: »Unter den gegebenen Umständen wäre dies die beste strategische Lösung für Rommel gewesen, wenn man ihm ihre Durchführung gestattet hätte.«)

Rommel war seit dem 22. November 1942 wieder General-oberst Bastico unterstellt, der den Verbindungsstab Superlibya übernommen hatte und sich nun »Delegazione del Comando Supremo in Africa Settentrionale« nannte. Rommel, der er-kannte, daß er weder bei den Italienern in Afrika etwas errei-chen konnte noch durch seine dringenden Funksprüche nach Deutschland, entschloß sich, nach Deutschland zu fliegen.

Er traf am Nachmittag des 28. November im Führerhaupt-quartier Rastenburg ein.

Als Hitler Rommel empfing, schilderte Rommel freimütig die Lage. Aber Hitler wollte keine Fakten hören. Er warf Rommel vor, seine Soldaten hätten ihre Waffen weggeworfen und seien feige geflohen. Rommel war entsetzt. Dieses Entsetzen ist in den Zeilen zu lesen, die er seinem Tagebuch anvertraute: »Mir wurde klar, daß Adolf Hitler die wahren Verhältnisse nicht sehen wollte und sich gefühlsmäßig gegen das wehrte, was der Verstand ihm sagen mußte.«

Der Rückzug bis Tripolis folgte.

Operation »Torch« - Landung in Nordwestafrika

Bereits am 24. Juli 1942 hatten die Westalliierten die Besetzung von Nordwestafrika beschlossen. Unter dem Codenamen »Operation Torch-Fackel« sollte Tunesien besetzt werden. Dadurch hoffte man Malta entscheidend entlasten zu können.

Drei Landungspunkte wurden festgelegt: Casablanca, Oran und Algier.

Die Truppen für Casablanca unter Führung von General Patton bestanden aus einer Panzer-, einer Infanterie-Division und einem Kampfkommando der 2. US-Panzer-Division in Stärke von insgesamt 35 000 Mann.

Die mittlere Einsatzgruppe unter Generalmajor Fredenhall war mit einer Gesamtstärke von 39 000 Mann für die Landung in Oran vorgesehen, und die Eastern Task Force unter Generalmajor C. W. Ryder hatte Auftrag erhalten, mit 33 000 Mann Algier zu besetzen. Allerdings würde unmittelbar nach Einnahme von Algier der britische General Anderson, Oberbefehlshaber der 1. Britischen Armee, diese wichtigste Gruppe übernehmen, die den Auftrag erhielt, so rasch wie möglich mit ihren schnellen Verbänden nach Tunis vorzustoßen und die Stadt in Besitz zu nehmen.

In den ersten Oktobertagen begann die Verschiffung dieser Streitmacht von England nach Gibraltar. Bis zum 1. November folgten noch vier weitere Großkonvois nach, die die Angriffsstreitkräfte an Bord hatten. Die Kriegsschiffe — insgesamt 160 Einheiten aller Größen — verließen Ende Oktober Scapa Flow.

Die US-Kriegsschiffe und die Konvois gingen zwischen dem 23. und 28. Oktober in den USA-Häfen ankerauf.

General Eisenhower flog am 5. November von England aus mit seinem Gesamtstab in fünf Fliegenden Festungen nach Gibraltar.

Am Abend des 6. November 1942 erreichten die ersten Konvois die nordwestafrikanischen Küstengewässer. Die Landungen begannen.

Die südlichste Angriffsgruppe landete am 8. November um

04.00 Uhr bei Safi an der Küste. Alle Einheiten gelangten trotz des französischen Widerstandes an Land. Der Widerstand konnte an einigen Stellen allerdings erst am Abend des 9. November gebrochen werden.

Bei Algier verlief die Landungsoperation reibungslos, weil der hier stationierte französische General Mast von dem US-Gesandten Murphy vorher beeinflußt worden war. Der französische Befehlshaber in Algier, General Juin, sympathisierte ebenfalls mit den Alliierten.

In Oran allerdings leisteten die französischen Truppen auch nach der Landung der anglo-amerikanischen Streitkräfte Widerstand. Bis zum 10. November wurde hier mit erbitterter Heftigkeit gekämpft.

Die Landungen, hier in knapper Form dargestellt, ließen in Deutschland alle Nachrichtenverbindungen heißlaufen. Hitler ließ sich sofort mit dem Oberbefehlshaber Süd, Generalfeldmarschall Kesselring, verbinden und bestürmte ihn, alles, was er an Truppen zur Verfügung habe, nach Tunis zu werfen.

Es waren zwei Bataillone des Fallschirmjäger-Regiments 5 und die Stabskompanie des Oberbefehlshabers Süd.

Die deutschen U-Boote waren sowohl am Westausgang des Mittelmeers als auch im Mittelmeer selbst am 8. November morgens auf die Geleitzüge angesetzt worden. Sie errangen einige aufsehenerregende Erfolge, ohne allerdings das Blatt wenden zu können.

Am 9. November erteilte Hitler Feldmarschall Kesselring freie Hand gegen Tunesien. Der Wehrmachtsführungsstab holte bei Marschall Pétain die Genehmigung zur Landung deutscher Truppen in Tunesien ein.

So kam es, daß erst ab dem 11. November die ersten deutschen Fallschirmjäger des FJR 5 unter Oberstleutnant Koch und Teile des Wach-Bataillons Kesselring mit einigen Jagdflugzeugen und Stukas nach Tunis übergeführt wurden.

Generalfeldmarschall Kesselring war eines klar: Er mußte dem gelandeten und nun wie eine Panzerlawine nach Osten vordringenden Gegner so rasch wie möglich starke deutsche Verbände entgegenstellen. Tat man dies nicht, gelang es dieser über 100 000 Mann starken Streitmacht, ungehindert in den Rücken der Panzer-Armee Afrika zu stoßen, war diese verloren. Durch diese Fakten waren die taktischen deutschen Forderungen vorgezeichnet. Sie lauteten: »Verzögerung der alliierten Landeoperationen. Sicherung von Tunis, Vorschieben eigener Truppen nach Westen und Süden zum Aufbau eines starken Brückenkopfes Tunesien.«

General der Panzertruppe Walter K. Nehring, der von seiner Verwundung am 31. August genesen war, wurde mit der Aufstellung des XC. Armee-Korps beauftragt, das in Tunesien führen sollte.

Mit seinem Ia, Major i. G. Moll, nahm er sofort die Arbeit auf. Ihm standen zunächst die Kompanie Sauer, das Feld-Bataillon Tunis und die ersten Teile des FJR 5 zur Verfügung. Bis zum 15. November war das Gros dieses Regiments nach Tunis übergeführt. Die Gruppen Schirmer und Sauer besetzten die Sicherungsabschnitte Tunis-West und Tunis-Süd. Das III./FJR 5 unter Hauptmann Knoche wurde der Gruppe Tunis-West zugeführt. Unter Führung von Hauptmann Jungwirt war das I./FJR 5 am 15. November auf dem Flugplatz La Marsa bei Tunis gelandet. Am folgenden Tag fiel der Regimentsstab mit dem Kommandeur, Oberstleutnant Koch, dort ein.

Bis zum Abend dieses Tages standen General Nehring in Tunesien folgende Verbände und Einheiten zur Verfügung:

1. Das FJR 5, Oberstleutnant Koch;
2. das Korps-Fallschirm-Pionier-Bataillon, Major Witzig;
3. ein deutsches Marsch-Bataillon;
4. eine Batterie 8,8-cm-Flak mit vier Geschützen;
5. eine Panzerspäh-Kompanie, Oberleutnant Kahle;
6. ein italienischer Admiral mit zwei Bataillonen Marine-Infanterie im Raum Bizerta;
7. zwei Bataillone der Division »Superga« im Raum Pont du Fahs.

Der Führungsstab Nehrings bestand aus dem Ia. Major i. G. Moll, Major i. G. Hinkelbein von der Luftwaffe und Oberleutnant Sell als Begleitoffizier.

Nach einigen Tagen trafen noch Major von Seubert als Adjutant und Oberleutnant Theil als 01 ein. Der Chef des Korpsstabes, Oberst i. G. Pomtow, befand sich noch als Ia einer Panzer-Division im Kaukasus.

Als Verbindungsoffizier zu den italienischen Truppen fungierte Oberstleutnant Broccoli. Der Auftrag, den Feldmarschall Kesselring dem Kommandierenden General in Tunis gab, lautete: »Sofortiges Vorgehen bis zur tunesisch-algerischen Grenze. Erreichen der westlichen Berghänge des Landes zur Schaffung günstiger Verteidigungsmöglichkeiten und eines tiefen Brückenkopfes.«

Inzwischen war die 78. Britische Infanterie-Division, die Befehl hatte, auf Bizerta vorzugehen, ostwärts Abiod am Djebel gleichen Namens auf die Fallschirm-Pioniere unter Major Witzig gestoßen. Über 48 Stunden hielten Witzig und seine Männer die gesamte 78. ID auf. Die schweren Waffen der Division »Superga« unterstützten die Abwehr, und auch die Luftwaffe griff ein, um das Bataillon zu entlasten.

Zur gleichen Zeit griffen englische Fallschirmjäger, die am 15. November bei Souk el Arba abgesprungen waren — durch eine Kampfgruppe unterstützt (die Blade Force) —, Qued Zarga an und nahmen die halbwegs zwischen Béja und Medjez el Bab gelegene Ortschaft in Besitz. Es war das I. Bataillon der Fallschirm-Brigade 1, Oberstleutnant Hill.

Die Blade Force war eine in Algier nach der Landung ad hoc aufgestellte Kampfgruppe unter Oberst Dick Hull. Sie war mit 25 Panzern ausgerüstet und als schneller Stoßkeil gedacht.

Von ihren Stellungen am Djebel Abiod mußten sich Witzigs Pioniere in den Raum Jefna zurückziehen. Im Jefna-Tunnel bezogen sie eine ausgezeichnete Verteidigungsstellung.

Die 78. ID aber unter Generalmajor Evelegh wurde nach Süden, in den Raum Medjez el Bab, abgedreht. Medjez el Bab, auch heute der Schlüssel zum Tor nach Tunis, sollte genommen werden.

Da dieser Punkt Tunesiens zum Dreh- und Angelpunkt zu werden drohte, ließ General Nehring das III./FJR 5 unter Hauptmann Wilhelm Knoche am 19. November — mit Stuka-Unterstützung — auf Medjez el Bab angreifen.

In der Zwischenzeit waren Stoßtrupps aus Einheiten des FJR 5 auch im Süden Tunesiens angesetzt worden, um die wichtigsten Städte handstreichartig in Besitz zu nehmen. So startete Leutnant Kempa mit seinem Zug nach Gabes, doch sie wurden dort mit einem Feuerhagel empfangen. Erst mit den Luftlandetruppen, die am Morgen des 18. November landeten, konnte Gabes von den Franzosen — die nunmehr Fersengeld gaben — genommen werden.

Als 48 Stunden später die ersten US-Panzer vor Gabes erschienen, wurden sie von den Fallschirmjägern abgeschmiert. Zwei Bataillone der »Brigade L« unter General Imperiali hatten inzwischen die Fallschirmjäger verstärkt.

Im Raum Medjez el Bab stellten sich die Fallschirmjäger unter Hauptmann Knoche bereit. Jenseits des Medjerda und diesseits des Flusses lag neben den Franzosen ein Regiment der 78. Britischen Infanterie-Division mit leichten Panzern und Straßenpanzern.

Am Morgen des 19. November kamen zuerst zwei einzelne Me 109, die den Medjerda überflogen und von der britischen Flak beschossen wurden. Die zugesagten Stukas kamen zwei Stunden später. Es waren ganze zwölf Maschinen. Sie beschossen vor allem die französischen Stellungen diesseits des Medjerda und stürzten sich mit eingeschalteten Sirenen auf die erkannten Feindstellungen.

Dann griffen Knoches Fallschirmjäger an, eroberten den gesamten Stadtteil ostwärts des Medjerda und stießen bis zur Medjerda-Brücke vor. Hier wurden sie von dem pausenlosen Artilleriefeuer der 78. ID gestoppt. Schwere MG bestrichen die Brücke derart, daß nicht einmal eine Maus hinüberkommen konnte.

Ein Stoßtrupp, von Oberleutnant Bundt geführt, ging weiter flußabwärts über den Medjerda und drang in den Westteil der Stadt ein. In einem verzweifelten Gefecht wurde dieser Stoßtrupp bis auf wenige Männer aufgerieben. Oberleutnant Bundt fiel durch Mundschuß. Vier Überlebende krochen zum Medjerda zurück, durchschwammen ihn und meldeten Hauptmann Knoche.

Als am Nachmittag die italienischen Verstärkungen herangekommen waren, traf kurz darauf auch Oberstleutnant Koch beim III. Bataillon seines Regiments ein. Aus Tunis hatte er auf einem Lastwagen Sprengmittel mitgebracht. Er hatte einen Plan. Wie er seinerzeit, am 1. Mai 1940, das beherrschende Sperrfort Eben Emael aus der Luft genommen hatte, so wollte er es auch hier mit einem Handstreich versuchen.

Er ließ zehn Stoßtrupps bilden, die mit MPi, Hafthohlladungen und jeder Menge Sprengmitteln beladen um 00.00 Uhr antraten. Sie gingen an den vorher erkundeten Stellen beiderseits der Madjerda-Brücke durch den Fluß, erreichten ihre Ziele und zündeten gleichzeitig ihre Sprengmittel. Es war 01.07 Uhr, als auf die Sekunde genau an zehn Stellen in der Stadt die Sprengmittel detonierten. Gleichzeitig feuerten alle noch auf dem Ostufer befindlichen Einheiten, und die Stoßtrupps warfen geballte Ladungen und schossen aus ihren MPi.

Depots, Postenstellungen, Quartiere flogen in die Luft. Im Morgengrauen setzte sich der Gegner fluchtartig aus Medjez el Bab ab.

Hauptmann Schirmer, der als Ablösung von Hauptmann Knoche, der seit 96 Stunden ohne Schlaf war, nach vorn kam, verfolgte den weichenden Gegner bis Oued Zarga. Dann kehrte er, einem Regimentsbefehl folgend, nach Medjez el Bab zurück.

Inzwischen waren nach Gabes auch die Städte Sousse und Sfax im Handstreich gewonnen worden. Im Lufttransport wurden weitere Kräfte nach diesen Städten in Marsch gesetzt, um die Straße nach Tripolis offen zu halten.

In der Nacht des 21. November trafen die ersten Teile der aus Frankreich in Marsch gesetzten 10. Panzer-Division unter Generalmajor Fischer in Tunis ein. Sie wurden im Raum Tebourba—Djedeida eingesetzt. Die dort liegenden Fallschirmjäger der Kampfgruppe Knoche konnten in den Raum Medjez el Bab—El Aroussa geworfen werden. Als hier am Nachmittag des 21. November die ersten US-Panzer eintrafen, wurden sie von der Kampfgruppe Knoche im Zusammenwirken mit der 14./IR 104 und dem vorhandenen Flak-Kampftrupp aufgehalten und geworfen. Ein Teil der Panzer blieb brennend auf der Plaine liegen.

Als Feldmarschall Kesselring am 19. November in Tunis eintraf, konnte General Nehring ihm das Herankommen weiterer Kleinverbände melden. Aber Nehring wies auch und vor allem darauf hin, daß eine Front von 500 Kilometer Ausdehnung kampfkräftige Verbände und schwere Waffen und Panzer benötigte.

Die italienische Division »Superga« war inzwischen in erstaunlich kurzer Zeit nach Afrika geschafft worden. Sie stand im Raum Mateur abwehrbereit. Ihre Reste trafen an diesem 19. November im Hafen von Bizerta ein. Divisionsgeneral Lorenzelli, der gleichzeitig auf dem Flugfeld von La Marsa landete, teilte die Division sofort in Kampfgruppen auf und setzte daneben mit dem Gros einen Vorstoß aus Mateur auf Sidi bu Acid und Sidi Belkai an. Der Angriff gelang, und die Division »Superga« sperrte nunmehr die wichtigsten Straßenknotenpunkte.

Am 23. November war General Eisenhower in Algier eingetroffen. Im Hauptquartier der Alliierten Streitkräfte befanden sich in dem Augenblick seiner Ankunft die Generale Clark und Oliver in Verhandlungen. Es ging darum, wer mit den Einheiten der Kampfgruppe B, Brigadegeneral Robinett, vorstoßen sollte.

Eisenhower genehmigte diesen Vorstoß, und in den folgenden 48 Stunden rollten Teile der 1. US-Panzer-Division unter Colonel Waters mit der Blade Force unter Colonel Hull in Richtung Tebourba. Nach einem Gefecht mit den Fallschirmjägern des Regiments Barenthin drehten sie auf Djedeida ab. Dort hatte ein Spähtrupp unter Lieutenant Hoker den deutschen Feldflugplatz ohne Schutz gefunden.

Es waren die 2-cm-FlaMW, die am Flugplatzrand den Vorstoß der Feindpanzer zu stoppen versuchten und diesen Versuch mit der eigenen Vernichtung bezahlten. Die deutschen Maschinen, darunter auch Me 109 und Ju 52, wurden von den Panzern zusammengeschossen. Es waren 14 Me 109 und 24 Ju 52, die hier als rauchende Wahrzeichen eines vernichtenden Feuerschlages liegenblieben.

Als die Panzer weiter in Richtung auf Tunis vorstießen, trafen sie 15 Kilometer vor der Stadt auf zwei 8,8-cm-Flak, die von General Nehring persönlich hierher dirigiert worden waren. Beide Flak vernichteten binnen zweier Minuten sechs Feindpanzer. Der Rest der Panzerkampfgruppe drehte und rollte nach Djedeida zurück. Zwei Flak hatten den Fall von Tunis verhindert.

Am Morgen des 25. November griff die 78. ID von Oued Zarga aus ein zweitesmal auf Medjez el Bab an. Diesem Angriff schlossen sich Teile der 1. US-Panzer-Division an. Hinzu kam das Kampfkommando B, Brigadegeneral Robinett.

Oberstleutnant Koch mußte kämpfend Medjez el Bab freigeben. Er zog sich bis Massicault zurück und ließ hier Stellungen beziehen.

Während der Kämpfe des 27. und 28. November bei Tebourba verloren die Alliierten eine Reihe von Panzern.

Das britische II./Fallschirmjäger-Regiment 6 unter Major Frost sprang in Stärke von 1000 Mann am frühen Nachmittag bei Depienne. Es startete um 12.30 Uhr und konnte ungehindert springen, da kein einziger deutscher Soldat hier in der Nähe war. Nachdem der Verband gesammelt hatte, marschierte er in Richtung Oudna, wo der deutsche Feldflugplatz lag, den sie im Handstreich nehmen sollten. Unterwegs erfuhren sie jedoch, daß die Deutschen den Platz verlassen hätten.

In den nächsten zwei Tagen wurde das Bataillon, das sich nun zu den eigenen Linien durchschlagen wollte, mehrfach von den deutschen Fallschirmjägern des Regiments 5 angegriffen und mehr und mehr zerschlagen. Bis zum 2. Dezember waren 16 Offiziere und 250 Männer gefallen. Captain Richard Spender gab seinen Gefühlen Ausdruck, als er schrieb: »Schweigen senkte sich über das Medjerda-Tal, wo so viele meiner Kameraden sinnlos verblutet waren.«

Die Schlacht um Tebourba

Ende November war die Lage im Brückenkopf Tunis alles andere als gefestigt. Zwar waren Teile der 10. Panzer-Division inzwischen eingetroffen und hatten sich zwischen Tunis und Bizerta versammelt, doch die Lage war noch immer — gemessen an den Feindkräften — katastrophal.

General Nehring hatte am 30. November eine neue Befehlsgliederung in Kraft gesetzt, nach welcher im Nordabschnitt Oberst Freiherr von Broich führte. Der Westabschnitt war von Generalmajor Fischer übernommen worden. Im Abschnitt Süd führte Divisionsgeneral Lorenzelli. Nördlich Tunis stand Generalmajor Neuffers 20. Flak-Division an der Küste, und auch die Festung Bizerta wurde von ihm besetzt.

Da die Absicht des Gegners, aus dem Raum Tebourba heraus anzugreifen und Tunis zu erobern, deutlich wurde und da sein zweiter Stoßkeil von Mateur aus auf Bizerta zielte, versuchte General Nehring, ihm zuvorzukommen und ihn vor dem Sammeln seiner Kräfte zu schlagen. Am 30. November gab er den Befehl: »Der Feind ist im Raum Tebourba anzugreifen und zu vernichten!«

Er setzte das FJR 5, das er zu diesem Zweck aus dem Raum Medjez el Bab herauszog, über El Bathan im Rücken des Gegners ein. Wenn dies gelang, waren die bei Tebourba stehenden Feindkräfte eingekreist.

Generalmajor Fischer übernahm in der Front den Gesamtbefehl. Mit seiner 10. Panzer-Division sollte er von Norden und Nordosten angreifen. Die erste Tiger-Kompanie der schweren Panzer-Abteilung 501 unter Hauptmann Baron Nolde und zwei Marsch-Bataillone wurden aus dem Raum Djedeida angesetzt. Die Kampfgruppe Lueder, geführt vom Kommandeur dieser schweren Panzer-Abteilung 501, bestand aus zwei Panzerkompanien der Panzer-Abteilung 190 und einer Kradschützen-Kompanie der 10. Panzer-Division, die von Oberleutnant Pschorr geführt wurde. Diese Kampfgruppe sollte direkt auf Tebourba angreifen.

Der bereits am 27. November erfolgende Angriff eröffnete die Schlacht um Tebourba. Er blieb im Abwehrfeuer der Feindpak und der wenigen Panzer liegen. Acht deutsche Panzer gingen in Flammen auf.

Die Kampfgruppe Lueder, die durch die Kompanie Panzergrenadiere unter Hauptmann Pomme verstärkt worden war, stellte sich nunmehr auf den Höhen nördlich Chouigui bereit.

Am frühen Morgen des 1. Dezember 1942 begann der Angriff. Das Panzer-Regiment 7 der 10. Panzer-Division übernahm die Spitze. Alles andere schloß sich an. In diesen Stunden des 1. Dezember 1942 blieben in ganz Tunis 30 Soldaten zurück.

In Tebourba selbst hielt sich im Zentrum noch immer eine Kompanie des Regiments Barenthin und der Regiments-Pionierzug. Das Kampfkommando B hatte es nicht geschafft, auch diese Bastion noch zu kassieren.

Der Angriff drang rasch durch. Bis zum ersten Büchsenlicht des 2. Dezember waren die Angreifer bis auf einen Kilometer an die Stadt herangekommen. Der Angriff der Tiger-Panzer von Djedeida aus stieß auf die drei Bataillone des Panzer-Regiments 13 der Amerikaner, dessen erstes von Oberst Waters geführt wurde. Chefs der beiden anderen Bataillone waren Oberst Bruss und Oberst Todd.

Mit ihren Achtacht-Kanonen schossen die wenigen Tiger den feindlichen Panzerverband zusammen. Es ging durch ein Olivenwäldchen vorwärts. Dann aber kam der Angriff zum Erliegen.

Am Morgen des 2. Dezember ging dieser Angriff weiter. Die 11. Britische Brigade und das Kampfkommando B wurden auseinandergewirbelt. Hauptmann Nolde aber fand den Tod, als er außerhalb seines Panzers von einer britischen Panzergranate getroffen wurde, die ihm beide Beine abriß. Hauptmann Teddy

Deichmann übernahm die Führung. Sein Tiger vernichtete die beiden Feindpanzer, die das Feuer eröffnet hatten. Als Deichmann wenig später ebenfalls seinen Tiger verließ, um zu erkunden, wurde auch er tödlich getroffen. Ein Karabinerschuß beendete sein Leben.

Als der Tag zu Ende ging, waren 34 Panzer und sechs Spähwagen des Gegners vernichtet. Nun mußte Generalmajor Fischer seine schnellen Verbände zur Umgehung des Gegners ansetzen. Er mußte über Nordwesten nach Süden vorpreschen und sich mit den im Südwesten stehenden schwachen Fallschirmjägergruppen vereinigen.

Was war bei diesen Gruppen inzwischen geschehen?

Angriffe des Fallschirmjäger-Regiments 5

Oberstleutnant Koch hatte am 30. November seine Befehle für Tebourba erhalten. Er ließ die Fallschirmjäger mit Teilen beiderseits der Straße nach Medjez el Bab vorstoßen und drehte in der Nacht zum 1. Dezember in Richtung El Bathan ab. Bei einer Ferme in Höhe Fourna erhielt der 2. Zug der 10. Kompanie Befehl, alles schwere Gerät zurückzulassen, nach Osten abzubiegen und die Verbindung mit dem Pionierzug Arent aufzunehmen, der inzwischen bereits allein bis zu jener für den Gegner so wichtigen Brücke, vier Kilometer westlich El Bathan, vorgestoßen war und diese sperrte.

An der Spitze der 12. Kompanie rollte auch Leutnant Kauz auf El Bathan vor. Kompaniechef war Oberleutnant Wöhler.

Inzwischen hatte der Zug Arent die rückwärtigen Stellungen der Engländer durchbrochen und die Brücke vier Kilometer westlich El Bathan erreicht und mit Tellerminen gesperrt. Als hier die ersten englischen Nachschubkolonnen anrollten, wurde der vorderste Wagen durch eine hochgehende Mine zerrissen. Der folgende Wagen umkurvte den liegengebliebenen und rollte ebenfalls auf eine Mine. Die Brücke war nun voll gesperrt.

Als der Gegner versuchte, die Wagen zur Seite zu ziehen, eröffneten Arents MG-Schützen aus den beiden mitgeführten MG 42 das Feuer. Der Angreifer wurde zurückgetrieben.

Dies war in der Nacht zum 1. Dezember, und der Gegner versuchte immer wieder, die Pioniere zurückzutreiben. Für sie kam es darauf an, nach Tebourba durchzukommen, denn dort hingen die 11. Britische Brigade und die 1. US-Panzer-Division fest, wenn sie nicht Treibstoff und Munition erhielten.

Arent und seine Pioniere hielten sich auch den ganzen 1. Dezember über an der Brücke. Kurz nach Mittag des 2. Dezember stießen die von Oberstleutnant Koch nachgeschickten Männer des 2. Zuges der 10. Kompanie zur Brücke durch und verstärkten den Zug Arent.

Das Gros der Fallschirmjäger aber arbeitete sich am Morgen des 1. Dezember an El Bathan heran. Das Feuer der Gegner verdichtete sich zu einem wahren Orkan. Die Bataillone Jungwirt, Schirmer und Knoche gingen gemeinsam vor.

Leutnant Kauz, der die Spitzengruppe der 12. Kompanie führte, gelangte auf Nebenwegen in den Rücken der Ortschaft. Der Vorstoß wurde von Korkeichen- und Olivenwäldern gedeckt. Als die Amerikaner diese Bewegungen erkannten, eröffneten sie mit Artillerie und Werfern das Feuer.

Plötzlich dröhnte Motorengeräusch auf, und dann zogen neun Stukas, von zwei Bf 109 geleitet, über ihre Köpfe hinweg. Die Stukas röhrten der Erde entgegen und schlugen die Widerstandsnester zusammen.

In Tebourba flog das soeben angelegte Hauptdepot der Amerikaner in die Luft.

»Absitzen und sprungweise folgen!« befahl Leutnant Kauz seinen Männern. Sie stießen weiter vor, bis sie das Hauptquartier der Amerikaner erreichten. Hinter ihnen aber schob sich plötzlich ein Feindpanzer durch eine Gasse. Drei weitere folgten. Sie machten Schießhalt und feuerten.

Panzersprenggranaten schlugen zwischen den vorgehenden Gruppen der Fallschirmjäger ein. Leutnant Kauz, Jäger Bohley und Gefreiter Vogel blieben tot liegen. Die übrigen rannten weiter und erstürmten die Häuser. Die Amerikaner ergaben sich.

Die hier auftauchenden Churchill-Panzer wurden abgeschossen. Dann wandten sich Amerikaner und Engländer zur Flucht nach Südwesten.

In der Spitzengruppe der Verfolger rollte die 12. Kompanie unter Oberleutnant Wöhler. Sie erreichten die Höhen des Djebel Lanserine und jene von Bou Aoukaz. Hier wurden sie von dichtem Feindfeuer aufgehalten. Der Sturmversuch am Nachmittag des 1. Dezember schlug fehl. Erst am 4. Dezember wurden die vordersten Höhen von den Fallschirmjägern des Regiments Barenthin mit Panzerunterstützung erobert.

Die Schlacht um Tebourba war zu Ende. Der Gegner hatte hier in drei Tagen und Nächten 134 Panzer verloren. 1100 Gefangene waren in Tebourba zurückgeblieben. 40 Geschütze wurden mit Munition erbeutet und von deutschen Soldaten bemannt.

Eine in dem Führungspanzer der Amerikaner gefundene Karte zeigte, daß die Kombination von General Nehring richtig war. Der Gegner wollte zwischen Bizerta und Tunis durchstoßen, um im späteren Eindrehen nach Süden Flughäfen und Stadt Tunis von rückwärts zu erobern.

Der Sieg von Tebourba war für das XC. AK eine große Befreiung aus drohender Vernichtungsgefahr. Im amtlichen US-Geschichtswerk über Nordafrika heißt es dazu: »Die Deutschen gewannen den Wettlauf nach Tunis.«

Die 5. Panzer-Armee in Tunesien

Der Antrag des Oberbefehlshaber Süd, Feldmarschall Kesselring, an das OKH, den Führungsstab eines Armeeoberkommandos für Nordwestafrika zu schaffen, wurde erfüllt. Generaloberst von Arnim traf am 3. Dezember im Führerhauptquartier Rastenburg ein, wo Hitler ihn persönlich in die Lage einwies. In einer anschließenden Unterredung mit Feldmarschall Keitel sagte dieser von Arnim zu, daß ihm in kurzer Zeit drei Panzer-Divisionen und drei Infanterie-Divisionen mot. zugeführt werden würden.

Als am 6. Dezember Generalmajor Gause und Oberst von Manteuffel aus Rom kommend in Bizerta eintrafen, teilten sie General Nehring mit, daß sie direkt vom OKW den Auftrag erhalten hätten, Admiral Dérien, dem französischen Befehlshaber in Tunesien, ein Ultimatum Hitlers zu überbringen, alle Waffen und Festungen auszuliefern und die Soldaten zu entlassen. Falls sich der französische Oberbefehlshaber weigere, hatte Generalmajor Gause Weisung, diese Forderungen mit Waffengewalt durchzusetzen.

General Nehring war überrascht. Bis jetzt hatten sich die Franzosen in den Festungen an der Küste noch nicht gegen ihn gerührt. Doch es war möglich, daß sie in eine Krisensituation hinein losschlugen, und dann war tatsächlich Tunesien verloren.

Aber Generalmajor Gause brachte noch eine Neuigkeit mit. Und zwar teilte er Nehring mit, daß in Kürze Generaloberst von Arnim in Tunesien den Befehl übernehmen und daß er um den 8. Dezember herum in Tunis eintreffen werde.

Generaloberst von Arnim traf am 8. Dezember in Tunis-Nord ein. Inzwischen hatte General Nehring alles für die Fortsetzung des Angriffs am 9. Dezember vorbereitet. Und während der Angriff begann, verabschiedete sich Walther K. Nehring in einem Tagesbefehl von den Truppen des XC. AK, mit denen er den Brückenkopf Tunis gebildet und gegen vielfache Übermacht gehalten hatte.

Am Morgen dieses 9. Dezember wurde auch das Sonderunternehmen Bizerta gegen die französischen Truppen in Angriff genommen. Es gelang Generalmajor Gause, Admiral Dérien davon zu überzeugen, daß jedes Blutvergießen sinnlos sei. Es wurde Admiral Dérien zugestanden, seine Truppen bis 17 Uhr unter Waffen zu halten und so unter militärischen Ehren die französische Flagge niederzuholen.

In ähnlicher Weise wie hier in Bizerta wurde auch die Entwaffnung der französischen Truppen in Ferryville und auf den vor Ferryville und Bizerta liegenden Kriegsschiffen durchgeführt. An der gesamten Küste, bis hinunter nach Gabes, wurde ähnlich verfahren.

Der Angriff, von der 10. Panzer-Division als Speerspitze geführt, rollte am 9. Dezember los. Er brachte einen neuen Erfolg. Die gegnerischen Panzerkräfte, die sich weit vorgewagt hatten, wurden zurückgeschlagen. Die Lage im Brückenkopf Tunesien festigte sich weiter. Mit dem eigenen Panzerangriff wurde der Raum Toum, südwestlich Tebourba, erreicht. Bis zum Abend wurde der Raum drei Kilometer nordostwärts Medjez el Bab erreicht. Die Fallschirmjäger des Regiments 5 gingen wieder nach vorn und richteten sich im Raum nördlich des Salzsees Sebchet el Kourzia auf einer Ferme ein, die später die Bezeichnung »Weihnachtsferme« erhielt. An der Straße nach Goubellat wurden eine eigene 5 cm und zwei italienische Pak eingebaut.

Auf dem linken Flügel verlegten die 10. Panzer-Division und die Division »Superga« am 17. Dezember bis in die Linie Pont du Fahs-Enge nördlich des Djebel Saidar-Enge südwestlich des

Djebel Garce, 15 Kilometer westlich Enfidaville-Südwestrand des Sees südlich Enfidaville vor.

Bei der 5. Panzer-Armee standen an diesem Tag 100 Panzer III und VI und sieben Tiger einsatzbereit. An diesem Tag, dem 17. Dezember, ging die Oberste Führung in Tunesien auf dem Papier an das Comando Supremo über.

Die verschiedenen Angriffe des Gegners am 23. und 24. Dezember im Bereich des FJR 5 wurden abgewiesen.

Der Angriff der Kampfgruppe Bürker gegen den Weihnachtsberg am 24. Dezember wurde nach unvorstellbar harten Grabenkämpfen gegen Teile der 78. Britischen Infanterie-Division erfolgreich durchgeführt. Aber am nächsten Morgen, es war der erste Weihnachtstag 1942, setzte Generalmajor Evelegh seine soeben aus dem rückwärtigen Kampfgebiet eingetroffene Garde-Brigade auf diese Höhe an, und der »Longstop Hill« — wie die Engländer den Weihnachtsberg nannten — wechselte wieder seinen Besitzer.

Zur gleichen Zeit stießen auf der rechten Flanke dieses Angriffs Panzer der 6. Britischen Panzer-Division auf Massicault vor, das erreicht wurde. Die Northant-Infanterie erreichte die Hochfläche von Tebourba. Ein neuer Raid auf Tunis zeichnete sich ab.

In diesem Augenblick setzte der tunesische Winterregen ein. Zwei Stunden später blieben bereits alle Fahrzeuge im tiefen Schlamm stecken.

Am 26. Dezember stürmte die Kampfgruppe von Oberstleutnant i. G. Bürker, Ia der 10. Panzer-Division, abermals auf die Höhen des Weihnachtsberges zu. Sie eroberten drei der sechs nebeneinander liegenden Höhen im ersten Ansprung und rangen dann im Kampf Mann gegen Mann mit MPi und Handgranaten auch den auf den folgenden drei Höhen eingegrabenen Gegner nieder. 500 Engländer ergaben sich nach dramatischem Kampf. Die Höhen, die den Brückenkopf Tunis nach Westen zu abschirmten, waren wieder in deutschem Besitz.

Die Alliierten hatten den 24. Dezember für einen neuen Angriffstermin vorgesehen. Als General Eisenhower mit General Anderson in Souk el Khemis, dem Hauptquartier des V. Britischen Korps, eintraf, meldete der kommandierende General Allfrey, daß die Vorangriffe liefen und daß auch ein Scheinangriff auf Goubellat angelaufen sei. Der Regen mache ihnen allerdings schwer zu schaffen.

Eisenhower, der das »Regenmärchen« nicht glauben wollte, fuhr in strömendem Regen zur Front. Er überzeugte sich davon, daß in dieser Schmierseife kein Angriff gefahren werden konnte. Er veranlaßte, daß das II. US-Korps, das noch immer im Großraum Oran lag, in den Raum Tebessa verlegt wurde. Generalmajor Fredenhall sollte in diesem Raum die 1. US-Panzer-Division, die 1. US-Infanterie-Division, sowie die 9. US-Infanterie-Division und die 34. Infanterie-Division zur Verfügung gestellt werden. Letztere sicherte zur Zeit noch die Nachschubstraße Oran-Béja.

Sobald das II. US-Korps im Süden versammelt war, sollte es in Richtung auf Sfax und Gabes vorstoßen, um den Rückzugsweg der Panzer-Armee Afrika zu sperren.

Deutscherseits war die Front in Tunesien Ende Dezember 1942 in vier Abschnitte unterteilt. Es waren

Abschnitt A: Raum von Mateur — Gruppe von Broich;

Abschnitt B: Raum Medjez el Bab — 10. PD;

Abschnitt C: Raum Tunis-Süd — Division »Superga«;

Abschnitt D: Raum Gabes und Sfax — Brigade L, General Imperiali.

Die Luftwaffe hatte die Brücke über den Medjerda bei Medjez el Bab zerbombt. Die Versorgungskolonnen der Alliierten hatten hier einen langen Aufenthalt.

Am 31. Dezember 1942 war die Lage konsolidiert. Der 5. Panzer-Armee standen 103 Panzer III und IV und elf Tiger zur Verfügung.

Hinzu kam die Panzer-Abteilung 190, die sich mit 53 Panzern auf Kairouan zubewegte.

Inzwischen war auch die 334. Infanterie-Division beinahe vollzählig auf dem afrikanischen Kriegsschauplatz eingetroffen.

Die im Januar fallenden Regenmassen ließen keine größeren Truppenbewegungen zu. Die Front erstarrte. Nur im Süden bei der Division »Superga« traten die Verbände des französischen XIX. AK unter General Koeltz mit drei Divisionen und einer Brigade aus der Tiefe des Raumes um Tebessa an. Dieses Korps erreichte, vorläufig durch niemanden gehindert, die Talausgänge der ostwärtigen Dorsale. Ihr Ziel war es, über Sbeitla und den Faid-Paß nach Sfax und Gabes vorzustoßen. Dazu sollten dem

Korps einige Panzereinheiten der Amerikaner zur Verfügung gestellt werden.

Aus dem Raum Pont du Fahs wurde dagegen deutscherseits ein Angriff mit der Codebezeichnung »Eilbote I« angesetzt.

Teile der 10. Panzer-Division, die Panzer, Abteilung 501, das Gebirgsjäger-Regiment 756 der 334. Infanterie-Division, zwei Batterien Artillerie und das Pionier-Bataillon 49 griffen Mitte Januar an und stießen unter Führung von Generalmajor Weber, Kommandeur der 334. Infanterie-Division, nach Südwesten vor.

Südlich davon stand das Infanterie-Regiment 47 unter Oberstleutnant Buhse, dem das I./IR 92 der Division »Superga« zugeführt worden war, im Angriff.

Am frühen Morgen des 18. 1. begann der eigentliche Vorstoß. Am Djebel Solbia wurden französische Fremdenlegionär-Regimenter geschlagen. Die Gruppe Weber stürmte dem Djebel Mansour entgegen, der im ersten Ansturm nicht genommen werden konnte. Die Franzosen, inzwischen durch Panzer der 1. US-Panzer-Division verstärkt und von US-Artillerie unterstützt, verzögerten den Vorstoß. Südlich des Djebel Chirich kam es zu einem erbitterten Ringen, das die deutsche Gruppe für sich entscheiden konnte. Der Djebel Mansour wurde erstürmt. Die britische Garde, die eingeschoben wurde, holte ihn wieder zurück.

Abermals griffen die Gebirgsjäger der 334. Infanterie-Division unter Oberst Lang an und eroberten den Berg zurück. Er wurde dann gegen mehrere feindliche Angriffe gehalten.

Der weitere Vorstoß auf Pichon folgte. Das Infanterie-Regiment 47 unter Oberstleutnant Buhse, das abgelöst worden war, stürmte nach Pichon hinein und eroberte die Ortschaft. Doch dann mußte es vor dem nachdrängenden und die Stadt zurückerobernden Gegner weichen. Es zog sich auf die Höhen ostwärts Pichon zurück.

Der von Generalmajor Weber geführte Hauptangriff erreichte nach 48 Stunden erbitterten Kämpfens Ousseltia. Die französischen Verbände wurden zersprengt. Wieder gerieten über 2000 Soldaten der Divisionen »Oran« und »Constantine« in Gefangenschaft.

Wie aber war es der Panzer-Armee Afrika ergangen? Bis wohin hatte sie sich zurückziehen müssen?

Rückzug der Panzer-Armee Afrika

Bis zur Mareth-Stellung

Die zurückgehende Panzer-Armee Afrika hatte am 26. November 1942 die Marsa-el-Brega-Stellung erreicht, wo bis zum 12. Dezember verteidigt wurde. Die Rückzugskämpfe im Sirte-Bogen schlossen sich an.

Noch einmal wurde in der Buerat-Stellung beiderseits der Stadt verteidigt, und vom 16. bis zum 30. Januar 1943 war die Tarhuna-Homs-Stellung Schauplatz jener Einsätze, auf dem sich die 90. Leichte AD bis zur Selbstaufopferung schlug. In dieser Linie mußte so lange gehalten werden, um Tripolis zu räumen und alles, was von Wert war, zurückzuschaffen. In der Nacht zum 23. Januar wurde mit der Räumung von Tripolis begonnen, die am 28. Januar abgeschlossen war.

Die heftigen Angriffe der 8. Britischen Armee Mitte Januar hatten den planmäßigen Rückzug nicht erschüttern können. Ihr Vorstoß gegen den Südflügel war von der 25. Panzer-Division abgewehrt worden, und Oberst i. G. Irkens, der das Panzer-Regiment 8 führte, hatte dem Gegner einen schweren Verlust zugefügt. 30 Feindpanzer blieben auf dem Gefechtsfeld liegen.

Mit der Räumung von Tripolis hatte die Verteidigung italienischer Kolonien in Afrika aufgehört. Was blieb, war der Kampf um das Überleben der Panzer-Armee Afrika.

Die Nachhut der Panzer-Armee, die Panzer-Kampfgruppe Irkens, wehrte den Gegner südlich Tripolis ebenso ab wie bei Ben Gardane. Bei Metameur lieferte Irkens dem Gegner ein erbittertes Panzerduell.

So konnte Feldmarschall Rommel die Panzer-Armee nach Zuara in Richtung tunesische Grenze zurückführen.

Aus den zerschlagenen sieben italienischen Divisionen seiner Armee bildete er am 25. Januar drei neue Divisionen, die er mit Einverständnis des OB-Süd und des Comando Supremo nach Tunesien vorausschickte.

Am 26. Januar erhielt Erwin Rommel einen Funkspruch des Comando Supremo. Man teilte ihm darin mit, daß er wegen seines schlechten Gesundheitszustandes von seinem Posten abgelöst werden würde, sobald die Armee die Mareth-Stellung erreicht habe. Dies allerdings zu einem von Rommel selbst zu bestimmenden Zeitpunkt.

Sein Nachfolger in Afrika sollte General Giovanni Messe werden, der die italienischen Truppen in Rußland befehligt hatte. Generaloberst Bastico kehrte am 31. Januar 1943 nach Italien zurück.

Gerade in dieser Zeit hatte Rommel einen neuen Plan ausgearbeitet. Er wollte, nach Auffrischung der Panzer-Armee Afrika, in der Mareth-Stellung von Süden her in den Rücken der anglo-amerikanischen Front stoßen und diese aufrollen. Danach wollte er kehrt machen, sich auf die 8. Armee Montgomerys stürzen und sie wieder nach Osten zurücktreiben.

Der Plan wurde sowohl vom Comando Supremo, als auch vom OKW verworfen.

Die Besprechungen anfangs Februar zwischen Rommel und dem soeben auf dem afrikanischen Kriegsschauplatz eingetroffenen General Messe ergaben einen Kompromiß. Die Mareth-Stellung sollte gehalten werden. Dadurch konnte die Panzer-Armee Afrika auch für Tunesien zur Rettung werden.

Inzwischen hatte der Gegner den Faid-Paß besetzt. Um dieser Bedrohung Herr zu werden, ließ Generaloberst von Arnim die 10. Panzer-Division aus ihrem bisherigen Abschnitt, der ruhig geblieben war, herausziehen und nach Süden umgruppieren. Da inzwischen die 21. Panzer-Division aus der Buerat-Stellung in die Mareth-Linie zurückgegangen war und als erste Division der Panzer-Armee Afrika die Grenze nach Tunesien überschritten hatte, wurde sie — damit in den Befehlsbereich der 5. Panzer-Armee gelangt — mit der 10. Panzer-Division eingesetzt, den Faid-Paß zurückzugewinnen.

Beide Divisionen traten am 30. Januar 1943 unter Führung von Generalleutnant Ziegler, dem Stellvertreter von Generaloberst von Arnim, zum Angriff an.

48 Stunden dauerte der Kampf, ehe der Paß in deutscher Hand war. Die hier eingesetzten US-Verbände wichen bis nach Sidi Bou Zid zurück.

Eine zweite Angriffsgruppe, aus der 131. Italienischen Panzer-Division »Centauro« und Verstärkungen aus den deutschen Panzer-Divisionen bestehend, griff über Maknassy auf Gafsa an. Dieser Angriff überraschte das II. US-Korps völlig. Die 1.

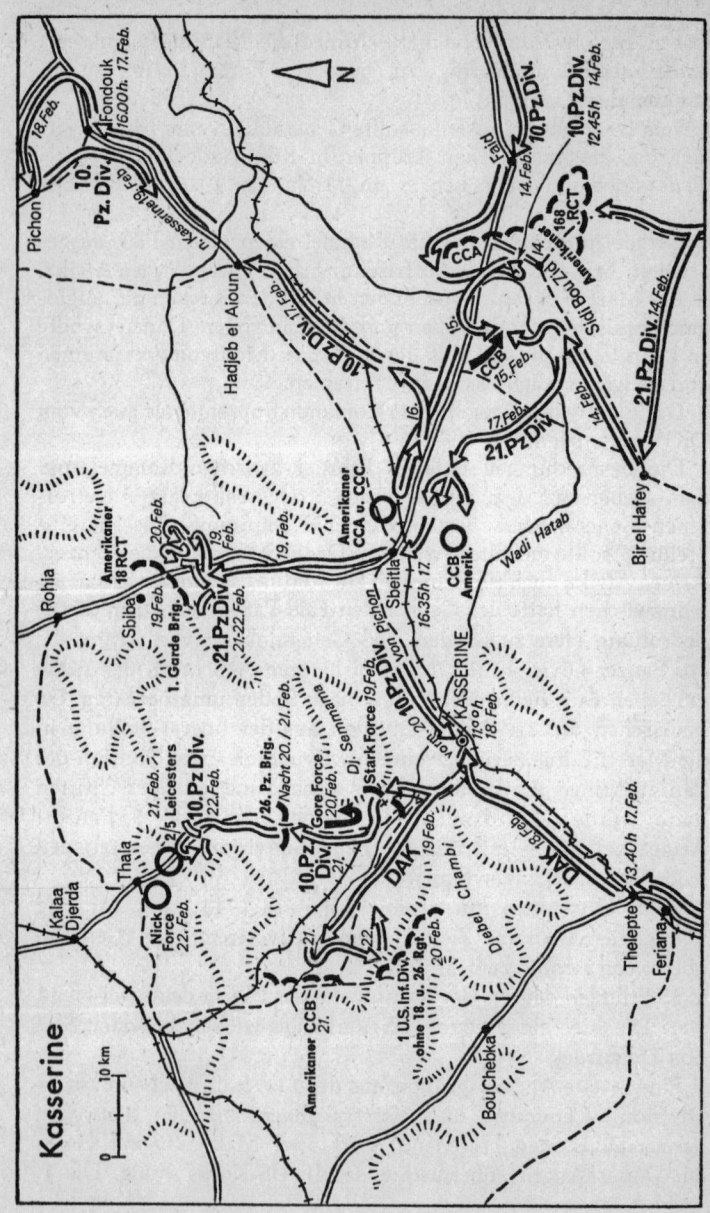

Der Vorstoß durch den Kasserine-Paß nach Thala

Oben: Oberst Lang (Mitte) und Oberst von Barenthin (links) peilen beim »Eilboten« die Lage.

Unten: Major Lueder, Kdr. der sPzAbt. 501 (rechts) mit seinem Nachrichtenoffizier.

Oben:
Tiger der schweren
Panzer-Abteilung
501 im Bereit-
stellungsraum
Tebourba.

Links und rechts:
Unternehmen
»Eilbote« versackt
im Schlamm.

Die Operation läuft!

Vorstoß auf Kairouan mit den Tigern.

US-Panzer-Division, die auf dem Sattel des Faid-Passes eingesetzt war, wurde geworfen. Gafsa wurde geräumt.

Am 5. Februar 1943 ereignete sich ein Zwischenfall, der die
10. Panzer-Division ihrer bewährten Führung beraubte. Generalleutnant Fischer, der in den Abschnitt der Division »Superga«
zur Geländeorientierung fahren wollte, rollte in seinem Befehlswagen wenige Meter nach Überschreiten der italienischen
Hauptkampflinie auf eine Mine. Die Wucht der Detonation riß
ihm beide Beine und den linken Arm ab. Er starb wenige Minuten später, einen Brief an seine Frau schreibend. Der Ordonnanzoffizier und der Fahrer des Generalswagens waren sofort
tot. Schwerverwundet wurde der Ia der Division, Oberstleutnant
i. G. Bürker, geborgen. Generalmajor Freiherr von Broich übernahm die Führung der Division. Sein Ia wurde Oberstleutnant
i. G. Graf Stauffenberg.

Hier im Südabschnitt würde in der nächsten Zeit mit einem
neuen Feindangriff zu rechnen sein. Ziel dieses Angriffes konnte
es dann nur sein, das Meer zu erreichen und die Panzer-Armee
Afrika von der 5. Panzer-Armee zu trennen.

Es rommelt wieder!

Als der Rückzug der Panzer-Armee Afrika in der Mareth-Stellung zum Stehen kam, war es bereits Mitte Februar geworden.
Am 14. Februar 1943 hielten das XX. und XXXI. Italienische AK
durch die 164. Leichte AD, Generalmajor Freiherr von Liebenstein, verstärkt, diese Mareth-Stellung. Die Gruppe »Sahara«
unter General Mannerini stand von den Bergen von Matmata
bis hinunter nach Toum-Tatahouine am Schott el Djerid.

Westlich Sfax versammelte Generalfeldmarschall Rommel zur
gleichen Zeit eine der beiden Kampfgruppen: die 131. Panzer-
Division »Centauro« mit den Panzer-Kräften, die, wie bereits
angedeutet, auf Gafsa vorstoßen würde.

Die zweite Angriffsgruppe, die Stoßrichtung auf den Faid-
Paß genommen hatte, bestand aus der 10. und 21. Panzer-Division unter Führung von Generalleutnant Ziegler.

Von den Panzern wurden an diesem trockenen Tag riesige
Wolken dichten Staubes aufgewirbelt. Die 21. Panzer-Division

traf dieses Hindernis am stärksten, denn sie mußte mitten durch das Wüstengebiet fahren.

Die durch den Paß rollende 10. Panzer-Division eröffnete das Feuer auf die voraus sichtbar werdenden US-Panzer. Die ersten Feindpanzer brannten Sekunden später. Die Division schaffte den Paß in einem einzigen Anlauf und passierte ihn.

Die 10. Panzer-Division war also durch und schwenkte am Djebel Lessouda nach Süden ein, um mit der 21. Panzer-Division zusammenzutreffen, die sich über Funk bereits aus dem Raum Sidi bu Zid gemeldet hatte.

Im Einschwenken erreichte die 10. Panzer-Division diese Ortschaft. Hier stellte sich ihr in dichten Gruppen die 1. US-Panzer-Division entgegen. Mit offenem Luk fahrend, suchten die deutschen Panzerkommandanten in den wogenden Sandschleiern nach dem Gegner und schossen ihn zusammen, sobald er in Sicht kam. Der Ausgang wäre dennoch unsicher gewesen, wenn nicht gerade im richtigen Augenblick die 21. Panzer-Division im Rücken des Gegners aufgetaucht wäre. Von drei Seiten beschossen, wurde bis zum Abend das, was die Kampfkraft des II. US-Korps ausgemacht hatte, vernichtet. Über 70 Feindpanzer lagen zerschossen und brennend auf dem Gefechtsfeld.

Am frühen Morgen des 15. Februar stieß die Kampfgruppe Ziegler entlang dem Aquädukt auf Sbeitla vor. Hier trafen sie auf die US-Kampfgruppen A und C mit Panzern, Artillerie und Pak. Das II./PR 1 unter Oberst Alger kämpfte bis zum Untergang. Oberst Alger geriet in deutsche Gefangenschaft.

Der 15. Februar kostete den Gegner abermals 95 Panzer und Panzerspähwagen. Über 2000 Gefangene wurden gemacht.

Als diese Meldung das Weiße Haus in Washington erreichte, wandte sich Präsident Roosevelt an seine Militärexperten und fragte besorgt: »Können unsere Jungs denn nicht kämpfen?«

Am 16. Februar schwenkte die 10. Panzer-Division nach Norden ein und rollte auf Pichon vor, wo sich eine starke französische Kampfgruppe befand. Doch ehe Pichon erreicht wurde, erhielt Generalleutnant Ziegler einen Befehl aus dem Armee-Hauptquartier, den Angriff einzustellen. Ebenso wurde die 21. Panzer-Division, auf dem Weg zum Kasserine-Paß befindlich, angehalten. Es war ein besonderes Ereignis eingetreten, das neue Dispositionen verlangte und das von den alten Soldaten der Panzer-Armee Afrika mit dem Satz »es rommelt wieder« umschrieben wurde.

Die 10. und 21. Panzer-Division wurden Feldmarschall Rommel zugeführt. Generalleutnant Ziegler kehrte mit Oberst Pomtow nach Tunis zurück. Was war aber geschehen? Was hatte Rommel vor?

Erwin Rommel, dessen großer Angriffsplan am 5. Februar 1943 von deutscher und italienischer Seite abgelehnt worden war, hatte dennoch Generalmajor von Liebenstein Weisung gegeben, die 164. Leichte und die 15. Panzer-Division zu einem Vorstoß bereitzustellen.

Als das II. US-Korps Gafsa aufgab, ließ Rommel sofort Oberst Menton mit dem Panzergrenadier-Regiment »Afrika« dorthin rollen. Gafsa wurde von Mentons Truppe genommen. Ein starker Spähverband wurde nach Feriana vorgeschickt, und bis zum 17. Februar waren Teile des DAK in Feriana eingedrungen.

In dieser Situation erschien Rommels genialer Plan im OKW und auch im OHK nicht mehr so »tollkühn, wie erst angenommen«. Rommel schwebte vor, bis nach Tebessa vorzustoßen, im Rücken des Feindes aufzutauchen und dessen Fronttruppen von der Versorgung abzuschneiden.

Nachdem auch der Flugplatz Thelepte hart nördlich Feriana von der 15. Panzer-Division erobert worden war, unterstellte das OKH Rommel nunmehr die beiden Panzer-Divisionen des AOK 5 und genehmigte die Weiterführung des Kampfes in Richtung Tebessa.

Die 21. Panzer-Division nahm Sbeitla im Kampf und sperrte die Straße. Rommel setzte die 10. Panzer-Division auf den Kasserine-Paß an. Er war das Tor ins tunesische Bergland. Der Angriff auf den Paß begann am 19. Februar 1943. Gleichzeitig damit stießen deutsch-italienische Kampfgruppen auf Tozeur zu und nahmen die Stadt in Besitz. Aufklärungseinheiten der AA 3 und 33 umfuhren den Paß und rollten auf der Piste nach Nordwesten in Richtung Tebessa. Sie passierten den Djebel Dernaja und den Djebel Chettabis. Vor ihnen lag nur noch Tebessa.

Am Abend des 19. Februar rollten die Panzer der 10. Panzer-Division nach einem Artillerie-Feuerschlag nach vorn. Die AA 3 erreichte die Paßhöhe. Zwei Stunden dauerte der Nahkampf, dann mußte diese kampferprobte Abteilung weichen.

Oberst Menton griff mit seinen Afrikanern ein. Aber auch sein Angriff blieb im dichten Abwehrfeuer des Gegners liegen.

Am Morgen des 20. Februar griffen die Bersaglieri der Division »Ariete« in den Kampf ein. Sie fochten tapfer und verlustreich, ohne das Ziel zu erreichen.

Dicht vor dem Paß ballten sich inzwischen die Kampfkräfte des Stoßkeiles zusammen. Wenn jetzt ein großer alliierter Bombenangriff folgte, dann war die Katastrophe nicht mehr aufzuhalten.

Das Werfer-Regiment 71, Oberst Andreae, schoß auf die erkannten Feindstellungen, und noch waren die letzten Raketensalven nicht verhallt, als Hauptmann Stotten mit seiner Abteilung, der I./PR 8, angriff. Er selbst rollte an der Spitze. Die Panzer donnerten durch den Paß, gewannen den Eingang und schossen Pak und Panzer des Gegners im Fahren zusammen.

Nun ging es weiter. Es rommelte!

General Anderson, der Oberbefehlshaber der 1. Britischen Armee, gab einen Befehl heraus: »Niemand weicht einen Fußbreit, es sei denn in Richtung auf den Feind!«

Rommel setzte am Abend, getreu seiner Devise »Ausnützen!«, die 10. Panzer-Division auf Thala an, während die 21. Panzer-Division um den Gebirgsfuß herummarschieren sollte.

Der Angriff hatte die Alliierten bis hierher 169 Panzer, 95 Spähwagen, 36 Selbstfahr-Lafetten und 50 Geschütze gekostet.

Zur Unterstützung dieses Angriffs ging das Infanterie-Regiment 47, Oberstleutnant Buhse, über Pichon nach Nordwesten vor und erstürmte Kessera.

Die Hauptkampfgruppe des Rommelschen Vorstoßes nahm am 21. Februar im Vorgehen auf Tebessa einen weiteren Paß. Nun war nur noch der Paß über den Djebel el Hamra zu überwinden.

Der nach Thala eingeschwenkten 10. Panzer-Division gelang es, die Stadt in Besitz zu nehmen. Für die Alliierten wurde Alarmstufe I gegeben. General Alexander, der soeben sein Kommando als Oberbefehlshaber in Tunesien angetreten hatte, fuhr sofort mit seinem Gefechtsstab nach Thala. Im Vorfahren nahm er an Truppen mit, was er eben fand. So konnte er die 6. Panzer-Division unter Generalmajor Keightley und die britische Garde, die berühmten Leicesters und Hampshires, aufnehmen und nach vorn bringen.

Die 6. Panzer-Division erreichte das Gefechtsfeld bei Thala und hielt die 10. Deutsche Panzer-Division auf, die zehn Panzer verlor.

General Bülowius, der anstelle des verwundeten Generals von Liebenstein die 164. Leichte führte, stieß auf das in Eilmärschen herangezogene Kampfkommando B, das von Generalmajor Robinett geführt wurde und den Auftrag erhalten hatte, Tebessa unter allen Umständen zu halten.

Generalmajor Robinett fuhr nach vorn. Es rollte in die Auffangstellungen. Während nun die 10. Panzer-Division gegen die 26. Panzer-Brigade der 6. Britischen Panzer-Division kämpfte, mußte sich das abgekämpfte DAK dem Kampfkommando B und den ihm beigegebenen schweren Waffen stellen.

Der Kampf tobte am 22. Februar hin und her. Mit dem ersten Tageslicht griffen alliierte Fliegerverbände in diese Kämpfe ein. Das DAK blieb vor dem Kampfkommando B liegen. Feldmarschall Rommel, der zum DAK gefahren war, geriet in einen Feuerüberfall und mußte sich mit seinem Ia, Oberst Bayerlein, in ein Wäldchen flüchten.

Das Infanterie-Regiment 47, das im Angriff über 20 Kilometer weit über Pichon hinausgelangt war, wartete vergeblich auf das Kommen der 21. Panzer-Division.

An diesem Tag lauteten auch die Meldungen aus der Mareth-Stellung äußerst ungünstig. Rommel, der gehofft hatte, daß Montgomery viel mehr Zeit benötigen würde, ehe er dort wieder mit seiner 8. Armee angreifen würde, sah sich durch die dortigen Ereignisse eines Besseren belehrt.

Er brach diesen Stoß in den Rücken des Gegners ab. Seine Kräfte waren für einen so weitgespannten Auftrag doch zu schwach gewesen.

Nach einer Lagebesprechung am Kasserine-Paß, zu der auch Feldmarschall Kesselring aus Frascati herübergeflogen war, befahl Rommel die Einstellung der Operation und den langsamen Rückzug auf die Ausgangsstellungen. Dabei wurde das freigegebene Gebiet stark vermint. Alle wichtigen Anlagen und Brücken wurden gesprengt.

Während dieser Besprechung erkundigte sich Feldmarschall Kesselring bei Rommel, ob er gesundheitlich in der Lage sei, in Tunis bei der Bildung der Heeresgruppe Afrika wenigstens vorläufig den Oberbefehl zu übernehmen. Damit wären dann endlich klare Verhältnisse geschaffen worden.

Da die Ärzte Rommel nur noch vier Wochen Zeit gegeben hatten, bis er seine achtwöchige Kur antreten mußte, willigte Rommel zur kurzzeitigen Übernahme ein. Am 23. Februar 1943 setzte Feldmarschall Kesselring die neue Befehlsgliederung in Kraft. Die Heeresgruppe Afrika war entstanden, ohne daß sie jemals auch nur annähernd die Kräfte und Divisionen einer solchen Heeresgruppe besessen hätte. Erwin Rommel wurde der Oberbefehl übertragen und Generaloberst von Arnim als sein Nachfolger benannt, der die Geschäfte übernehmen sollte, sobald Rommel nach Deutschland zur Kur flog.

Erwin Rommel verläßt Afrika

Die Lage der Heeresgruppe Afrika hatte sich eingangs März weiter gefestigt. Die Frontlänge betrug nunmehr 445 Kilometer. Hinzu kamen 400 Kilometer Küstenlinie, die besetzt bleiben mußten, weil Feindlandungen möglich sein konnten.

Der Gegner verfügte zur Zeit bei der 1. Britischen Armee über drei Divisionen und zwei Sonder-Brigaden in Stärke von insgesamt 50 000 Mann mit 240 Geschützen, 400 Pak und 166 Panzern.

Die US-Streitkräfte beliefen sich auf 40 000 Mann mit 200 Geschützen, 200 Pak und 200 Panzern. Das französische Armee-Korps verfügte über 40 000 Mann, die allerdings nicht sehr viele schwere Waffen hatten.

Diesen Streitkräften stand die 5. Panzer-Armee gegenüber.

Vor der Mareth-Stellung, in der die 1. Armee unter General Messe hielt, stand die 8. Britische Armee unter General Montgomery mit 80 000 Mann, denen 400 Geschütze, 550 Pak und 900 Panzer zur Verfügung standen.

Die Heeresgruppe Afrika bestand insgesamt aus 80 000 deutschen und 40 000 italienischen Soldaten der ersten Linie. Die rückwärtigen Dienste ergaben noch 230 000 Mann, davon waren 150 000 Italiener. Die Ausrüstung mit schweren Waffen und Artillerie lag rund 50 Prozent unter dem Soll.

Es galt, die Mareth-Linie zu halten und den Aufmarsch des Gegners zur Frühjahrsoffensive zu stören.

Aus der Mareth-Stellung heraus sollte ein Schlag in Richtung Medenine geführt werden, um den Aufmarsch der 8. Armee zu stören. Rommel setzte dazu die 10., 15. und 21. Panzer-Division sowie die 164. Leichte AD ein. Bis zum 5. März waren die deutschen Divisionen in ihre Bereitstellungsräume gelangt.

Der Angriff wurde› am 6. März 1943 mit einem mächtigen Artillerie-Feuerschlag im Raum Medenine—Métameur eröffnet. Oberst Irkens, der˙ als neuer Panzerführer Afrika sowohl sein altes Panzer-Regiment 8 als auch das Panzer-Regiment 5 führte, und das Panzer-Regiment 7 unter Oberst Gerhardt versuchten, den Durchstoß zu erzwingen. Es gelang Irkens, in die vorderste feindliche Linie einzudringen. In diesem mörderischen Kampf verlor diese Kampfgruppe von den angesetzten 80 Panzern allein 55.

Am Nachmittag dieses verlustreichen Tages schlug General Cramer, der soeben wieder nach Afrika zurückgekehrt war und das DAK übernommen hatte, die Einstellung des Angriffs vor. Feldmarschall Rommel mußte schweren Herzens zustimmen.

Drei Tage darauf übergab Erwin Rommel die Führung der Heeresgruppe Afrika an Generaloberst von Arnim und flog zunächst nach Rom. Hier hielt er am 9. März Mussolini Vortrag.

Am 13. März stand Feldmarschall Rommel im Führerhauptquartier Hitler gegenüber. Hier fiel die Entscheidung. Die unbeweglichen Teile der 1. Armee sollten aus der Front von Mareth herausgezogen und in der neu zu errichtenden Gabes-Linie eingesetzt werden. Die schnellen Truppen blieben zurück. Auch sie waren ermächtigt, bei Gefahr eines feindlichen Durchbruchs oder der drohenden Umfassung zurückzugehen.

Für den Nachschub und die dringend benötigte Auffrischung der Truppen und deren Bevorratung wurden entsprechende Befehle erteilt. Man hoffte, den großen Brückenkopf Tunesien noch mindestens bis zum Herbst halten zu können.

Rommel aber wollte mehr, und er sagte dies auch Hitler ins Gesicht. Er verlangte die Zurücknahme der Südfront um 150 Kilometer. Die dadurch freiwerdenden 300 italienischen Geschütze sollten in die Hauptfront des Brückenkopfes Tunesien eingebaut werden. Mit diesen Maßnahmen hätte man den Brückenkopf — bei Erfüllung der gemachten Zusagen — noch mindestens ein Jahr halten und den Sprung der Alliierten auf das europäische Festland ebenso lange vereiteln können.

Im Führerhauptquartier hoffte man sogar, darüber hinaus und *ohne* Rommels Vorschläge und Forderungen zu erfüllen, in absehbarer Zeit einen neuen Angriff starten zu können. Dies war ein Wunschtraum der Obersten Deutschen Führung, der nicht mehr den Gegebenheiten der gesamtstrategischen Lage des Jahres 1943 entsprach.

Rommel, der nach Afrika zurückfliegen wollte, erhielt Befehl, sich sofort zur Kur zu begeben und seine Gesundheit wieder herzustellen. Hitlers letzte Worte an Erwin Rommel zu Afrika waren: »Erholen Sie sich, damit Sie bald wieder in Form kommen. Ich garantiere Ihnen, Sie werden die Operationen aus dem Brückenkopf Tunesien heraus gegen Casablanca führen.«

In der deutschen Führung gab es einige Umbesetzungen. Neuer Oberbefehlshaber wurde Generaloberst von Arnim, sein Stellvertreter blieb Generalleutnant Ziegler. Chef des Stabes blieb Generalmajor Gause. Ia wurde Oberst Pomtow.

Generaloberst Messe blieb Oberbefehlshaber der 1. Armee, sein italienischer Chef des Stabes wurde General Mancinelli; deutscher Chef des Stabes wurde Oberst Bayerlein.

Neuer Oberbefehlshaber der 5. Panzer-Armee wurde General van Vaerst. Chef des Stabes dieser Panzerarmee wurde Generalmajor von Quast. Das DAK führte General der Panzertruppe Cramer, sein Chef des Stabes wurde Oberst Nolte.

Rommel hatte Afrika verlassen. Der Kampf um den Brückenkopf Tunesien neigte sich rapide seinem Ende entgegen. Einer der Soldaten, die den Feldmarschall seit nunmehr zwei Jahren in Afrika erlebt hatten, sagte dem Autor über diese Zeit der letzten zwei Monate: »Rommel war nicht mehr in Afrika, und mit einem Schlag sah es so aus, als sei die Luft 'raus!«

Das Ende in Afrika

Im Nordabschnitt des Brückenkopfes Tunesien kämpfte die Division von Manteuffel, ein ad hoc zusammengestellter Verband aus den verschiedensten Aufgaben, darunter auch ein Bersaglieri-Regiment, nördlich des Djebel Abiod. Bis zum 28. März konnte diese Division unter dem Panzerführer von Manteuffel gehalten werden. Beim Großangriff des Gegners am 30. März geriet die Front ins Wanken, und beim nachfolgenden zweiten Angriff wurde sie bis in den Raum 20 Kilometer ostwärts Cap Serrat–St. Jefna–Station de Nair zurückgedrückt.

Noch während diese Kämpfe tobten, war im Süden die 8. Britische Armee in der Mareth-Stellung zur Operation »Pugilist« angetreten, und im ersten Sturmangriff mit der 50. und 51. Infanterie-Division in das von den Jungfaschisten verteidigte Wadi Zigzaghou eingedrungen. Hier blieben ihre Panzer im tiefen Schlamm stecken.

General Borowietz griff am 21. März aus eigenem Entschluß mit der 15. Panzer-Division in den Kampf ein. Wieder war das Panzer-Regiment 8 dabei, das unter persönlicher Führung von Oberst Irkens die sechs durchgebrochenen Feindpanzer abschoß und den Gegner mit Sprenggranaten zurückdrückte. General Montgomery ließ diesen Angriff einstellen.

Am Djebel Tebaga aber wurde die Kampfgruppe Mannerini zurückgedrückt. Generaloberst von Arnim, der am 23. März auf dem Schlachtfeld eintraf, genehmigte Generaloberst Messe die Zurücknahme der unbeweglichen Teile der 1. Armee in die Akarit-Stellung.

Am frühen Morgen des 26. März griff die 2. Neuseeländische Infanterie-Division mit dem ersten Büchsenlicht an. Diesem Angriff schloß sich die 1. Britische Panzer-Division an. Bis zum Abend war ein tiefer Einbruch erzielt. Wenn es diesem Angriff gelang, das Meer zu erreichen, dann war die gesamte 1. Armee abgeschnitten.

Die alarmierte 15. Panzer-Division rollte dem Gegner in die südliche Flanke und hielt den Vorstoß auf. Dadurch erhielten die Reste der 124. Leichten und der 21. Panzer-Division die Chance, bei El Hamma einen Abwehrriegel aufzubauen. Vor diesem Riegel scheiterten die alliierten Angriffe des 27. und 28. März und ermöglichten die Rückführung der 1. Armee in die Akarit-Stellung. Die Panzer-Division »Centauro« verteidigte bei Guettar tapfer gegen eine doppelte feindliche Übermacht.

Das II. US-Korps, das Weisung erhalten hatte, diesen Großangriff der 8. Britischen Armee zu unterstützen, kam nicht zum Zuge. Seine Divisionen wurden abgewiesen. Die 9. US-Panzer-Division, die über Sened in die Küstenebene durchbrechen sollte, wurde von kleinen deutschen Kampfgruppen gestoppt und geschlagen. Die Kampfgruppen Medicus und Lang warfen die US-Truppen zurück.

Nach diesen Abwehrerfolgen zeigte sich jedoch, daß die Nachschubfrage zum entscheidenden Problem werden würde. Seit dem 23. März war kein einziges Schiff mehr nach Tunis durchgekommen. Die feindliche Luftüberlegenheit wurde erdrückend.

Die wenigen deutschen Jäger waren nicht mehr in der Lage, dieser erdrückenden Übermacht standzuhalten. Sie flogen Geleitschutz mit immer weniger Maschinen für die kleinen Stuka-Gruppen, die zurückgeblieben waren. Eine Rolle spielten sie nicht mehr. Es gab außerdem keinen Treibstoff mehr für die Maschinen.

Am Abend des 4. April 1943 stellte sich die 8. Armee mit dem III. Korps bereit und erstürmte die ersten drei Hügelstellungen des XX. Italienischen AK. Das GR 200 der 90. Leichten warf vor seiner Front den Gegner noch einmal zurück. Als sich ein feindlicher Durchbruch abzeichnete, fuhr Oberst Irkens mit den Panzern und einem aufgesessenen Panzergrenadier-Bataillon, geführt von Hauptmann Pätzold, einen Gegenangriff. Im Morgengrauen des 5. April stieß der Panzerverband auf eine Nachschubkolonne des Gegners, die zerschossen oder erbeutet wurde. Die Einbruchsstelle wurde erreicht und gesichert. Als hier 50 Feindpanzer, die bereits durchgebrochen waren, zurückrollten, wurden sie von den Panzern der 15. Panzer-Division und der nachgezogenen Flak gepackt und eine Reihe abgeschossen.

In der Gegend der Einbruchsstelle wurden 20 Panzer des Panzer-Regiments 5, die wegen Treibstoffmangels hier festlagen, betankt und damit vor der Sprengung bewahrt.

Das Panzer-Regiment 8 übernahm den Schutz des in der kommenden Nacht befohlenen Herauslösens der 90. Leichten. Generaloberst von Arnim hatte den Rückzug befohlen, und um

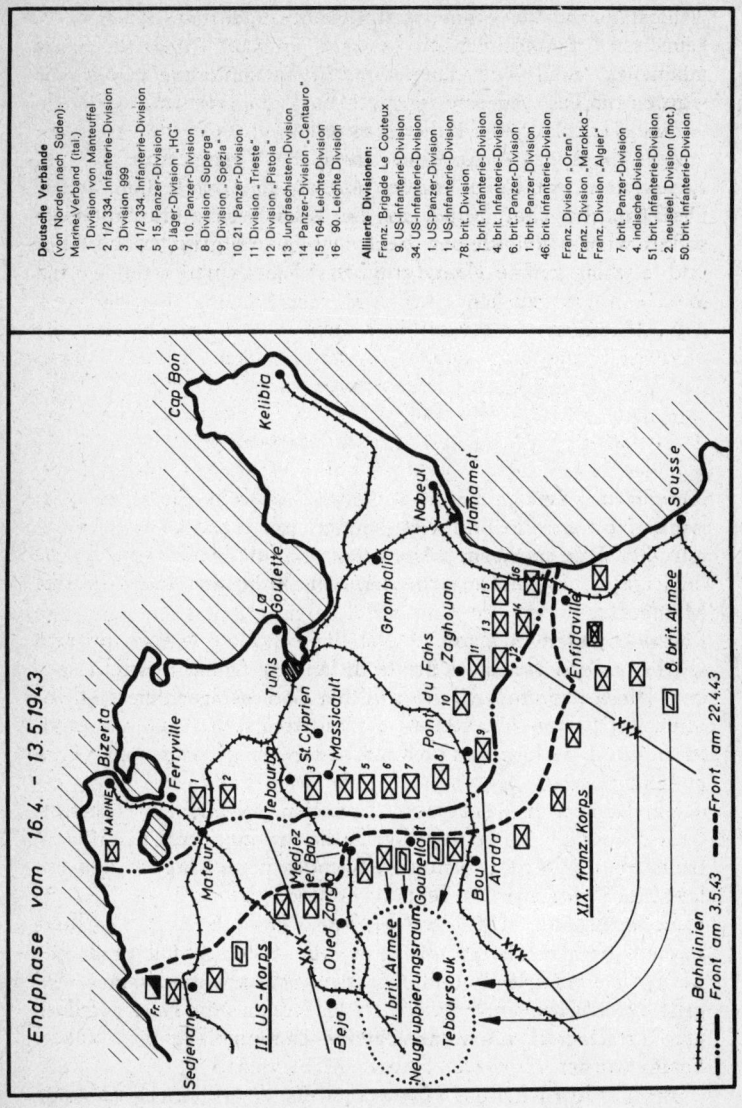

Endphase vom 16.4. – 13.5.1943

Die Eroberung des Brückenkopfes Tunis

wenigstens die Verwundeten zurückzubringen und der schwer-
geprüften Infanterie den Rückmarsch über 300 Kilometer zu ermöglichen, mußte die Luftwaffe ihr Benzin abgeben. Damit
wurden die Lastwagen aufgetankt. So kamen die Infanterieteile
mit indirekter Hilfe der Luftwaffe zurück.

Am Abend des 7. April erreichten die Voraustruppen der 8.
Armee die Linie Gabes—Gafsa und die dortige Straße. Immer
wieder machten Kampfgruppen des DAK kehrt und hielten die
nachrückenden Divisionen der 8. Armee auf. Am 10. April erreichte Montgomery Sfax, und drei Tage später standen die
Vorausabteilungen seiner Armee vor den Panzergräben der Enfidaville-Stellung.

Der alliierte Vorstoß im Norden

Zur gleichen Zeit hatten die alliierten Truppen im Norden am 1.
April Cap Serrat in Besitz genommen. Bei Heidous erzielten sie
mit den Freifranzosen, Marokkanern und der 1. US-Panzer-
Division einen Einbruch in den Abschnitt der Division von
Manteuffel. Hasso von Manteuffel bereinigte persönlich mit den
Reserven diesen Einbruch.

Am 7. April versuchte die 78. Infanterie-Division den »Long-
stop-Hügel« zu erobern, der von den Gebirgsjägern der 334. Infanterie-Division gehalten wurde. Nur schrittweise wich die 334.
Infanterie-Division zurück, hielt aber den »Longstop« noch
immer.

Der Kampf im Brückenkopf Tunesien ging seinem Ende entgegen. Vom 14. bis 16. April griff die neu zur Front gelangte 4.
Britische Infanterie-Division die Kampfgruppe Lang der 334. Infanterie-Division an, die bei Sidi Nsir hielt.

In der Nacht des 20. April eröffnete dann auch die 8. Armee
ihren Generalangriff auf die Enfidaville-Stellung. Die Stadt fiel.
Montgomery verlegte nunmehr den Schwerpunkt seines Angriffs in den Küstenraum, weil er wußte, daß die Höhenstellun-
gen der Deutschen bei Enfidaville—Zaghouan zu viele Opfer
kosten würden.

Am 24. April fiel der »Longstop« der 78. Infanterie-Division
zu. Damit war das Tor nach Tunis hinein aufgestoßen.

Der Endkampf begann. Von allen Seiten stürmten anglo-amerikanische Divisionen vorwärts. 19 Großverbände, darunter vier Panzer-Divisionen, stürmten Tunis entgegen. Die deutschen Verbände, mehr und mehr ausgebrannt, zogen sich auf Tunis und die Halbinsel Kap Bon zurück. Einzelne Widerstandsgruppen hielten sich bis eingangs Mai.

Oberst Irkens, Panzerführer Afrika, warf sich mit insgesamt 70 Panzern aller Panzerverbände dem Gegner entgegen. Über 1000 Panzer rollten zum Durchbruch auf Tunis vor. Als er sich mit seinen letzten 20 Panzern vom Feind löste, hatten sie über 90 Feindpanzer abgeschossen, aber selbst auch herbe Verluste erlitten.

In der Nacht des 7. Mai rollten die letzten Panzer des DAK bis zum Flugplatz El Aila westlich von Tunis zurück. Hier kam es noch zu kleineren Gefechten, bis die letzte Munition verschossen, der letzte Treibstoff verbraucht war. Die noch einsatzbereiten sieben Panzer des DAK wurden in ein Wadi gestürzt.

Mit dem ersten Büchsenlicht des 7. Mai setzten die alliierten Verbände ihre Angriffe fort. Die Artillerie hämmerte auf den zusammengeschrumpften Brückenkopf ein. Alliierte Flieger zerschmetterten die Widerstandsnester. Sie konnten dies ungehindert tun, denn die letzten deutschen Luftwaffenverbände hatten Tunesien soeben verlassen.

Am Nachmittag dieses Tages drangen gegen 17.40 Uhr die ersten Truppen der Alliierten in Tunis ein. Die Kräfte der Heeresgruppe Afrika waren damit aufgespalten.

Aber erst am 9. Mai konnte der Gegner ostwärts des Sees von Bizerta durchbrechen und Forte Farina in Besitz nehmen. Hier ging um 15.24 Uhr der letzte Befehl des Panzerarmee-Oberkommandos 5 ein: »Unterlagen und Gerät vernichten! — Auf Wiedersehen — Es lebe Deutschland!«

Am Morgen des 8. Mai wurde Tunis zur Gänze von den Engländern in Besitz genommen. Aber erst am 10. Mai konnte die 6. Panzer-Division der Briten bei Hammanlif durchstoßen. Ihr folgte die 4. Indische Division, die in Richtung auf Kap Bon eindrehte und diese nördlichste Halbinsel Tunesiens bis zum Abend des 12. Mai 1943 völlig besetzte.

Alle Divisionen der deutschen Mittelgruppe meldeten sich am Morgen des 12. Mai bei der Heeresgruppe Afrika ab, deren letzter Gefechtsstand bei Ste. Marie du Zit eingerichtet worden war. Mit den letzten zwei Panzern des DAK schlug sich General der Panzertruppe Cramer dorthin durch. Von hier aus meldete Generaloberst von Arnim gegen 11.00 dieses Tages nach Rom, daß der Gefechtsstand von zwei Seiten eingeschlossen sei. Unmittelbar darauf bot er dem alliierten Oberkommando die Kapitulation der Heeresgruppe Afrika an. General Cramer aber ließ einen letzten Funkspruch an das OKW tasten:

»An OKW: Munition verschossen. Waffen und Kriegsgerät zerstört. Das Deutsche Afrika-Korps hat sich befehlsgemäß bis zur Kampfunfähigkeit geschlagen.«

Am frühen Morgen des 13. Mai 1943 schickte General Alexander einen Funkspruch nach London an den britischen Kriegspremier: »Sir, es ist meine Pflicht, zu berichten, daß der Tunesien-Feldzug zu Ende ist. Aller feindliche Widerstand hat aufgehört. Ganz Afrika ist unser!«

Das Ende in Afrika war ebenso katastrophal wie in Stalingrad, denn zu den insgesamt 130 000 Deutschen wurden 180 000 italienische Soldaten und rückwärtige Truppen gefangen genommen. Was aber noch schwerer wog: Die Kampfmoral der Italiener war damit gebrochen. Sie hatten den Kampf um ihre Kolonien verloren und mußten nunmehr auch um ihr Mutterland fürchten, denn die Zeit war abzusehen, da die Alliierten das Tor zur Festung Europa aufstoßen würden.

Einhunderttausend Soldaten aller Nationen ließen im Kampf während des Zweiten Weltkrieges in Nordafrika ihr Leben.

Danksagung

Dieses kriegsgeschichtliche Werk über den Kampf und Untergang der deutschen und italienischen Truppen in Afrika konnte nur geschrieben werden, weil Hunderte von ehemaligen Soldaten des Verbandes Deutsches Afrika-Korps e.V. dem Autor ihre Unterlagen, Fotos und Gefechtsberichte überließen.

Von Generaloberst von Arnim bis zum Schützen Wysocki von der 334. Infanterie-Division haben diese Soldaten aller Dienstgrade und aller drei Wehrmachtsteile auch mit Bildern zur Bestgestaltung dieses Buches beigetragen.

Vieles mußte verkürzt abgehandelt, anderes konnte nur gestreift werden. Dennoch ist diese Darstellung in der vorliegenden Form eine gültige Arbeit über den Zeitraum des Kampfes in Afrika vom 14. Februar 1941 bis zum 12. Mai 1943.

Motor und Führer im Kampf war während der gesamten Zeit Generalfeldmarschall Rommel. Und wie auch immer die Geschichte über ihn und das Deutsche Afrika-Korps befinden wird: Für alle, die dabei waren, für jeden einzelnen Soldaten des Deutschen Afrika-Korps, der Panzergruppe und der Panzer-Armee und schließlich auch der Heeresgruppe Afrika war Generalfeldmarschall Erwin Rommel ein Vorbild an Pflichttreue und Einsatzbereitschaft, an Opfermut und Fürsorge für seine Soldaten.

Niemand wird seinen Führer in der Wüste jemals vergessen.

Der Zweite Weltkrieg
in Romanen
und Tatsachenberichten
als Heyne-Taschenbücher

TATSACHENBERICHTE

Cajus Bekker
Angriffshöhe 4000
975/DM 6,80

Jochen Brennecke
Haie im Paradies
664/DM 4,80
Gespensterkreuzer HK 33
5130/DM 4,80

Richard Collier
Adlertag
858/DM 5,80

Adolf Galland
Die Ersten und die Letzten
129/DM 5,80

Leonce Peillard
Geschichte des U-Bootkrieges
1939–1945
5060/DM 6,80

John Deane Potter
Durchbruch
5158/DM 5,80

Herbert A. Werner
Die eisernen Särge
5177/DM 6,80

ROMANE

Willi Heinrich
Alte Häuser sterben nicht
5173/DM 5,80

Hans Hellmut Kirst
Aufstand der Soldaten
5133/DM 5,80
Fabrik der Offiziere
5163/DM 7,80

Heinz G. Konsalik
Strafbataillon 999
633/DM 3,80
Der Arzt von Stalingrad
847/DM 4,80

Wolfgang Ott
Haie und kleine Fische
5079/DM 6,80

Wolfgang W. Parth
Vorwärts Kameraden, wir
müssen zurück
5085/DM 6,80

Leon Uris
Mila 18
882/DM 7,80
QB VII
5068/DM 5,80

WILHELM HEYNE VERLAG · 8 MÜNCHEN 2 · TÜRKENSTR. 5–7